证券业从业资格考试辅导丛书
（2011）
根据证券业从业资格考试统编教材/大纲（2011）编写

证券投资基金

杨长汉　主编

证券业从业资格考试辅导丛书（2011）编写组

杨长汉　王力伟　段　培　陈　捷　邹照洪　张洁梅　张思远

第八版

经济管理出版社
ECONOMY & MANAGEMENT PUBLISHING HOUSE

前 言

证券业从业人员必须通过考试取得证券业从业资格。

从 2003 年起，证券从业人员资格考试向全社会放开了。所有高中以上学历、年满 18 周岁、有完全民事行为能力的人士都可以通过证券从业人员资格考试取得证券从业人员资格。考试科目包括：证券市场基础知识、证券交易、证券发行与承销、证券投资基金、证券投资分析。报考科目学员自选。

2011 年 7 月起，证券业从业资格考试教材、大纲、考题全部更新。**学习和应试人员迫切需要加大学习、复习、培训、强化练习的力度，才能取得良好的成绩。**证券业从业人员资格考试采取计算机上机考试。往届每套试卷 160 道题，100 分满分，60 分通过。每套试卷单项选择题 60 题、不定项选择题（或多项选择题）40 题、判断题 60 题。单科考试时间为 120 分钟。考试成绩合格可取得成绩合格证书，考试成绩长年有效。通过基础科目及任意一门专业科目考试的，即取得证券从业资格，符合《证券业从业人员资格管理办法》规定的从业人员，可通过所在公司向中国证券业协会申请执业证书。

证券业从业资格考试报名采取网上报名方式。考生登录中国证券业协会网站，按照要求报名。一般年度全年四次在北京、天津、石家庄、太原、呼和浩特、沈阳、长春、哈尔滨、上海、南京、杭州、合肥、福州、南昌、济南、郑州、武汉、长沙、广州、南宁、海口、重庆、成都、贵阳、昆明、西安、兰州、西宁、银川、乌鲁木齐、大连、青岛、宁波、厦门、深圳、苏州、烟台、温州、泉州、拉萨等 40 个城市同时举行证券业从业资格考试。

2011 年 7 月，中国证券业协会发布新的证券业从业人员资格考试教材和大纲。对考试要求、内容进行了全面更新。本辅导丛书依据证券业从业人员资格考试统编教材/大纲（2011）编写，指导 2011～2012 年度的证券业从业人员资格学习和考试。

一、学习与通过证券业从业人员资格考试的意义

学习与通过证券业从业人员资格考试，**是进入证券行业的必经途径。**在证券公司、基金管理公司、资产管理公司、投资公司就业，国内外都是"金领"的职业选择。

是就业竞争的知识和能力的一个证明。知识经济时代，知识和能力是实现自我价值的根本手段。个人对知识的投资，就是对个人最好的价值投资和长期投资。通过国内证券业从业资格考试，对于证券从业和个人发展都有持续的、巨大的价值。

有广泛的高薪的就业渠道。证券行业及其他金融机构、上市公司、大型企业集团、投资公司、会计公司、财经资讯公司、政府经济管理部门等录用人员都可以参考证券资格考试成绩。持有证券资格并能够实现良好业绩的高薪人员大有人在，其年薪水平非一

般行业可比。通过国内证券业从业资格考试之后，学员继续努力考试通过如国外 CFA 考试、国内的保荐代表人考试等，年薪数十万元乃至数百万元的人才大有人在。

是提高个人财绩的重要手段。巴菲特专门从事证券投资而成为世界首富之一，个人财富达数百亿美元。国内个人证券投资业绩超人者也大有人在。证券投资成功并不一定需要高深的专业学术理论水平，也不一定需要巨额的原始投资。掌握了基本的市场知识和规则，以价值投资的理念和方法，普通的投资者也可能实现数千万元乃至数亿元的投资增值潜力。我们坚信：本书的读者当中必然有未来的"中国巴菲特"。

是提高企业财绩的重要手段。不会资本经营的企业只能蹒跚如企鹅，产业经营和资本经营相结合的企业才可能纵情翱翔于无限广阔的蓝天。

是深入进行金融经济学研究的极有价值的一个起点。证券研究同样可以成就学术上的光荣与梦想，很多经济学家因为证券研究的突出贡献获得了世界经济学的最高荣誉：诺贝尔经济学奖。

二、学习方法

证券从业人员资格考试点多面广、时间紧、题量大、单题分值小，学员考前复习时间仅仅几个月时间。应考人员或者是在职人员本职工作繁忙，或者是在校学生本身学习紧张，学习证券从业资格考试课程，难度不小。我们建议的学习方法是：

1. 全面系统学习

学员对于参加考试的课程，必须紧扣当年考试大纲全面系统地学习。对于课程的所有要点，必须全面掌握。很难说什么是重点、什么不是重点。从一些重要的历史性的时间、地点、人物，到证券价值的决定、证券投资组合的模型，再到最新的政策法规，等等，都是考试的范围。

全面学习并掌握了考试课程，应付考试可以说是游刃有余，胸有成竹。任何投机取巧的方法，猜题、押题的方法，对付这样的考试，只能是适得其反。

2. 在理解的基础上记忆

客观地说，证券资格考试的课程和相关法规的内容量很大。大量的知识点和政策法规要学习，记忆量是相当大的。一般学员都会有畏难情绪。

实际上，这种考试采取标准化试题，放弃了传统的需要"死记硬背"的考试方法，排除了简答题、论述题、填空题等题型，考试的目的是了解学员对知识面的掌握。

理解也是记忆的最好前提，如果学员理解了课程内容，应付考试就已经有一定的把握了。而且理解了学习内容，更是学员将来在工作中学以致用的前提。

3. 抓住要点

学员从报考到参加考试，这个时间过程很短，往往仅有几个月的时间。在很短的时间内，学员要学习大量的课程内容和法律法规，学习任务很重，内容很多。

面对繁杂的内容，想完全记住课程所有内容是不可能的，也是不现实的，学习的最佳方式是抓住要点。

所有知识都有一个主次轻重，学员在通读教材的同时，应该根据考试大纲、考试题型标记、总结知识要点。学员学习紧扣各科考试大纲，可以取得事半功倍的效果。

4. 条理化记忆

根据人类大脑记忆的特点，人类的知识储存习惯条理化的方式。

学习过程中，学员如果能够适当进行总结，以知识树的方式进行记忆储存，课程要点可以非常清晰地保留在学员的头脑里。

学员可以参考借鉴辅导书并根据自己的理解和需要做一些归纳总结，总结各种知识框图、知识树、知识体系图。条理化记忆既可以帮助学员加深对知识的理解，又可以帮助学员提高记忆效率和效果。

5. 注重实用

证券业从业资格考试是对实际的从业能力的考查，要重点注意掌握实际工作中需要的证券知识。

考试的大量内容是学员现在或将来实际工作中要碰到的问题，包括各种目前实用的和最新的法律、法规、政策、规则、操作规程等，这些知识既是考试的重要内容，也是学员在现在和将来工作中要用到的。证券业从业资格考试学习的功利目的首先是取得证券从业资格，其次是学以致用为实际工作打好知识基础。证券业从业资格考试学习的每一个知识点，几乎在证券业实际工作当中全部都用得上而且必须要掌握。

6. 适当的培训

参加证券资格考试的人员对证券知识的掌握程度差别很大，部分学员可以通过自学顺利通过考试。由于考试难度加大，加之很多非证券专业人士学习证券从业资格课程，适当参加证券从业资格考试培训，对应考人员有很大的帮助。高质量的考试辅导可以帮助学员理解知识、掌握要点、加深记忆、优化方法、提高效率。

7. 适当的证券法规学习

证券法规，尤其是最新的重要法规，既是教材的重点内容，也是考试的重点内容，而且是逻辑最严密、文字最精简、条理最清晰的知识，可以有针对性地适当学习相关重点法律法规。

8. 不必纠缠难点

证券业从业资格考试重点是考查学员对证券业的基础知识、基本规则的掌握，这种考试不是考研究生、博士生，高深的理论研究内容不是这种考试的重点。证券业从业资格考试教材当中一些理论层次高深的内容如证券价值的决定、各类模型、风险调整、业绩评估指数等，一般掌握基本概念、基本知识即可。

9. 优化学习步骤

我们建议的学习步骤是：

第一步：根据辅导书，快速浏览模拟测试试题和出题题型特点分析，掌握考试的考点、出题方法，了解学习方法和应试方法。这样，学员学习教材才可以有的放矢。

第二步：紧扣大纲，通读教材。根据出题特点、考试大纲，标记教材重点、要点、难点、考点。

第三步：精读教材重点、要点、难点、考点。对各章进行自我测试，基本掌握各科知识。

第四步：对各科进行模拟测试。了解自己对各科知识的掌握程度，加深对各科知识的掌握。

第五步：根据自我测试的情况，进一步通读教材，精读教材重点、要点、难点、考点，保证自己对各科各章知识了然于胸。

三、报考与应试方法

学员课程学习时间只有几个月。考试当中每科考试时间 120 分钟，平均每道题的答题时间仅仅不到一分钟。如此紧张的学习与应试，没有"门道"、没有独特的方法，是很难取得良好的效果的。我们反对猜题、押题等投机取巧的方法，但是，我们建议学员应该总结和借鉴科学的、有效的应试方法。

关于学员报考，我们的建议是：学员根据自己的情况，一次报考一门、两门甚至五门全报，都可以自行选择，关键是量力而行。财经类专业院校的学生和其他有一定财经知识基础的学员，如果知识基础较好、准备时间较充裕，可以考虑一次全部报考五门课程。

根据证券从业人员资格考试出题与考试特点，学员应试可以参考以下应试方法，也可以自己总结其他的应试方法。

1. 考前高效学习

学习与应试都是有方法的。学员考前复习时间仅仅几个月，考试当中平均每道题的答题时间仅仅不到一分钟。复习准备和应试的时间都非常紧张。

"凡事预则立"，考前充分地准备、高效地学习、全面地掌握考试知识，是顺利通过考试的根本。考前学习既要全面，又要熟悉。对应的学习与应试方法既要扎实，更要高效。如何实现高效率、高质量的学习，正是我们这套丛书的价值所在。考前应该安排必要时间学习，如果临考临时抱佛脚，学习与考试的效果、感觉都会很差。

2. 均衡答题速度

考试题量大、时间少，单题分值小而且均衡。参加考试，一定要均衡答题速度，尽量做到所有试题全部解答。在单题中过多地耽误时间，对考试的整体成绩影响不利。

3. 不纠缠难题

遇到难题，可以在草稿纸上做好记号，不要纠缠，最后有时间再解决。有的考试难题，认真解析起来，花半个小时都不为过。但是，根据证券资格考试的题型和考试特点，这种考试并没有给学员答一道题半个小时的时间。

4. 考前不押题

猜题、押题，适得其反。考试原则上是全部覆盖各科主要内容的。考试主办单位采取的是从题库中随机抽题的方式，考试是国家有专门法规规范的考试。学员猜题、押题，根本没有意义。

5. 根据常识答题

学员学习时间紧张。在很短的时间里要把所有课程内容完全"死记硬背"以全部记住是不可能的。但是，绝大部分学员在平时的工作或学习当中已经对考试内容有一定的了解，可以根据学员平时对证券业知识和工作规则的了解进行答题。

6. 把握第一感觉

学习内容繁杂，考试题量大，学习和应试的时间紧张。学员面对考卷，很容易对考题的知识模棱两可。在标准化的考试中，对自己的第一感觉的把握非常重要。很多时候，学员对考题的解答，第一感觉的正确性往往比较大。犹豫、猜疑之下，往往偏离正确的判断。

7. 健康的应试心理

心理健康是搞好所有学习和工作的前提。任何负面的心理如过度紧张、急躁、投机取巧、急功近利等，对考试和学习及工作都有害无益。健康的心理是平和、达观、踏实、积极、认真、自信，等等。

四、题型解析

近年出题有时候有不定项选择题，有时候有多项选择题。有时候题目答对得分、答错倒扣分，有时候答错不得分也不倒扣分。学员考试务必要仔细审查考试答卷要求。

根据历年的考题，尤其是 2001 年以来的标准化、规范化、专业化的考题特点，从证券从业资格考试历年出题形式到出题重点内容，可以大致归纳为如下常见的出题方法和出题特点：根据重大法律、法规、政策出题；根据重大时间出题；根据重大事件出题；根据重要数量问题出题；计算题隐蔽出题；根据市场限制条件出题；根据市场禁止规则出题；根据业务程序、业务内容、业务方式出题；根据行为的主体出题；正向出题，反向出题；根据应试者容易模糊的内容出题；根据行为范围、定义外延等出题；根据主体的行为方式出题；根据主体的权利、义务出题；根据各种市场和理论原则出题；根据各种概念分类出题；根据事物的性质、特点、特征、功能、作用、趋势等出题；根据事物之间的关系出题；根据影响事物的因素出题；根据国际证券市场知识出题；等等。

对照这些题型，学员可以在学习教材过程中，模拟自测。根据出题方法和出题特点，学员在学习当中有的放矢，学习和应试事半功倍。

五、2011 年证券业从业人员资格考试辅导丛书特点

（1）彻底更新所有知识模块。根据最新 2011 年教材、大纲编写。

（2）研究并综合历年教材特点、考题特点、考试特点。

（3）总结提炼了各院校及重要券商相关考前辅导的讲义和方法。

（4）学习和辅导的方法在历年的考前培训中已经应用，效果良好。

（5）根据学员的实际需要，直接面向学员的实际需求。

（6）涵盖学习与应试指导、考试大纲、题型解析、各章习题、各科模拟题及参考答案。

（7）根据历年真题，进行题型解析，使学员的学习有的放矢。

（8）以独特的方法辅导学员，提高学员学习效率和效果，提高学员的考试通过率。

辅导书只是对参加证券从业资格考试的一种辅导、一种帮助。这里除了提供具体的知识辅导之外，**更主要的是给学员提示一种方法。**

笔者 19 年来一边参与上市公司、证券投资、私募基金、投资银行等实际工作，一边从事证券研究。很早就亲自参加并通过了证券资格各科考试。长期听取并研究了部分券商的相关专家、中央财经大学证券期货研究所、中国人民大学金融证券研究所、原中国金融学院的相关培训教程。对考试的特点、内容、方式，尤其是参加考试的学员的实际需要有一定的了解。

连续八届主编证券业从业资格考试辅导丛书，含《证券市场基础知识》、《证券投资分析》、《证券交易》、《证券发行与承销》、《证券投资基金》等，为同类书籍中畅销作品。

连续 10 年组织并主讲大量证券从业资格考试培训班，学员成绩优异。真诚希望这套丛书对参加证券业从业资格考试的学员有实际、有效的帮助。证券从业资格考试和职业发展并非难事，机遇总是青睐有准备的人，有志者事竟成，自助者天助。

六、几点说明

提示的学习方法和应试方法只是我们建议的参考方法，仅供读者参考而已。

测试题和模拟题的目的是向读者提示要点和考点、提示学习和应试的方法、帮助学员强化训练。**测试题和模拟题及其答案如有错误和疏漏之处，请以统编教材内容为准。**对于考试的具体要求，请大家以中国证券业协会官方网站 www. sac. net. cn 公告为准。

虽然我们对编写工作的要求是"用心编写、雕刻文字"，但由于时间仓促、水平有限，难免有错误、疏漏之处，恳请读者批评、指正。诚挚欢迎读者通过 Banker12@163.com 对本书提出意见，以便再版修订。

杨长汉（杨老金）

2011 年 7 月

目 录

第一篇 《证券投资基金》考试目的与要求

　　本部分内容包括证券投资基金的概念与特点，证券投资基金的法律形式与运作方式，证券投资基金业在国内外的发展概况及其在金融体系中的地位与作用；证券投资基金的类型，主要基金类型的风险收益特征与分析方法；基金的募集、交易与注册登记；基金管理公司、基金托管人的主要职责，内部管理与内部控制；基金的市场营销；基金的估值、费用与会计核算；基金的收益分配与税收；基金的信息披露；基金的监管等知识。本部分的内容还包括投资组合理论及其运用、资产配置管理、股票与债券的投资组合管理以及基金绩效衡量等投资学方面的内容。

　　通过本部分的学习，要求熟练掌握有关证券投资基金的基本理论、运作实务以及与基金投资管理有关的投资学方面的知识，熟悉有关法律法规、自律规范的基本要求。

第二篇 《证券投资基金》同步辅导

第一章 证券投资基金概述

一、本章考纲

掌握证券投资基金的概念与特点；熟悉证券投资基金与股票、债券、银行储蓄存款的区别；了解证券投资基金的市场运作与参与主体。

掌握契约型基金与公司型基金的概念与区别；了解证券投资基金的起源与发展；了解我国证券投资基金业的发展概况。

掌握封闭式基金与开放式基金的概念与区别。

了解基金业在金融体系中的地位与作用。

二、本章知识体系

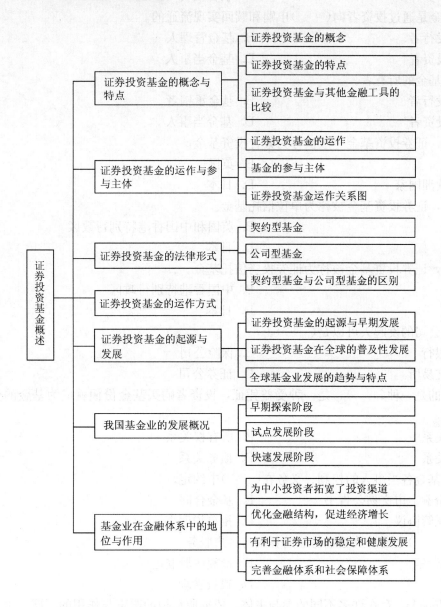

三、同步强化练习题及参考答案

同步强化练习题

一、单项选择题

1. 基金将众多投资者的资金集中起来，委托基金管理人进行共同投资，表现出（　　）的特点。

A. 集资 B. 集合理财

C. 合作出资 D. 联合投资

2. 开放式基金是通过投资者向( )申购和赎回实现流通的。

A. 基金发行者 B. 基金管理人

C. 基金投资者 D. 基金当事人

3. ( )是基金的所有者。

A. 基金发行者 B. 基金承销者

C. 基金投资者 D. 基金当事人

4. 在( )，证券投资基金一般被称为集合投资基金。

A. 美国 B. 英国

C. 部分欧洲国家 D. 日本

5. 在( )，证券投资基金被称为单位信托基金。

A. 美国 B. 英国和中国香港特别行政区

C. 欧洲 D. 日本

6. 在( )，证券投资基金被称为证券投资信托基金。

A. 美国 B. 中国香港特别行政区

C. 韩国 D. 日本

7. 基金管理公司的发起人可以是( )。

A. 商业银行 B. 保险公司

C. 证券交易所 D. 证券公司

8. 基金反映的是一种( )，是一种受益凭证，投资者购买基金份额就成为基金的受益人。

A. 信托关系 B. 所有权关系

C. 债权关系 D. 债务关系

9. 在我国，基金各当事人的权利、义务在( )中约定。

A. 基金份额上市交易公告书 B. 基金合同

C. 基金托管协议 D. 招募说明书

10. 基金的( )主要涉及基金份额的募集与客户服务。

A. 市场营销 B. 份额注册登记

C. 托管 D. 投资管理

11. 在基金市场上，存在许多不同的参与主体。依据所承担的职责与作用的不同，可以将基金市场的参与主体分为( )、基金市场服务机构、基金监管机构和自律组织三大类。是指基金份额在基金合同期限内固定不变，基金份额可以在依法设立的证券交易所交易，但基金份额持有人不得申请赎回的一种基金运作方式。

A. 基金托管人 B. 基金管理人

C. 基金投资人 D. 基金当事人

12. 基金份额不固定，且可以在基金合同约定的时间和场所进行申购或者赎回的一种基金是( )。

    A. 契约型基金   B. 公司型基金

    C. 封闭式基金   D. 开放式基金

13. 基金管理人是基金产品的（　　），其最主要职责就是按照基金合同的约定，负责基金资产的投资运作，在有效控制风险的基础上为基金投资者争取最大的投资收益。

    A. 募集者和管理者   B. 受托者和受益者

    C. 管理者和托管者   D. 募集者和受托者

14. 通常情况下，与股票和债券相比，证券投资基金是一种（　　）的投资品种。

    A. 高风险、高收益   B. 风险相对适中、收益相对稳健

    C. 低风险、高收益   D. 低风险、低收益

15. 在我国，基金托管人只能由依法设立并取得基金托管资格的（　　）担任。

    A. 基金管理公司   B. 商业银行

    C. 信托公司   D. 基金销售机构

16. 基金销售机构是受（　　）委托从事基金代理销售的机构。

    A. 基金管理公司   B. 商业银行

    C. 信托公司   D. 基金销售机构

17. 1924 年 3 月 21 日诞生于美国的（　　）成为世界上第一个开放式基金。

    A. 马萨诸塞投资信托基金   B. 海外及殖民地政府信托基金

    C. 外国和殖民地政府基金   D. 苏格兰投资信托基金

18. 目前，在我国承担基金份额注册登记工作的主要是基金管理公司自身和（　　）。

    A. 基金管理公司   B. 证监会

    C. 中国结算公司   D. 基金销售机构

19. （　　）是基金的自律管理机构之一。

    A. 基金管理人   B. 基金托管人

    C. 基金销售机构   D. 证券交易所

20. 依据（　　）的不同，基金可分为契约型基金与公司型基金。

    A. 法律形式   B. 运作方式

    C. 投资对象   D. 投资目标

21. （　　）是指基金份额在基金合同期限内固定不变，基金份额可以在依法设立的证券交易所交易，但基金份额持有人不得申请赎回的一种基金运作方式。

    A. 公司型基金   B. 封闭式基金

    C. 开放式基金   D. 契约型基金

22. 依据（　　）的不同，可以将基金分为封闭式基金与开放式基金。

    A. 法律形式   B. 运作方式

    C. 投资对象   D. 投资目标

23. 我国《证券投资基金法》规定，封闭式基金的存续期应在（　　）年以上，封闭式基金期满后可以通过一定的法定程序延期。

    A. 5   B. 7

    C. 6   D. 10

24. 目前，我国封闭式基金的存续期大多在(　　)年左右。
    A. 5　　　　　　　　　　　　　B. 10
    C. 15　　　　　　　　　　　　D. 25

25. 开放式基金份额不固定，投资者可以按照(　　)确定的时间和地点向基金管理人或其销售代理人提出申购、赎回申请。
    A. 基金管理人　　　　　　　　B. 基金托管人
    C. 基金销售机构　　　　　　　D. 证券交易所

26. (　　)的买卖价格以基金份额净值为基础，不受市场供求关系的影响。
    A. 公司型基金　　　　　　　　B. 封闭式基金
    C. 开放式基金　　　　　　　　D. 契约型基金

27. 投资者投资操作(　　)时，常常会受到不可预测的资金流入、流出的影响与干扰，是由于这种基金的份额不固定。
    A. 公司型基金　　　　　　　　B. 封闭式基金
    C. 开放式基金　　　　　　　　D. 契约型基金

28. (　　)的投资信托基金是在后来的英国生根发芽、发扬光大的，因此目前人们更多地倾向于将 1868 年英国成立的"海外及殖民地政府信托基金"(The Foreign and Colonial Government Trust) 看做是最早的基金。
    A. 公司型　　　　　　　　　　B. 封闭式
    C. 开放式　　　　　　　　　　D. 契约型

29. 根据美国投资公司协会 (ICI) 的统计，截至 2010 年，全球共同基金的资产规模达到(　　)万亿美元。
    A. 36.7　　　　　　　　　　　B. 29.7
    C. 24.7　　　　　　　　　　　D. 40.7

30. 1987 年，中国新技术创业投资公司（中创公司）与汇丰集团、渣打集团在中国香港联合设立了中国置业基金，首期筹资 3900 万元人民币，直接投资于以珠江三角洲为中心的周边乡镇企业，并随即在(　　)上市。这标志着中资金融机构开始正式涉足投资基金业务。
    A. 上海证券交易所　　　　　　B. 香港联合交易所
    C. 深圳证券交易所　　　　　　D. 纽约证券交易所

31. 上海证券交易所的开业时间是(　　)。
    A. 1990 年 7 月　　　　　　　B. 1990 年 12 月
    C. 1991 年 7 月　　　　　　　D. 1991 年 12 月

32. 深圳证券交易所的开业时间是(　　)。
    A. 1990 年 7 月　　　　　　　B. 1990 年 12 月
    C. 1991 年 7 月　　　　　　　D. 1991 年 12 月

33. 在境外中国概念基金与中国证券市场初步发展的影响下，中国境内第一家较为规范的投资基金——淄博乡镇企业投资基金于 1992 年 11 月经中国人民银行总行批准正式设立，该基金为(　　)。

    A. 公司型开放式基金   B. 公司型封闭式基金

    C. 契约型开放式基金   D. 契约型封闭式基金

34. 1940 年，（　　）颁布了基金法律的典范——《投资公司法》和《投资顾问法》。

    A. 英国   B. 美国

    C. 瑞士   D. 法国

35. 经国务院批准，中国证监会于 1997 年 11 月 14 日颁布了（　　）。这是我国首次颁布的规范证券投资基金运作的行政法规，为我国基金业的规范发展奠定了规制基础。由此，中国基金业的发展进入规范化的试点发展阶段。

    A.《证券投资基金管理暂行办法》

    B.《开放式证券投资基金试点办法》

    C.《证券投资基金法》

    D.《证券投资基金管理公司管理办法》

36. 中国证监会发布的《开放式证券投资基金试点办法》（简称《试点办法》），对我国开放式基金的试点起了极大的推动作用，其发布日期是（　　）。

    A. 1997 年 11 月 14 日   B. 1998 年 3 月 1 日

    C. 2000 年 10 月 8 日   D. 2001 年 9 月 1 日

37. 《证券投资基金管理暂行办法》对基金管理公司的设立规定了较高的准入条件：基金管理公司的主要发起人必须是证券公司或信托投资公司，每个发起人的实收资本不少于（　　）亿元人民币。

    A. 5   B. 4

    C. 3   D. 2

38. （　　），我国第一只开放式基金——华安创新诞生，使我国基金业发展实现了从封闭式基金到开放式基金的历史性跨越。此后，开放式基金逐渐取代封闭式基金成为中国基金市场发展的方向。

    A. 1997 年 11 月   B. 1998 年 3 月

    C. 2000 年 10 月   D. 2001 年 9 月

39. 在开放式基金推出之前，我国共有（　　）只封闭式基金。

    A. 45   B. 47

    C. 49   D. 51

40. 在我国基金业试点发展阶段，2002 年 8 月推出的第一只以债券投资为主的债券基金是（　　）。

    A. 南方宝元债券基金   B. 招商安泰系列基金

    C. 南方避险增值基金   D. 华安现金富利基金

41. 2004 年 6 月 1 日开始实施的（　　），为我国基金业的发展奠定了重要的法律基础，标志着我国基金业的发展进入了一个新的发展阶段。

    A.《证券投资基金管理暂行办法》   B.《开放式证券投资基金试点办法》

    C.《证券投资基金法》   D.《证券投资基金管理公司管理办法》

42. 在我国基金业快速发展阶段，2004 年 10 月成立的国内第一只上市开放式基金

(LOF)——（　　）。

  A. 兴业社会责任基金　　　　　　B. 国投瑞银瑞福基金

  C. 南方避险增值基金　　　　　　D. 南方积极配置基金

43. 在我国基金业快速发展阶段，2006 年 5 月推出的国内首只生命周期基金是（　　）。

  A. 南方积极配置基金　　　　　　B. 汇丰晋信 2016 基金

  C. 国投瑞银瑞福基金　　　　　　D. 兴业社会责任基金

44. 《证券投资基金法》实施以来，我国基金市场产品创新活动日趋活跃，2007 年 7 月推出的国内首只结构化基金是（　　）。

  A. 南方积极配置基金　　　　　　B. 汇丰晋信 2016 基金

  C. 国投瑞银瑞福基金　　　　　　D. 兴业社会责任基金

45. 为了保证基金资产的安全，证券投资基金一般都要由（　　）来保管基金资产。

  A. 基金发起人　　　　　　　　　B. 基金管理人

  C. 基金委托人　　　　　　　　　D. 基金托管人

二、多项选择题

1. 证券投资基金是一种实行（　　）的集合投资方式。

  A. 组合投资　　　　　　　　　　B. 专业管理

  C. 利益共享　　　　　　　　　　D. 风险共担

2. 基金运作中的主要当事人是（　　）。

  A. 基金投资者　　　　　　　　　B. 基金管理人

  C. 托管人　　　　　　　　　　　D. 基金持有者

3. （　　）是基金设立的两个重要法律文件。

  A. 基金合同　　　　　　　　　　B. 基金投资计划

  C. 招募说明书　　　　　　　　　D. 股权证明

4. 每只基金都会订立基金合同，（　　）的权利、义务在基金合同中有详细约定。

  A. 基金投资者　　　　　　　　　B. 基金管理人

  C. 基金托管人　　　　　　　　　D. 基金持有者

5. 世界上不同国家和地区对证券投资基金的称谓有所不同，目前的称谓有（　　）。

  A. 共同基金　　　　　　　　　　B. 单位信托基金

  C. 集合投资基金　　　　　　　　D. 证券投资信托基金

6. 为降低投资风险，一些国家的法律、法规通常规定基金必须以组合投资的方式进行基金的投资运作，从而使"（　　）"成为基金的一大特色。

  A. 风险共担　　　　　　　　　　B. 组合投资

  C. 利益共享　　　　　　　　　　D. 分散风险

7. 为基金提供服务的基金托管人、基金管理人只能按规定收取一定比例的（　　），并不参与基金收益的分配。

  A. 托管费　　　　　　　　　　　B. 中介费

  C. 手续费　　　　　　　　　　　D. 管理费

8. 为切实保护投资者的利益，增强投资者对基金投资的信心，各国（地区）基金监管机构都对基金业实行严格的监管，对各种有损于投资者利益的行为进行严厉的打击，并强制基金进行(　　)的信息披露。在这种情况下，严格监管与信息透明也就成为基金的另一个显著特点。

A. 真实 　　　　　　　　　　 B. 及时

C. 准确 　　　　　　　　　　 D. 充分

9. 证券投资基金集合理财、专业管理的特点主要表现在(　　)。

A. 通过汇集众多投资者的资金，积少成多，有利于发挥资金的规模优势，降低投资成本

B. 基金投资收益在扣除由基金承担的费用后的盈余全部归基金投资者所有，并依据各投资者所持有的基金份额比例进行分配

C. 基金管理人一般拥有大量的专业投资研究人员和强大的信息网络，能够更好地对证券市场进行全方位的动态跟踪与深入分析

D. 将资金交给基金管理人管理，使中小投资者也能享受到专业化的投资管理服务

10. 基金与股票、债券的比较，下列说法错误的是(　　)。

A. 股票反映的是一种所有权关系，是一种所有权凭证；债券反映的是债权债务关系，是一种债权凭证；基金反映的则是一种信托关系，是一种受益凭证

B. 股票和债券是直接投资工具，筹集的资金主要投向实业领域；基金是一种间接投资工具，所筹集的资金主要投向有价证券等金融工具或产品

C. 股票和基金是直接投资工具，筹集的资金主要投向实业领域；债券是一种间接投资工具，所筹集的资金主要投向有价证券等金融工具或产品

D. 股票是一种高风险、高收益的投资品种；基金可以给投资者带来较为确定的利息收入，波动性也较股票要小，是一种低风险、低收益的投资品种；债券投资于众多金融工具或产品，能有效分散风险，是一种风险相对适中、收益相对稳健的投资品种

11. 基金与银行储蓄存款的差异，下列说法正确的是(　　)。

A. 基金是一种受益凭证，基金财产独立于基金管理人；基金管理人只是受托管理投资者资金，并不承担投资损失的风险

B. 银行储蓄存款表现为银行的负债，是一种信用凭证；银行对存款者不负有法定的保本付息责任

C. 基金收益具有一定的波动性，投资风险较大；银行存款利率相对固定，投资者损失本金的可能性很小，投资相对比较安全

D. 基金管理人必须定期向投资者公布基金的投资运作情况；银行吸收存款之后，不需要向存款人披露资金的运用情况

12. 从基金管理人的角度看，基金的运作活动可以分为(　　)。

A. 基金的监督管理 　　　　　 B. 基金的市场营销

C. 基金的投资管理 　　　　　 D. 基金的后台管理

13. 下列属于基金运作的环节是(　　)。

A. 基金的募集 　　　　　　　 B. 基金资产的托管

C. 基金的估值与会计核算　　　　D. 基金的信息披露

14. 基金的运作活动从基金管理人的角度看，可以分为（　　　）。
    A. 基金的市场营销　　　　　　B. 基金的信息披露
    C. 基金的投资管理　　　　　　D. 基金的后台管理

15. 基金的投资管理体现了基金管理人的服务价值，而包括（　　　）等后台管理服务则对保障基金的安全运作起着重要的作用。
    A. 基金份额的注册登记　　　　B. 基金资产的估值
    C. 会计核算　　　　　　　　　D. 信息披露

16. 基金注册登记机构是指负责基金（　　　）业务的机构。
    A. 登记　　　　　　　　　　　B. 监督
    C. 存管　　　　　　　　　　　D. 交收

17. 在基金市场上，存在许多不同的参与主体。依据所承担的职责与作用的不同，可以将基金市场的参与主体分为（　　　）。
    A. 基金当事人　　　　　　　　B. 基金市场服务机构
    C. 基金监管机构　　　　　　　D. 自律组织

18. 按照《中华人民共和国证券投资基金法》的规定，我国基金份额持有人享有的权利包括（　　　）。
    A. 分享基金财产收益，参与分配清算后的剩余基金财产
    B. 依法转让或者申请赎回其持有的基金份额
    C. 对基金份额持有人大会审议事项行使表决权
    D. 对基金管理人、基金托管人、基金销售机构损害其合法权益的行为依法提出诉讼

19. 基金管理人在基金运作中具有核心作用，下列哪几项重要职能多半由基金管理人或基金管理人选定的其他服务机构承担？（　　　）
    A. 基金资产的估值　　　　　　B. 基金份额的销售与注册登记
    C. 基金资产的管理　　　　　　D. 基金产品的设计

20. 基金托管人的职责主要体现在（　　　）。
    A. 基金资产保管　　　　　　　B. 基金资金清算
    C. 会计复核　　　　　　　　　D. 对基金投资运作的监督

21. 在我国，只有中国证券监督管理委员会（简称"中国证监会"）认定的机构才能从事基金的代理销售。目前，可以向中国证监会申请基金代销业务资格，从事基金的代销业务的机构包括（　　　）。
    A. 商业银行、证券公司　　　　B. 证券交易所
    C. 证券投资咨询机构　　　　　D. 专业基金销售机构

22. 以下几项中，不是基金注册登记机构的具体业务的是（　　　）。
    A. 投资者基金账户管理　　　　B. 基金资产的估值
    C. 基金资产的管理　　　　　　D. 红利发放

23. 基金评级机构是向投资者以及其他市场参与主体提供基金评价业务及（　　　）的

机构。

    A. 基金资产的估值   B. 基金资料

    C. 数据服务   D. 会计复核

24. 基金行业自律组织是由( )等行业成立的行业协会。

    A. 基金投资咨询机构   B. 基金管理人

    C. 基金托管人   D. 基金销售机构

25. 关于契约型基金，下列说法正确的是( )。

    A. 契约型基金是依据基金合同而设立的一类基金

    B. 在我国，契约型基金依据基金管理人、基金托管人之间所签署的基金合同设立

    C. 基金投资者自取得基金份额后即成为基金份额持有人和基金合同的当事人，依法享受权利并承担义务

    D. 目前，契约型基金以美国的投资公司为代表

26. 关于公司型基金，下列说法正确的是( )。

    A. 公司型基金在法律上是具有独立法人地位的股份投资公司

    B. 公司型基金依据基金公司章程设立，基金投资者是基金公司的股东，享有股东权，按所持有的股份承担有限责任，分享投资收益

    C. 公司型基金设有董事会，代表投资者的利益行使职权

    D. 目前，我国的基金均为公司型基金

27. 契约型基金与公司型基金的区别表现在( )。

    A. 法律主体资格不同：公司型基金不具有法人资格；契约型基金具有法人资格

    B. 投资者的地位不同：契约型基金依据基金合同成立。基金投资者尽管也可以通过持有人大会表达意见，但与公司型基金的股东大会相比，契约型基金持有人大会赋予基金持有者的权利相对较小

    C. 基金营运依据不同：契约型基金依据基金合同营运基金；公司型基金依据基金公司章程营运基金

    D. 公司型基金的优点是法律关系明确清晰，监督约束机制较为完善；但契约型基金在设立上更为简单易行

28. 关于封闭式基金与开放式基金的不同特征，下列说法正确的是( )。

    A. 封闭式基金一般是无期限的；而开放式基金有一个固定的存续期

    B. 封闭式基金的基金份额是固定的，在封闭期限内未经法定程序认可不能增减；开放式基金规模不固定，投资者可随时提出申购或赎回申请，基金份额会随之增加或减少

    C. 投资者买卖封闭式基金份额，只能委托证券公司在证券交易所按市价买卖，交易在投资者之间完成；投资者买卖开放式基金份额，可以按照基金管理人确定的时间和地点向基金管理人或其销售代理人提出申购、赎回申请，交易在投资者与基金管理人之间完成

    D. 封闭式基金的交易价格主要受二级市场供求关系的影响；开放式基金的买卖价格以基金份额净值为基础，不受市场供求关系的影响

29. 关于美国基金业的发展情况，下列说法正确的是(　　)。
   A. 20 世纪 30 年代美国基金业的发展遭受重创后，在接下来的 40～50 年代，美国基金业的发展非常缓慢
   B. 1971 年，货币市场基金的推出为美国基金业的发展注入了新的活力，基金开始受到越来越多的普通投资者的青睐
   C. 20 世纪 80 年代随着养老基金制度改革以及随后 90 年代股票市场的持续大牛市，使美国基金业真正迎来了大发展的时代
   D. 截止到 2008 年末，美国共同基金的资产有 9.6 万亿美元，有 9300 万名基金投资者，基金数量超过 1 万只

30. 关于全球基金业发展的趋势与特点，下列说法正确的是(　　)。
   A. 美国占据主导地位，其他国家和地区发展迅猛
   B. 封闭式基金成为证券投资基金的主流产品
   C. 基金市场竞争加剧，行业集中趋势突出
   D. 基金资产的资金来源发生了重大变化

31. 人们习惯上将 1997 年以前设立的基金称为"老基金"，"老基金"存在的问题主要表现在(　　)。
   A. 缺乏基本的法律规范，普遍存在法律关系不清、无法可依、监管不力的问题
   B. 受地方政府要求服务地方经济需要的引导以及当时境内证券市场规模狭小的限制
   C. 老基金实际上是一种直接投资基金，而非严格意义上的证券投资基金
   D. 这些老基金深受房地产市场降温、实业投资无法变现以及贷款资产无法回收的困扰，资产质量普遍不高

32. 在试点发展阶段，我国基金业在发展上的主要表现是(　　)。
   A. 基金在规范化运作方面得到很大的提高
   B. 在开放式基金成功试点的基础上成功地推出封闭式基金，使我国的基金运作水平实现历史性跨越
   C. 对老基金进行了全面规范清理，绝大多数老基金通过资产置换、合并等方式被改造成为新的证券投资基金
   D. 监管部门出台了一系列鼓励基金业发展的政策措施，对基金业的发展起到了重要的促进作用

33. 在试点发展阶段，我国基金业在封闭式基金成功试点的基础上成功地推出开放式基金，下列说法正确的是(　　)。
   A. 1998 年 3 月 27 日，经中国证监会批准，新成立的南方基金管理公司和国泰基金管理公司分别发起设立了两只规模均为 20 亿元的封闭式基金——基金开元和基金金泰，由此拉开了中国证券投资基金试点的序幕
   B. 在试点的第一年——1998 年，我国共设立了 6 家基金管理公司，管理封闭式基金数量 6 只，募集资金 100 亿元人民币，年末基金资产净值合计 107.4 亿元人民币

C. 1999 年,基金管理公司的数量增加到 15 家,全年共有 14 只新的封闭式基金发行

D. 2001 年 9 月,我国第一只开放式基金——华安创新诞生,使我国基金业发展实现了从封闭式基金到开放式基金的历史性跨越

34. 在我国基金业试点发展阶段,开放式基金的发展为基金产品的创新开辟了新的天地,这一阶段具有代表性的基金创新品种有(   )。

A. 2002 年 8 月推出的第一只以债券投资为主的债券基金——南方宝元债券基金

B. 2003 年 3 月推出的我国第一只系列基金——招商安泰系列基金

C. 2003 年 5 月推出的我国第一只具有保本特色的基金——南方避险增值基金

D. 2003 年 12 月推出的我国第一只货币型市场基金——华安现金富利基金

35. 自《证券投资基金法》实施以来,我国基金业在发展上出现了一些新的变化,下列说法正确的是(   )。

A. 开放式基金的发展为基金产品的创新开辟了新的天地

B. 基金业监管的法律体系日益完善

C. 基金品种日益丰富,开放式基金取代封闭式基金成为市场发展的主流

D. 基金公司业务开始走向多元化,出现了一批规模较大的基金管理公司

36. 《证券投资基金法》实施以来,我国基金市场产品创新活动日趋活跃,具有代表性的基金创新产品包括(   )。

A. 2006 年 5 月推出的国内首只生命周期基金——大成财富管理 2020 生命周期基金

B. 2007 年 7 月推出的国内首只结构化基金——国投瑞银瑞福基金

C. 2007 年 9 月推出的首只 QDII 基金——南方全球精选基金

D. 2008 年 4 月推出的国内首只社会责任基金——华夏社会责任基金

37. 基金行业的对外开放主要体现在(   )。

A. 合资基金管理公司数量不断增加

B. 合格境内机构投资者（QDII）的推出,使我国基金行业开始进入国际投资市场

C. 基金管理公司的业务正在日益走向多元化

D. 自 2008 年 4 月起,部分基金管理公司开始中国到香港设立分公司,从事资产管理相关业务

38. 基金为中小投资者拓宽了投资渠道,主要表现在(   )。

A. 对中小投资者来说,储蓄或购买债券较为稳妥,但收益率较低

B. 投资于股票有可能获得较高收益,但对于手中资金有限、投资经验不足的中小投资者来说,直接进行股票投资有一定困难,而且风险较大

C. 此外,股票市场变幻莫测,中小投资者由于缺乏投资经验,再加上信息条件的限制,很难在股市中获得良好的投资收益

D. 证券投资基金作为一种面向中小投资者设计的间接投资工具,把众多投资者的小额资金汇集起来进行组合投资,由专业投资机构进行管理和运作,从而为投资者提供了有效参与证券市场的投资渠道

39. 基金业在金融体系中的作用主要表现在(   )。

A. 为中小投资者拓宽了投资渠道　　B. 优化金融结构，促进经济增长

C. 有利于证券市场的稳定和健康发展　　D. 完善金融体系和社会保障体系

40. 证券投资基金有利于证券市场的稳定和健康发展，表现在（　　）。

A. 证券投资基金将中小投资者的闲散资金汇集起来投资于证券市场，扩大了直接融资的比例，为企业在证券市场筹集资金创造了良好的融资环境，实际上起到了将储蓄资金转化为生产资金的作用

B. 在投资组合管理过程中对所投资证券进行的深入研究与分析，有利于促进信息的有效利用和传播，有利于市场合理定价，有利于市场有效性的提高和资源的合理配置

C. 证券投资基金发挥专业理财优势，推动市场价值判断体系的形成，倡导理性的投资文化，有助于防止市场的过度投机

D. 证券投资基金的发展有助于改善我国目前以个人投资者为主的不合理的投资者结构，充分发挥机构投资者对上市公司的监督和制约作用，推动上市公司完善治理结构

三、判断题

1. 证券投资基金是一种实行组合投资、专业管理、利益共享、风险共担的集合投资方式。与股票、债券不同，证券投资基金是一种直接投资工具。（　　）

A. 正确　　　　　　　　　　　　B. 错误

2. 封闭式基金是指基金份额在基金合同期限内固定不变，基金份额可以在依法设立的证券交易所交易，但基金份额持有人不得申请赎回的一种基金运作方式。（　　）

A. 正确　　　　　　　　　　　　B. 错误

3. 证券投资基金通过发行基金份额的方式募集资金，个人投资者或机构投资者通过购买一定数量的基金份额参与基金投资。（　　）

A. 正确　　　　　　　　　　　　B. 错误

4. 按照《中华人民共和国证券法》的规定，我国基金份额持有人享有以下权利：分享基金财产收益，参与分配清算后的剩余基金财产，依法转让或者申请赎回其持有的基金份额，按照规定要求召开基金份额持有人大会，对基金份额持有人大会审议事项行使表决权，查阅或者复制公开披露的基金信息资料，对基金管理人、基金托管人、基金份额发售机构损害其合法权益的行为依法提出诉讼。（　　）

A. 正确　　　　　　　　　　　　B. 错误

5. 基金所募集的资金在法律上不具有独立性，由选定的基金托管人保管，并委托基金管理人进行股票、债券等分散化组合投资。（　　）

A. 正确　　　　　　　　　　　　B. 错误

6. 在我国，封闭式基金的存续期限一般为 10 年，在此期限内已发行的基金份额只能转让，不能被赎回。（　　）

A. 正确　　　　　　　　　　　　B. 错误

7. 基金管理人负责基金的投资操作，本身也参与基金财产的保管。（　　）

A. 正确　　　　　　　　　　　　B. 错误

8. 依据法律形式的不同，基金可分为契约型基金与公司型基金。我国目前设立的基金则为契约型基金。（　　　）

    A. 正确   B. 错误

9. 基金将众多投资者的资金集中起来，委托基金管理人进行共同投资，表现出一种集合理财的特点。（　　　）

    A. 正确   B. 错误

10. 开放式基金的买卖价格受二级市场供求关系的影响。（　　　）

    A. 正确   B. 错误

11. 为基金提供服务的基金托管人、基金管理人按规定收取一定比例的托管费、管理费，并参与基金收益的分配。（　　　）

    A. 正确   B. 错误

12. 公司型基金是指基金份额在基金合同期限内固定不变，基金份额可以在依法设立的证券交易所交易，但基金份额持有人不得申请赎回的一种基金运作方式。（　　　）

    A. 正确   B. 错误

13. 银行吸收存款之后，不需要向存款人披露资金的运用情况；基金管理人无须向投资者公布基金的投资运作情况。（　　　）

    A. 正确   B. 错误

14. 封闭式基金可能出现溢价交易现象，也可能出现折价交易现象。（　　　）

    A. 正确   B. 错误

15. 基金的市场营销主要涉及基金份额的募集与客户服务，基金的投资管理体现了基金管理人的服务价值，而包括基金份额的注册登记、基金资产的估值、会计核算、信息披露等后台管理服务则对保障基金的安全运作起着重要的作用。（　　　）

    A. 正确   B. 错误

16. 相对而言，由于封闭式基金份额固定，没有赎回压力，基金经理人完全可以根据预先设定的投资计划进行长期投资和全额投资，并将基金资产投资于流动性较差的证券上，这在一定程度上有利于基金长期业绩的提高。（　　　）

    A. 正确   B. 错误

17. 基金份额持有人即基金投资者，是基金的出资人、基金资产的所有者和基金投资回报的受益人。（　　　）

    A. 正确   B. 错误

18. 与开放式基金相比，封闭式基金为基金管理人提供了更好的激励约束机制。（　　　）

    A. 正确   B. 错误

19. 基金管理人在基金运作中具有核心作用，基金产品的设计、基金份额的销售与注册登记、基金资产的管理等重要职能多半由基金管理人或基金管理人选定的其他服务机构承担。（　　　）

    A. 正确   B. 错误

20. 在我国，基金发起人包括证券公司、信托投资公司、基金管理公司和金融咨询公司。（　　　）

A. 正确   B. 错误

21. 在我国,基金管理人由依法设立的基金管理公司或商业银行担任。(   )

A. 正确   B. 错误

22. 公司型基金是依据基金合同而设立的一类基金。(   )

A. 正确   B. 错误

23. 基金管理人、基金托管人既是基金的当事人,又是基金的主要服务机构。(   )

A. 正确   B. 错误

24. 开放式基金不是目前国际上的主流基金组织形式。(   )

A. 正确   B. 错误

25. 目前,在我国承担基金份额注册登记工作的主要是基金管理公司自身和中国证券业协会。(   )

A. 正确   B. 错误

26. 公司型基金在法律上是具有独立法人地位的股份投资公司。(   )

A. 正确   B. 错误

27. 基金评级机构则是向投资者以及其他市场参与主体提供基金评价业务、红利发放、基金份额持有人名册的建立与保管的机构。(   )

A. 正确   B. 错误

28. 股票和债券是直接投资工具,主要投向有价证券,而基金是间接投资工具,主要投向实业。(   )

A. 正确   B. 错误

29. 我国的证券交易所是依法设立的,不以营利为目的,为证券的集中和有组织的交易提供场所和设施,履行国家有关法律法规、规章、政策规定的职责,实行自律性管理的法人。(   )

A. 正确   B. 错误

30. 依据法律形式的不同,可以将基金分为封闭式基金和开放式基金。(   )

A. 正确   B. 错误

31. 目前,我国的基金均为公司型基金,契约型基金则以美国的投资公司为代表。(   )

A. 正确   B. 错误

32. 公司型基金委托基金管理公司作为专业的财务顾问来经营与管理基金资产。(   )

A. 正确   B. 错误

33. 1929 年,美国只有 10 多只开放式基金,而封闭式基金的数量则有 700 多只。(   )

A. 正确   B. 错误

34. 在我国,基金管理人只能由依法设立的基金管理公司担任。(   )

A. 正确   B. 错误

35. 目前,除欧洲、美国、日本外,澳大利亚、拉丁美洲、亚洲新兴国家和地区,如中国香港、中国台湾等地区以及新加坡、韩国等国家的证券投资基金发展也很

快。（　　）

    A. 正确   B. 错误

36. 基金资产 80% 以上投资于股票的为股票基金。（　　）

    A. 正确   B. 错误

37. 目前，封闭式基金已成为证券投资基金中的主流产品。（　　）

    A. 正确   B. 错误

38. 目前，我国的基金均为契约型基金，没有公司型基金。（　　）

    A. 正确   B. 错误

39. 深圳证券交易所与上海证券交易所相继于 1990 年 12 月、1991 年 7 月开业，标志着
    中国证券市场正式形成。（　　）

    A. 正确   B. 错误

40. 美国相关法律要求，私募基金的投资者人数不得超过 100 人，每个投资者的净资产
    必须在 100 万美元以上。（　　）

    A. 正确   B. 错误

41. 1997 年 11 月 14 日颁布了《开放式证券投资基金试点办法》，由此，中国基金业的
    发展进入规范化的试点发展阶段。（　　）

    A. 正确   B. 错误

42. 截至 2008 年末，我国的基金管理公司已有 61 家，有 5 家基金管理公司的管理资产
    超过了 1000 亿元。（　　）

    A. 正确   B. 错误

43. 1998 年 3 月 27 日，经中国证监会批准，新成立的南方基金管理公司和国泰基金管
    理公司分别发起设立了两只规模均为 20 亿元的封闭式基金——基金开元和基金金
    泰，由此拉开了中国证券投资基金试点的序幕。（　　）

    A. 正确   B. 错误

44. 开放式基金同封闭式基金一样，受市场供求关系的影响。（　　）

    A. 正确   B. 错误

45. 在封闭式基金成功试点的基础上，2000 年 10 月 8 日中国证监会发布了《证券投资
    基金法》。（　　）

    A. 正确   B. 错误

46. 在开放式基金推出之前，我国共有 47 只封闭式基金。2002 年 8 月，我国封闭式基
    金的数量增加到 54 只。（　　）

    A. 正确   B. 错误

47. 2004 年底推出的国内首只交易型开放式指数基金（ETF）是华夏上证 50ETF。（　　）

    A. 正确   B. 错误

48. 2006 年 5 月推出的国内首只生命周期基金是大成 2020 生命周期基金。（　　）

    A. 正确   B. 错误

49. 2007 年 7 月推出的国内首只结构化基金是国投瑞银瑞福基金。（　　）

    A. 正确   B. 错误

50. 截至 2009 年末，我国基金管理公司有 50 家，共有 7 家基金管理公司的基金管理资产超过了 1000 亿元。（　　）

A. 正确　　　　　　　　　　　　　　　　B. 错误

参考答案

一、单项选择题

1. B	2. B	3. C	4. C	5. B
6. D	7. D	8. A	9. C	10. A
11. D	12. D	13. A	14. B	15. B
16. A	17. A	18. C	19. D	20. A
21. B	22. B	23. A	24. C	25. A
26. C	27. C	28. B	29. C	30. B
31. B	32. C	33. B	34. B	35. A
36. C	37. C	38. D	39. B	40. A
41. C	42. D	43. B	44. C	45. D

二、多项选择题

1. ABCD	2. ABC	3. AC	4. ABC	5. ABCD
6. BD	7. AD	8. BCD	9. ACD	10. CD
11. ACD	12. BCD	13. ABCD	14. ACD	15. ABCD
16. ACD	17. ABCD	18. ABCD	19. BCD	20. ABCD
21. ACD	22. AD	23. BC	24. BCD	25. ABC
26. ABC	27. BCD	28. BCD	29. ABCD	30. ACD
31. ABCD	32. ACD	33. AD	34. ABCD	35. BCD
36. BC	37. ABD	38. ABCD	39. ABCD	40. BCD

三、判断题

1. B	2. A	3. A	4. B	5. B
6. B	7. B	8. A	9. A	10. B
11. B	12. B	13. B	14. A	15. A
16. A	17. A	18. B	19. A	20. B
21. B	22. B	23. A	24. B	25. B
26. A	27. B	28. B	29. A	30. B
31. B	32. A	33. A	34. B	35. A
36. B	37. B	38. A	39. B	40. A
41. B	42. B	43. B	44. B	45. B
46. A	47. A	48. B	49. A	50. B

第二章 证券投资基金的类型

一、本章考纲

了解证券投资基金分类的意义，掌握各类基金的基本特征及其区别。

了解股票基金在投资组合中的作用，掌握股票基金与股票的区别，熟悉股票基金的分类，了解股票基金的投资风险，掌握股票基金的分析方法。

了解债券基金在投资组合中的作用，掌握债券基金与债券的区别，熟悉债券基金的类型，了解债券基金的投资风险，掌握债券基金的分析方法。

了解货币市场基金在投资组合中的作用，了解货币市场工具与货币市场基金的投资对象，了解货币市场基金的投资风险，掌握货币市场基金的分析方法。

了解混合基金在投资组合中的作用，了解混合基金的类型，了解混合基金的投资风险。

了解保本基金的特点，掌握保本基金的保本策略，了解保本基金的类型，了解保本基金的投资风险，掌握保本基金的分析方法。

掌握 ETF 的特点、套利原理，了解 ETF 的类型，了解 ETF 的投资风险及其分析方法。

了解 QDII 基金在投资组合中的作用，了解 QDII 的投资对象，了解 QDII 基金的投资风险。

了解分级基金、交易所联接基金的基本概念。

了解基金评价的概念与目的，了解基金评价的三个角度，了解基金评级方法，掌握基金评级的运用，掌握基金评级的局限性，掌握基金评价业务原则，掌握基金评价禁止性规定。

二、本章知识体系

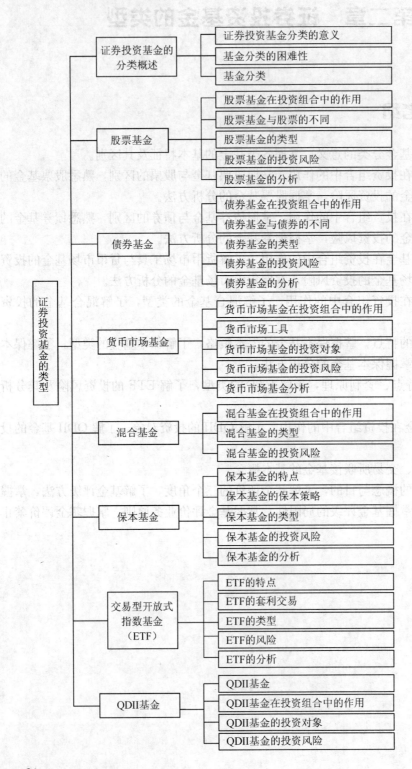

三、同步强化练习题及参考答案

同步强化练习题

一、单项选择题

1. 对基金研究评价机构而言，（   ）是进行基金评级的基础。
   - A. 基金的业绩
   - B. 基金的分类
   - C. 基金的价值
   - D. 基金的份额

2. 以下基金类型中，不是从基金的投资目标来划分的是（   ）。
   - A. 成长型基金
   - B. 混合型基金
   - C. 平衡型基金
   - D. 收入型基金

3. 同时以股票、债券为投资对象的基金类型是（   ）。
   - A. 股票基金
   - B. 债券基金
   - C. 混合基金
   - D. 货币市场基金

4. 美国投资公司协会依据基金（   ）的不同，将美国的基金分为 33 类。
   - A. 法律形式
   - B. 运作方式
   - C. 投资对象
   - D. 投资目标和投资策略

5. （   ）的投资对象主要是那些大盘蓝筹股、公司债、政府债券等稳定收益的有价证券。
   - A. 成长型基金
   - B. 主动型基金
   - C. 平衡型基金
   - D. 收入型基金

6. 2004 年 7 月 1 日开始施行的（   ），首次将我国的基金类别分为股票基金、债券基金、货币市场基金、混合基金等基本类型。
   - A.《证券投资基金运作管理办法》
   - B.《证券投资基金法》
   - C.《开放式证券投资基金试点办法》
   - D.《证券投资基金管理公司管理办法》

7. 我国货币市场基金能够投资的金融工具不包括（   ）。
   - A. 1 年以内（含 1 年）的银行定期存款
   - B. 剩余期限在 397 天以内（含 397 天）的债券
   - C. 信用等级较高的可转换债券
   - D. 剩余期限在 397 天以内（含 397 天）的资产支持证券

8. 根据（   ）的不同，可以将基金分为封闭式基金、开放式基金。
   - A. 法律形式
   - B. 运作方式
   - C. 投资对象
   - D. 投资目标

9. 以下关于股票基金的说法正确的是（   ）。
   - A. 与其他类型基金相比，投资风险小，回报率高
   - B. 适合投资于短期金融工具
   - C. 适合长期投资

D. 无法抗御通货膨胀

10. （   ）是指基金份额在基金合同期限内固定不变，基金份额可以在依法设立的证券
    交易所交易，但基金份额持有人不得申请赎回的一种基金运作方式。
    A. 封闭式基金   B. 开放式基金
    C. 契约型基金   D. 公司型基金

11. ETF 一般采用（   ）的投资策略。
    A. 完全主动式   B. 完全被动式
    C. 被动式和主动式相结合   D. 被动式和主动式相交替

12. （   ）是指基金份额不固定，基金份额可以在基金合同约定的时间和场所进行申购
    或者赎回的一种基金运作方式。
    A. 封闭式基金   B. 开放式基金
    C. 契约型基金   D. 公司型基金

13. 在本国募集资金并投资于本国证券市场的证券投资基金为（   ）。
    A. 离岸基金   B. 在岸基金
    C. 国内股票基金   D. 国外股票基金

14. 根据（   ）的不同，可以将基金分为契约型基金、公司型基金等。
    A. 法律形式   B. 运作方式
    C. 投资对象   D. 投资目标

15. 按照基金规模是否固定，证券投资基金可以划分为（   ）。
    A. 私募基金和公募基金   B. 上市基金和不上市基金
    C. 开放式基金和封闭式基金   D. 契约型基金和公司型基金

16. 依据（   ）的不同，可以将基金分为股票基金、债券基金、货币市场基金、混合基
    金等。
    A. 法律形式   B. 运作方式
    C. 投资对象   D. 投资目标

17. 在下列指标中，最能全面反映基金经营成果的是（   ）。
    A. 净值增长率   B. β 值
    C. 已实现收益   D. 基金分红

18. 在各类基金中历史最为悠久，各国（地区）广泛采用的一种基金类型是（   ）。
    A. 债券基金   B. 货币市场基金
    C. 混合基金   D. 股票基金

19. 证券投资基金不包括（   ）。
    A. 封闭式基金   B. 开放式基金
    C. 创业投资基金   D. 债券基金

20. 根据中国证监会对基金类别的分类标准，基金资产（   ）以上投资于债券的为债券
    基金。
    A. 50%   B. 60%
    C. 70%   D. 80%

21. 在基金的风险分析指标中，（　　）将一个股票基金的净值增长率与某个市场指数联系起来，用以反映基金净值变动对市场指数变动的敏感程度。
    A. 标准差　　　　　　　　　B. 持股集中度
    C. β值　　　　　　　　　　D. 行业投资集中度

22. 既注重资本增值又注重当期收入的基金是（　　）。
    A. 增长型基金　　　　　　　B. 收入型基金
    C. 混合基金　　　　　　　　D. 平衡型基金

23. 根据投资对象的不同，证券投资基金的划分类别不包括（　　）。
    A. 股票基金　　　　　　　　B. 货币市场基金
    C. 债券基金　　　　　　　　D. 指数基金

24. 以追求资本增值为基本目标的基金是（　　）。
    A. 增长型基金　　　　　　　B. 收入型基金
    C. 混合基金　　　　　　　　D. 平衡型基金

25. 偏股型混合基金中股票的配置比例一般为（　　）。
    A. 50%～80%　　　　　　　B. 60%～70%
    C. 50%～60%　　　　　　　D. 50%～70%

26. 依据（　　）的不同，可以将基金分为主动型基金与被动（指数）型基金。
    A. 法律形式　　　　　　　　B. 运作方式
    C. 投资理念　　　　　　　　D. 投资目标

27. 根据投资目标的不同，证券投资基金不包括（　　）。
    A. 成长型基金　　　　　　　B. 收入型基金
    C. 期权基金　　　　　　　　D. 平衡型基金

28. 根据（　　）的不同，可以将基金分为公募基金和私募基金。
    A. 募集方式　　　　　　　　B. 运作方式
    C. 投资理念　　　　　　　　D. 投资目标

29. 关于保本基金，以下说法不正确的是（　　）。
    A. 保本的性质在一定程度上限制了基金收益的上升空间
    B. 其他条件相同，保本比例较低的基金投资于风险性资产的比例较低
    C. 常见的保本比例介于80%～100%
    D. 保本基金往往会对提前赎回基金的投资者收取较高的赎回费

30. （　　）是指一国的证券投资基金组织在他国发售证券投资基金份额，并将募集的资金投资于本国或第三国证券市场的证券投资基金。
    A. 股票基金　　　　　　　　B. 在岸基金
    C. 债券基金　　　　　　　　D. 离岸基金

31. 收入型基金以（　　）为基本目标。
    A. 追求稳定的经常性收入　　B. 现金收益
    C. 资本的长期增值　　　　　D. 将资金分散投资于股票和债券

32. 以在锁定下跌风险的同时力争有机会获得潜在的高回报为投资目标的是（　　）。

A. 保本基金　　　　　　　　　B. 股票基金

C. 债券基金　　　　　　　　　D. 系列基金

33. 以下不属于保本基金的分析指标的有（　　）。

A. 投资比例　　　　　　　　　B. 保本期

C. 安全垫　　　　　　　　　　D. 赎回费

34. 根据中国证监会的相关指引，ETF 联接基金投资于目标 ETF 的资产不得低于基金资产净值的（　　）。

A. 50%　　　　　　　　　　　B. 60%

C. 80%　　　　　　　　　　　D. 90%

35. 基金风险的衡量指标不包括（　　）。

A. 标准差　　　　　　　　　　B. β值

C. α值　　　　　　　　　　　D. 持股集中度

36. （　　）是一种既可以在场外市场进行基金份额申购、赎回，又可以在交易所（场内市场）进行基金份额交易和基金份额申购或赎回的开放式基金。

A. 上市开放式基金（LOF）　　B. QDII 基金

C. 交易型开放式指数基金（ETF）　D. ETF 联接基金

37. 交易型开放式指数基金（ETF）的主要特点不包括（　　）。

A. 被动操作的指数型基金

B. 独特的实物申购赎回机制

C. 实行一级市场与二级市场并存的交易制度

D. 在锁定下跌风险的同时力争有机会获得潜在的高回报

38. 在二级市场的净值报价上，ETF 每（　　）秒提供一个基金参考净值报价。

A. 10　　　　　　　　　　　　B. 15

C. 20　　　　　　　　　　　　D. 30

39. 根据中国证监会对基金类别的分类标准，股票基金投资于股票的比例为（　　）。

A. 50%　　　　　　　　　　　B. 60%

C. 70%　　　　　　　　　　　D. 80%

40. 基础行业基金、资源类股票基金、房地产基金、金融服务基金、科技股基金等属于（　　）。

A. 价值型股票基金　　　　　　B. 在岸基金

C. 成长型股票基金　　　　　　D. 行业股票基金

41. 国外股票基金以非本国的股票市场为投资场所，由于币制不同，存在一定的（　　）。

A. 交易风　　　　　　　　　　B. 汇率风险

C. 投资风险　　　　　　　　　D. 市场风险

42. 基金经理不适当地对某一行业或个股的集中投资给基金带来的风险，属于（　　）。

A. 系统性风险　　　　　　　　B. 非系统性风险

C. 管理运作风险　　　　　　　D. 法律风险

43. 久期可以较准确地衡量利率的微小变动对债券价格的影响，但当利率变动幅度较大时，则会产生较大的误差，这主要是由债券所具有的（　　）引起的。
    A. 凹性
    B. 久期
    C. 凸性
    D. 收益性

44. 通货膨胀会吞噬固定收益所形成的购买力，因此债券基金的投资者不能忽视这种风险，必须适当地购买一些（　　）。
    A. 保本基金
    B. 股票基金
    C. 混合基金
    D. 增长型基金

45. 股债平衡型基金股票与债券的配置比例较为均衡，比例大约在（　　）。
    A. 20%～40%
    B. 40%～60%
    C. 60%～70%
    D. 70%～80%

二、多项选择题

1. 根据募集方式的不同，基金可分为（　　）等类别。
    A. 主动型基金
    B. 被动型基金
    C. 公募基金
    D. 私募基金

2. 在我国，货币市场基金不得投资于（　　）。
    A. 流通受限的证券
    B. 股票
    C. 可转换债券
    D. 剩余期限不超过397天的债券

3. 证券投资基金分类的意义包括（　　）。
    A. 对基金投资者而言，基金数量越来越多，投资者需要在众多的基金中选择适合自己风险收益偏好的基金
    B. 对基金管理公司而言，基金业绩的比较应该在同一类别中进行才公平合理
    C. 对基金研究评价机构而言，基金的分类则是进行基金评级的基础
    D. 对监管部门而言，明确基金的类别特征将有利于针对不同基金的特点实施更有效的分类监管

4. 成长型基金具有（　　）特点。
    A. 以追求资本增值为基本目标
    B. 较少考虑当期收入
    C. 以大盘蓝筹股、公司债、政府债券等为投资对象
    D. 主要以具有良好增长潜力的股票为投资对象

5. 随着我国基金品种的日益丰富，在原先简单的封闭式基金与开放式基金划分的基础上，2004年7月1日开始施行的《证券投资基金运作管理办法》，首次将我国的基金类别分为（　　）等基本类型。
    A. 股票基金
    B. 债券基金
    C. 货币市场基金
    D. 混合基金

6. 根据投资对象的不同，证券投资基金可以分为（　　）。
    A. 股票基金
    B. 国债基金
    C. 债券基金
    D. 指数基金

7. 根据投资目标的不同，可以将基金分为（　　）。
　　A. 增长型基金　　　　　　　　　B. 收入型基金
　　C. 混合基金　　　　　　　　　　D. 平衡型基金
8. 根据运作方式的不同，可以将基金分为（　　）。
　　A. 封闭式基金　　　　　　　　　B. 开放式基金
　　C. 契约型基金　　　　　　　　　D. 公司型基金
9. 根据法律形式的不同，可以将基金分为（　　）。
　　A. 封闭式基金　　　　　　　　　B. 开放式基金
　　C. 契约型基金　　　　　　　　　D. 公司型基金
10. 平衡型基金具有（　　）特点。
　　A. 既注重资本增值又注重当期收入
　　B. 兼具成长与收入双重目标
　　C. 风险、收益介于成长型基金与收入型基金之间
　　D. 以追求稳定的经常性收入为基本目标
11. 公募基金的主要特征有（　　）。
　　A. 只能采取非公开方式，面向特定投资者募集发售
　　B. 可以面向社会公众公开发售基金份额和宣传推广，基金募集对象不固定
　　C. 投资金额要求低，适宜中小投资者参与
　　D. 必须遵守基金法律和法规的约束，并接受监管部门的严格监管
12. 私募基金的主要特征有（　　）。
　　A. 不能进行公开的发售和宣传推广，投资金额要求高，投资者的资格和人数常常受到严格的限制
　　B. 在运作上具有较大的灵活性，所受到的限制和约束也较少
　　C. 既可以投资于衍生金融产品进行买空卖空交易，也可以进行汇率、商品期货投机交易等
　　D. 投资风险较低，主要以稳健性的投资者为目标客户
13. 保本基金的主要特点包括（　　）。
　　A. 采用投资组合保险策略
　　B. 基金基本上无风险
　　C. 基金资产大部分投资于债券
　　D. 投资目标是在锁定下跌风险的同时力争获得潜在的高回报
14. 关于交易型开放式指数基金（ETF）的特点，下列说法正确的是（　　）。
　　A. ETF结合了封闭式基金与开放式基金的运作特点
　　B. ETF只能在交易所二级市场买卖，不能像开放式基金那样申购、赎回
　　C. 它的申购是用一篮子股票换取ETF份额，赎回时则是换回一篮子股票而不是现金
　　D. 这种交易制度使该类基金存在一级和二级市场之间的套利机制，可有效防止类似封闭式基金的大幅折价

15. 关于上市开放式基金（LOF）的特点，下列说法不正确的是(　　)。

　　A. LOF 的投资目标是在锁定下跌风险的同时力争有机会获得潜在的高回报，目前，我国已有多只 LOF

　　B. LOF 结合了银行等代销机构和交易所交易网络两者的销售优势，为开放式基金销售开辟了新的渠道

　　C. LOF 通过场外市场与场内市场获得的基金份额分别被注册登记在场外系统与场内系统，但基金份额可以通过跨系统转托管（即跨系统转登记）实现在场外市场与场内市场的转换

　　D. LOF 获准交易后，投资者既可以通过银行等场外销售渠道申购和赎回基金份额，也可以在挂牌的交易所买卖该基金或进行基金份额的申购与赎回

16. LOF 与 ETF 都具备开放式基金可以申购、赎回和场内交易的特点，但两者存在本质区别，主要表现在(　　)。

　　A. 申购、赎回的标的不同。ETF 的申购、赎回是基金份额与现金的对价；LOF 与投资者交换的是基金份额与一篮子股票

　　B. 申购、赎回的场所不同。ETF 的申购、赎回既可以在代销网点进行也可以在交易所进行；LOF 的申购、赎回通过交易所进行

　　C. 对申购、赎回限制不同。只有资金在一定规模以上的投资者（基金份额通常要求在 50 万份以上）才能参与 ETF 的申购、赎回交易；而 LOF 在申购、赎回上没有特别要求

　　D. 基金投资策略不同。ETF 通常采用完全被动式管理方法，以拟合某一指数为目标；而 LOF 则是普通的开放式基金增加了交易所的交易方式，它可以是指数型基金，也可以是主动管理型基金

17. 以下关于系列基金的说法正确的是(　　)。

　　A. 我国目前共有 10 只系列基金　　　　B. 多个基金共用一个基金合同

　　C. 子基金独立运作　　　　　　　　　　D. 子基金之间可以进行相互转换

18. 股票基金在投资组合中的作用，下列说法正确的是(　　)。

　　A. 股票基金以追求短期的资本收益为目标，比较适合短期投资

　　B. 与其他类型的基金相比，股票基金的风险较高，但预期收益也较高

　　C. 股票基金提供了一种长期的投资增值性，可供投资者用来满足教育支出、退休支出等远期支出的需要

　　D. 与房地产一样，股票基金是应对通货膨胀最有效的手段

19. 以下关于 β 值的说法中，正确的有(　　)。

　　A. 当 β 值大于 1 时，该基金是一只活跃或激进型基金

　　B. 当 β 值大于 1 时，该基金是一只稳定或防御型基金

　　C. 当 β 值小于 1 时，该基金是一只活跃或激进型基金

　　D. 当 β 值小于 1 时，该基金是一只稳定或防御型基金

20. 作为一篮子股票组合的股票基金，与单一股票之间存在许多不同，下列说法正确的是(　　)。

A. 股票价格在每一交易日内始终处于变动之中；股票基金净值的计算每天只进行1次，因此每一交易日股票基金只有1个价格

B. 股票价格会由于投资者买卖股票数量的大小和强弱的对比而受到影响；股票基金份额净值不会由于买卖数量或申购、赎回数量的多少而受到影响

C. 人们在投资股票时，一般会根据上市公司的基本面对股票价格高低的合理性做出判断，但却不能对股票基金份额净值进行合理与否的评判

D. 单一股票的投资风险较为集中，投资风险较大；股票基金由于进行分散投资，投资风险低于单一股票的投资风险

21. 反映股票基金经营业绩的指标主要有（ ）。

    A. 基金分红   B. 持股集中度

    C. 已实现收益   D. 净值增长率

22. 反映股票基金风险大小的指标主要有（ ）。

    A. 标准差   B. β值

    C. 净值增长率   D. 持股数量

23. 系统性风险即市场风险，是指由整体政治、经济、社会等环境因素对证券价格所造成的影响。系统性风险包括（ ）。

    A. 信用风险、经营风险

    B. 政策风险、经济周期性波动风险、利率风险

    C. 购买力风险、汇率风险

    D. 财务风险

24. 非系统性风险是指个别证券特有的风险，包括企业的（ ）。

    A. 信用风险   B. 经营风险、财务风险

    C. 政策风险   D. 利率风险

25. 以某一特定行业或板块为投资对象的基金就是行业股票基金，如（ ）。

    A. 房地产基金   B. 科技股基金

    C. 金融服务基金   D. 公用事业基金

26. 债券基金在投资组合中的作用，下列说法正确的是（ ）。

    A. 债券基金主要以债券为投资对象，因此对追求稳定收入的投资者具有较强的吸引力

    B. 与其他类型的基金相比，债券基金的风险较高，但预期收益也较高

    C. 债券基金的波动性通常要小于股票基金，因此常常被投资者认为是收益、风险适中的投资工具

    D. 当债券基金与股票基金进行适当的组合投资时，常常能较好地分散投资风险，因此债券基金常常也被视为组合投资中不可或缺的重要组成部分

27. 债券基金与单一债券的区别，下列说法正确的是（ ）。

    A. 投资者购买固定利率性质的债券，在购买后会定期得到固定的利息收入，并可在债券到期时收回本金。债券基金作为不同债券的组合，尽管也会定期将收益分配给投资者，但债券基金分配的收益有升有降，不如债券的利息固定

B. 与一般债券会有一个确定的到期日不同，债券基金由一组具有不同到期日的债券组成，因此并没有一个确定的到期日

C. 单一债券的收益率可以根据购买价格、现金流以及到期收回的本金计算其投资收益率；但债券基金由一组不同的债券组成，收益率较难计算和预测

D. 单一债券随着到期日的临近，所承担的利率风险会下降。债券基金没有固定到期日，所承担的利率风险将取决于所持有的债券的平均到期日。债券基金的平均到期日常常会相对固定，债券基金所承受的利率风险通常也会保持在一定的水平

28. 依据股票基金所持有的全部股票的(   )等指标，可以对股票基金的投资风格进行分析。
   A. 平均市值
   B. 平均市盈率
   C. 平均市净率
   D. 平均费用率

29. 根据发行者的不同，可以将债券分为(   )。
   A. 政府债券
   B. 企业债券
   C. 金融债券
   D. 个人债券

30. 根据债券到期日的不同，可以将债券分为(   )。
   A. 短期债券
   B. 长期债券
   C. 银行债券
   D. 保险债券

31. 关于 ETF 的说法正确的是(   )。
   A. 实行一级市场与二级市场并存的交易制度是 ETF 的最大特点
   B. 有"最小申购、赎回份额"的规定
   C. 本质上是一种指数基金
   D. 折价套利会导致 ETF 总份额增加，溢价套利会导致 ETF 总份额减少

32. 根据有关规定，除中国证监会另有规定外，QDII 基金可投资的金融产品或工具包括(   )。
   A. 银行存款、可转让存单、银行承兑汇票、银行票据、商业票据、回购协议、短期政府债券等货币市场工具
   B. 政府债券、公司债券、可转换债券、住房按揭支持证券、资产支持证券等及经中国证监会认可的国际金融组织发行的证券
   C. 房地产抵押按揭、贵重金属或代表贵重金属的凭证
   D. 与固定收益、股权、信用、商品指数、基金等标的物挂钩的结构性投资产品

33. 债券基金主要的投资风险包括(   )。
   A. 利率风险
   B. 信用风险
   C. 提前赎回风险
   D. 通货膨胀风险

34. 与其他类型基金相比，货币市场基金的特点有(   )。
   A. 风险低
   B. 风险高
   C. 流动性差
   D. 流动性好

35. 货币市场工具通常由(   )发行。

A. 学校   B. 政府

C. 金融机构   D. 信誉卓著的大型工商企业

36. 货币市场基金面临的风险有（   ）。

A. 利率风险   B. 购买力风险

C. 信用风险   D. 流动性风险

37. 用以反映货币市场基金风险的指标有（   ）。

A. 投资组合平均剩余期限   B. 基金净值

C. 浮动利率债券投资情况   D. 融资比例

38. 通常可以依据资产配置的不同将混合基金分为（   ）。

A. 偏股型基金   B. 偏债型基金

C. 股债平衡型基金   D. 灵活配置型基金

39. 境外的保本基金形式多样。其中，基金提供的保证有（   ）。

A. 风险保证   B. 本金保证

C. 收益保证   D. 红利保证

40. 股票基金面临的投资风险包括（   ）。

A. 成本—收益风险   B. 系统性风险

C. 非系统性风险   D. 管理运作风险

三、判断题

1. 股票基金通过分散投资可以大大降低个股投资的系统性风险，但却不能回避非系统性投资风险。（   ）

A. 正确   B. 错误

2. 在岸基金是指在本国募集资金并投资于本国证券市场的证券投资基金。基金的监管部门比较不容易运用本国法律、法规及相关技术手段对证券投资基金的投资运作行为进行监管。（   ）

A. 正确   B. 错误

3. 科学合理的基金分类将有助于投资者加深对各种基金的认识及对风险收益特征的把握，但是投资者的投资选择与比较并没有影响。（   ）

A. 正确   B. 错误

4. 为统一基金分类标准，一些国家常常由监管部门或行业协会出面制定基金分类的统一标准。（   ）

A. 正确   B. 错误

5. 目前我国的基金全部是公司型基金，而美国的绝大多数基金则是契约型基金。（   ）

A. 正确   B. 错误

6. 根据中国证监会对基金类别的分类标准，基金资产 50％ 以上投资于股票的为股票基金。（   ）

A. 正确   B. 错误

7. 与公募基金相比，私募基金的投资风险较高，主要以具有较强风险承受能力的富裕

阶层为目标客户。（　　　）

　　A. 正确　　　　　　　　　　B. 错误

8. 系列基金又称为"伞型基金"，是每个基金各有一个基金合同，子基金独立运作，子基金之间可以进行相互转换的一种基金结构形式。（　　　）

　　A. 正确　　　　　　　　　　B. 错误

9. 货币市场基金以货币市场工具为投资对象。根据中国证监会对基金类别的分类标准，仅投资于货币市场工具的为货币市场基金。（　　　）

　　A. 正确　　　　　　　　　　B. 错误

10. 混合基金同时以货币、债券为投资对象，以期通过在不同资产类别上的投资实现收益与风险之间的平衡。（　　　）

　　A. 正确　　　　　　　　　　B. 错误

11. 指数基金是选取特定的指数作为跟踪对象，力图取得超越基准组合表现的基金。（　　　）

　　A. 正确　　　　　　　　　　B. 错误

12. ETF 通过场外市场与场内市场获得的基金份额分别被注册登记在场外系统与场内系统，但基金份额可以通过跨系统转托管（即跨系统转登记）实现在场外市场与场内市场的转换。（　　　）

　　A. 正确　　　　　　　　　　B. 错误

13. 增长型基金是指以追求资本增值为基本目标，同时注重当期收入的基金，主要以具有良好增长潜力的股票为投资对象。（　　　）

　　A. 正确　　　　　　　　　　B. 错误

14. 收入型基金是指以追求稳定的经常性收入为基本目标的基金，主要以大盘蓝筹股、公司债、政府债券等稳定收益证券为投资对象。（　　　）

　　A. 正确　　　　　　　　　　B. 错误

15. 增长型基金的风险小、收益较低；收入型基金的风险大、收益高；平衡型基金的风险、收益则介于增长型基金与收入型基金之间。（　　　）

　　A. 正确　　　　　　　　　　B. 错误

16. 如果某基金的 β 值大于 1，说明该基金是一只活跃或激进型基金。（　　　）

　　A. 正确　　　　　　　　　　B. 错误

17. LOF 所具有的转托管机制与可以在交易所进行申购赎回的制度安排，使 LOF 不会出现封闭式基金的大幅折价交易现象。（　　　）

　　A. 正确　　　　　　　　　　B. 错误

18. 被动型基金一般选取特定的指数作为跟踪的对象，因此通常又被称为指数型基金。（　　　）

　　A. 正确　　　　　　　　　　B. 错误

19. 私募基金则是只能采取非公开方式，面向特定投资者募集发售的基金。（　　　）

　　A. 正确　　　　　　　　　　B. 错误

20. 私募基金的投资风险较高，主要以具有较强风险承受能力的富裕阶层为目标客

户。（　　）

    A. 正确   B. 错误

21. 与成长型基金相比，收入型基金的风险大，收益高。（　　）

    A. 正确   B. 错误

22. 离岸基金是指在本国募集资金投资于外国证券市场的证券投资基金。（　　）

    A. 正确   B. 错误

23. 系列基金又称为"伞型基金"，是指多个基金共用一个基金合同，子基金独立运作，子基金之间可以进行相互转换的一种基金结构形式。（　　）

    A. 正确   B. 错误

24. 基金中的基金是指以其他证券投资基金为投资对象的基金，其投资组合由其他基金组成。我国已有此类基金存在。（　　）

    A. 正确   B. 错误

25. 交易型开放式指数基金通常又称为交易所交易基金（Exchange Traded Funds, ETF），是一种在交易所上市交易的、基金份额不变的一种开放式基金。（　　）

    A. 正确   B. 错误

26. 标准差将一个股票基金的净值增长率与某个市场指数联系起来，以反映基金净值变动对市场指数变动的敏感程度。（　　）

    A. 正确   B. 错误

27. 在岸基金是指在外国募集资金投资于本国证券市场的证券投资基金。（　　）

    A. 正确   B. 错误

28. 我国第一只ETF成立于2004年底。截至2009年末，我国共有8只ETF。（　　）

    A. 正确   B. 错误

29. QDII基金是指在一国境内设立，经该国有关部门批准从事境外证券市场的股票、债券等有价证券投资的基金。（　　）

    A. 正确   B. 错误

30. ETF的净值报价频率要比LOF低，通常1天只提供1次或几次基金净值报价。（　　）

    A. 正确   B. 错误

31. 债券基金的价值会受到市场利率变动的影响，债券基金的平均到期日越长，债券基金的利率风险越高。（　　）

    A. 正确   B. 错误

32. 系统性风险是指个别证券特有的风险，包括企业的信用风险、经营风险、财务风险等。非系统性风险可以通过分散投资加以规避。（　　）

    A. 正确   B. 错误

33. 系列基金又称为"结构型基金"、"可分离交易基金"，是指在一只基金内部通过结构化的设计或安排，将普通基金份额拆分为具有不同预期收益与风险的两类（级）或多类（级）份额并可分离上市交易的一种基金产品。（　　）

    A. 正确   B. 错误

34. 国外股票基金可进一步分为单一国家型股票基金、区域型股票基金、国际股票基金三种类型。（　　）

    A. 正确　　　　　　　　　　　　B. 错误

35. 管理运作风险是指由于基金经理对基金的主动性操作行为而导致的风险，如基金经理不适当地对某一行业或个股的集中投资给基金带来的风险。（　　）

    A. 正确　　　　　　　　　　　　B. 错误

36. 股票基金通过分散投资可以大大降低个股投资的系统性风险和非系统性投资风险，而管理运作风险则因基金而异。（　　）

    A. 正确　　　　　　　　　　　　B. 错误

37. 净值增长率对基金的分红、已实现收益、未实现收益都加以考虑，因此是最能有效反映基金经营成果的指标。（　　）

    A. 正确　　　　　　　　　　　　B. 错误

38. 基金持股平均市值的计算只可以用加权平均法。（　　）

    A. 正确　　　　　　　　　　　　B. 错误

39. 基金股票周转率通过对基金买卖股票频率的衡量，可以反映基金的操作策略。（　　）

    A. 正确　　　　　　　　　　　　B. 错误

40. 根据债券信用等级的不同，可以将债券分为短期债券、长期债券等。（　　）

    A. 正确　　　　　　　　　　　　B. 错误

41. 与单个债券的久期一样，债券基金的久期越长，净值的波动幅度就越小，所承担的利率风险就越低。（　　）

    A. 正确　　　　　　　　　　　　B. 错误

42. LOF 所具有的转托管机制与可以在交易所进行申购赎回的制度安排，使 LOF 不会出现封闭式基金的大幅折价交易现象。（　　）

    A. 正确　　　　　　　　　　　　B. 错误

43. 混合基金为投资者提供了一种在不同资产类别之间进行分散投资的工具，比较适合较为激进的投资者。（　　）

    A. 正确　　　　　　　　　　　　B. 错误

44. 偏股型基金中股票的配置比例较高，债券的配置比例相对较低。通常，股票的配置比例在 50%～70%，债券的配置比例在 20%～40%。（　　）

    A. 正确　　　　　　　　　　　　B. 错误

45. 偏股型基金、灵活配置型基金的风险较高，但预期收益率也较高；偏债型基金的风险较低，预期收益率也较低；股债平衡型基金的风险与收益则较为适中。（　　）

    A. 正确　　　　　　　　　　　　B. 错误

46. 保本基金的保本期通常在 3～5 年，但也有长至 7～10 年的。（　　）

    A. 正确　　　　　　　　　　　　B. 错误

47. 投资者可以在 ETF 二级市场交易价格与基金份额净值两者之间存在差价时进行套利交易。（　　）

A. 正确 B. 错误

48. ETF 的折（溢）价率与开放式基金的折（溢）价率类似，等于二级市场价格与基金份额净值的比值减 1。（　　）

A. 正确 B. 错误

49. QDII 是在我国人民币没有实现可自由兑换、资本项目尚未开放的情况下，有限度地允许境内投资者投资境外证券市场的一项过渡性的制度安排。（　　）

A. 正确 B. 错误

50. 通过 QDII 基金进行国际市场投资，不但为投资者提供了新的投资机会，而且由于国际证券市场常常与国内证券市场具有较低的相关性，也为投资者降低组合投资风险提供了新的途径。（　　）

A. 正确 B. 错误

参考答案

一、单项选择题

1. B	2. B	3. C	4. D	5. D
6. A	7. C	8. B	9. C	10. A
11. B	12. B	13. B	14. A	15. C
16. C	17. A	18. D	19. C	20. D
21. C	22. D	23. D	24. A	25. D
26. C	27. C	28. A	29. B	30. D
31. A	32. A	33. A	34. A	35. C
36. A	37. D	38. B	39. B	40. D
41. B	42. C	43. C	44. B	45. B

二、多项选择题

1. CD	2. ABC	3. ABCD	4. ABD	5. ABCD
6. AC	7. ABD	8. AB	9. CD	10. ABC
11. BCD	12. ABC	13. CD	14. ACD	15. BCD
16. CD	17. BCD	18. ABD	19. AD	20. ABCD
21. ACD	22. ABD	23. BC	24. AB	25. ABC
26. ACD	27. ABCD	28. ABC	29. ABC	30. AB
31. BC	32. ABD	33. ABCD	34. AD	35. BCD
36. ABCD	37. ACD	38. ABCD	39. BCD	40. BCD

三、判断题

1. B	2. B	3. B	4. A	5. A
6. B	7. A	8. B	9. A	10. B
11. B	12. B	13. B	14. A	15. B
16. A	17. A	18. A	19. A	20. A

21. B	22. B	23. A	24. B	25. B
26. B	27. B	28. A	29. A	30. B
31. A	32. B	33. B	34. A	35. A
36. B	37. A	38. B	39. A	40. B
41. B	42. A	43. B	44. A	45. A
46. A	47. A	48. B	49. A	50. A

第三章 基金的募集、交易与登记

一、本章考纲

了解基金的募集程序，熟悉基金合同生效的条件；掌握开放式基金的认购步骤、认购方式、收费模式，掌握开放式基金认购份额的计算。掌握封闭式基金的认购，ETF与LOF份额的认购，QDII基金份额的认购。

了解封闭式基金上市交易条件、交易规则，熟悉封闭式基金的交易费用，掌握封闭式基金折（溢）价率的计算。

了解开放式基金的募集程序，熟悉开放式基金的基金合同生效的条件；熟悉开放式基金的认购渠道和步骤。

掌握开放式基金申购、赎回的概念，掌握开放式基金申购、赎回的原则，熟悉开放式基金申购、赎回的费用；掌握开放式基金申购份额、赎回金额的计算方法。了解开放式基金申购、赎回的登记与款项的支付，了解巨额赎回的认定与处理方式。

掌握开放式基金份额的转换、非交易过户、转托管与冻结的概念。

熟悉ETF份额的变更登记、ETF份额的认购方式、份额折算的方法；掌握ETF份额的交易规则；掌握ETF份额的申购和赎回的原则；熟悉ETF份额申购、赎回清单与内容。

了解上市开放式基金上市的交易条件，掌握上市开放式基金的交易规则，了解上市开放式基金场外申购赎回与场内申购赎回的概念，掌握上市开放式基金份额转托管的概念。

掌握QDII基金申购赎回与一般开放式基金申购赎回的区别。

掌握开放式基金份额的登记的概念，了解开放式基金登记机构及其职责，熟悉基金登记的流程，了解基金份额申购（认购）、赎回资金清算流程。

二、本章知识体系

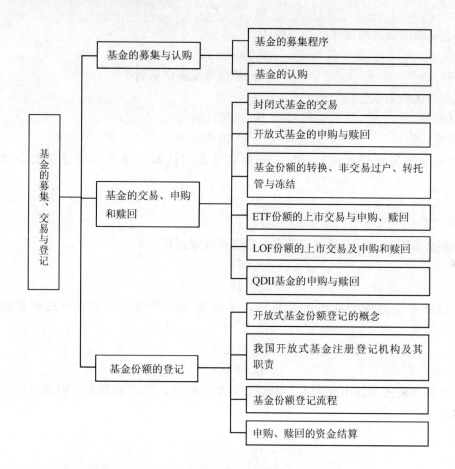

三、同步强化练习题及参考答案

同步强化练习题

一、单项选择题

1. ( )是基金注册登记机构为基金投资人开立的、用于记录其持有的基金份额及其变动情况的账户。

    A. 银行账户　　　　　　　　　　　B. 基金账户

    C. 证券账户　　　　　　　　　　　D. 资金账户

2. ( )是投资人在基金代销银行、证券公司开立的用于基金业务的资金结算账户。

    A. 银行账户　　　　　　　　　　　B. 基金账户

    C. 证券账户　　　　　　　　　　　D. 资金账户

3. 开放式基金投资者 T 日提交认购申请后，可于( )日起到办理认购的网点查询认购申请的受理情况。

A. T+1   B. T+2

C. T+3   D. T+4

4. 开放式基金认购的最终结果在（　　）确认。

A. T+1 日   B. T+2 日

C. T+3 日   D. 基金募集期结束后

5. 开放式基金的认购采取（　　）的方式。

A. 金额认购   B. 份额认购

C. 固定数量认购   D. 人民币认购

6. 《证券投资基金销售管理办法》规定，开放式基金的认购费率不得超过认购金额的（　　）。

A. 3%   B. 5%

C. 6%   D. 8%

7. 沪、深证券交易所对封闭式基金交易实行的涨跌幅限制是（　　）。

A. 3%   B. 5%

C. 10%   D. 15%

8. 按照沪、深证券交易所公布的收费标准，我国基金交易佣金不得高于成交金额的（　　）。

A. 0.15%   B. 0.2%

C. 0.3%   D. 0.5%

9. 投资者在办理开放式基金申购时，一般需要缴纳申购费，但申购费率不得超过申购金额的（　　）。

A. 3%   B. 5%

C. 10%   D. 15%

10. 开放式基金的赎回费率不得超过基金份额赎回金额的（　　），赎回费总额的 25% 归入基金财产。

A. 3%   B. 5%

C. 10%   D. 15%

11. 假定 T 日的基金份额净值为 1.250 元。申购金额 100 万元，对应费率 0.9%，则申购负担的前端申购费用和获得的基金份额下列计算不正确的是（　　）。

A. 净申购金额是 1009081.7 元   B. 净申购金额是 991080.28 元

C. 申购费用是 8919.72 元   D. 申购份额是 792864.22 份

12. 投资者申购基金成功后，注册登记机构一般在（　　）日为投资者办理增加权益的登记手续。

A. T+1   B. T+2

C. T+3   D. T+4

13. 投资者申购基金成功后，在（　　）日起有权赎回该部分的基金份额。

A. T+1   B. T+2

C. T+3　　　　　　　　　　D. T+4

14. 投资者赎回基金份额成功后，注册登记机构一般在（　　）日为投资者办理扣除权益的登记手续。

A. T+1　　　　　　　　　　B. T+2

C. T+3　　　　　　　　　　D. T+4

15. 基金管理人可以在法律法规允许的范围内，对登记办理时间进行调整，并最迟于开始实施前（　　）个工作日内在至少一种中国证监会指定的信息披露媒体公告。

A. 2　　　　　　　　　　　B. 3

C. 5　　　　　　　　　　　D. 10

16. 单个开放日基金净赎回申请超过基金总份额的（　　）时，为巨额赎回。

A. 3%　　　　　　　　　　B. 5%

C. 10%　　　　　　　　　　D. 15%

17. 基金连续（　　）个开放日以上发生巨额赎回，如基金管理人认为有必要，可暂停接受赎回申请。

A. 2　　　　　　　　　　　B. 3

C. 5　　　　　　　　　　　D. 10

18. ETF建仓期不超过（　　）个月。

A. 2　　　　　　　　　　　B. 3

C. 5　　　　　　　　　　　D. 6

19. ETF基金份额折算由（　　）办理，并由登记结算机构进行基金份额的变更登记。

A. 基金投资人　　　　　　　B. 基金托管人

C. 基金发行人　　　　　　　D. 基金管理人

20. LOF份额的场内、场外申购和赎回均采取"金额申购、份额赎回"原则，申购申报单位为（　　）元人民币，赎回申报单位为1份基金份额。

A. 1　　　　　　　　　　　B. 10

C. 100　　　　　　　　　　D. 1000

21. LOF份额的跨系统转托管需要（　　）个交易日的时间。

A. 1　　　　　　　　　　　B. 2

C. 3　　　　　　　　　　　D. 5

22. 我国封闭式基金的交收同A股一样实行（　　）交割、交收。

A. T+0　　　　　　　　　　B. T+1

C. T+2　　　　　　　　　　D. T+3

23. 基金募集失败，（　　）应承担法定责任。

A. 投资者　　　　　　　　　B. 基金托管人

C. 基金管理人　　　　　　　D. 基金注册登记机构

24. 基金的募集是指基金管理公司根据有关规定向（　　）提交募集申请文件、发售基金份额、募集基金的行为。

A. 中国证监会　　　　　　　B. 中国证券业协会

C. 国务院   D. 国资委

25. 如果封闭式基金募集期限届满后不能成立，基金管理人要在( )日内返还投资者已缴纳的款项，并加计银行同期存款利息。

    A. 15   B. 20

    C. 30   D. 45

26. 在二级市场的净值报价上，ETF 每( )发布一次基金份额参考净值（IOPV）。

    A. 15 秒   B. 30 秒

    C. 1 分钟   D. 1 小时

27. 我国基金管理人进行基金的募集，必须根据( )的有关规定，向中国证监会提交相关文件。

    A.《证券投资基金管理暂行办法》   B.《证券投资基金法》

    C.《开放式证券投资基金试点办法》   D.《证券投资基金管理公司管理办法》

28. 我国封闭式基金交易佣金不得高于成交金额的( )，不足 5 元的按 5 元收取。

    A. 0.1%   B. 0.3%

    C. 0.5%   D. 1%

29. 在我国，根据《开放式证券投资基金试点办法》规定，开放式基金成立初期，可以在基金契约和招募说明书规定的期限内只接受申购，不办理赎回，但该期限最长不得超过( )。

    A. 1 个月   B. 2 个月

    C. 3 个月   D. 6 个月

30. 根据《证券投资基金法》的规定，中国证监会应当自受理基金募集申请之日起( )个月内做出核准或不予核准的决定。

    A. 3   B. 4

    C. 5   D. 6

31. 开放式基金份额的发售，由( )负责办理。

    A. 商业银行   B. 基金托管人

    C. 专业基金销售机构   D. 基金管理人

32. 根据我国的规定，封闭式基金的存续时间不得少于( )年，最低募集数额不得少于( )亿元。

    A. 10 5   B. 5 10

    C. 5 2   D. 10 10

33. 基金管理人应当自收到核准文件之日起( )个月内进行基金份额的发售。

    A. 3   B. 4

    C. 5   D. 6

34. 《证券投资基金销售管理办法》规定，开放式基金的认购费率不得超过认购金额的( )。

    A. 1%   B. 2%

    C. 3%   D. 5%

35. 投资者在申购或赎回 ETF 份额时，申购赎回代理证券公司可按照（　　）的标准收取佣金。
    A. 0.1％
    B. 0.3％
    C. 0.5％
    D. 1％

36. 开放式基金的赎回费在扣除手续费后，余额不得低于赎回费总额的（　　），并应当归入基金财产。
    A. 10％
    B. 25％
    C. 30％
    D. 35％

37. 根据《证券投资基金法》的规定，封闭式基金成立的条件包括（　　）。
    A. 基金份额总额超过核准的最低募集份额总额
    B. 基金份额总额达到核准规模的 60％以上
    C. 基金份额持有人人数达到 200 人以上
    D. 基金份额持有人人数达到 10000 人以上

38. 目前，我国境内基金申购款一般能在（　　）日内到达基金的银行存款账户。
    A. T＋1
    B. T＋2
    C. T＋3
    D. T＋4

39. 目前，我国境内基金赎回款一般于（　　）日内从基金的银行存款账户划出。
    A. T＋1
    B. T＋2
    C. T＋3
    D. T＋4

40. 通常货币型基金从基金财产中计提不高于（　　）比例的销售服务费，用于基金的持续销售和给基金份额持有人提供服务。
    A. 0.1％
    B. 0.15％
    C. 0.25％
    D. 0.3％

41. 封闭式基金溢价发行是指（　　）。
    A. 基金按高于面值的价格发行
    B. 基金按低于面值的价格发行
    C. 基金按等于面值的价格发行
    D. 以上都不是

42. 认购开放式基金通常分开户、认购和（　　）三个步骤。
    A. 核准
    B. 发售
    C. 确认
    D. 生效

43. 基金连续 2 个开放日以上发生巨额赎回，基金管理人已经接受的赎回申请可以延缓支付赎回款项，但不得超过正常支付时间（　　）个工作日，并应当在至少一种中国证监会指定的信息披露媒体公告。
    A. 7
    B. 15
    C. 20
    D. 30

44. 根据（　　）的要求，中国证监会应当自受理封闭式基金募集申请之日起 6 个月内做出核准或者不予核准的决定。
    A.《中华人民共和国证券法》
    B.《证券投资基金法》
    C.《开放式证券投资基金试点办法》
    D.《证券投资基金管理暂行办法》

45. (   )是指通过基金管理人指定的营业网点和承销商的指定账户,向机构或个人投资者发售基金份额的方式。

    A. 直接销售   B. 银行间销售

    C. 网上发售   D. 网下发售

二、多项选择题

1. 我国投资者一般可选择(   )等方式认购 ETF 份额。

    A. 场内现金认购   B. 场外现金认购

    C. 证券认购   D. 基金认购

2. 关于 ETF 份额的认购,下列说法正确的是(   )。

    A. 与普通的开放式基金相同,ETF 份额也用现金认购

    B. 我国投资者一般可选择场内现金认购、场外现金认购以及证券认购等方式认购 ETF 份额

    C. 场内现金认购是指投资者通过基金管理人指定的发售代理机构以现金方式参与证券交易所上网定价发售

    D. 场外现金认购是指投资者通过基金管理人及其指定的发售代理机构以现金进行的认购

3. 关于 ETF 份额的认购,下列说法正确的是(   )。

    A. 与普通的开放式基金不同,ETF 份额可以用现金认购,也可用证券认购

    B. 投资者进行场内现金认购时需具有开放式基金账户或沪、深证券账户

    C. 投资者进行场外现金认购时需具有沪、深证券账户

    D. 投资者进行证券认购时需具有沪、深 A 股账户

4. 关于 LOF 份额的认购,下列说法正确的是(   )。

    A. 目前,我国只有上海证券交易所开办 LOF 业务

    B. LOF 份额的认购分场外认购和场内认购两种方式

    C. 场外认购的基金份额注册登记在中国结算公司的开放式基金注册登记系统

    D. 场内认购的基金份额登记在中国结算公司的证券登记结算系统

5. 场内认购 LOF 份额,应持有的账户,下列错误的是(   )。

    A. 上海人民币普通证券账户   B. 深圳人民币普通证券账户

    C. 证券投资基金账户   D. 中国结算公司深圳开放式基金账户

6. 拟进行开放式基金投资的投资人,必须先开立(   )。

    A. 银行账户   B. 基金账户

    C. 证券账户   D. 资金账户

7. QDII 基金份额的认购程序主要包括(   )。

    A. 开户   B. 核准

    C. 认购   D. 确认

8. 封闭式基金的基金份额上市交易应符合的条件,下列说法正确的是(   )。

    A. 基金的募集符合《证券投资基金法》的规定

    B. 基金合同期限为 5 年以上

  C. 基金募集金额不低于 5 亿元人民币

  D. 基金份额持有人不少于 3000 人

9. 投资者开立的基金账户只能用于(　　)的认购及交易

  A. 股票   B. 基金

  C. 国债   D. 其他债券

10. 下列关于个人投资者开立基金账户的说法不正确的是(　　)。

  A. 个人投资者开立基金账户,需持本人身份证到证券注册登记机构办理开户手续

  B. 办理资金账户需持本人身份证和已经办理的证券账户卡或基金账户卡,到证券经营机构办理

  C. 每个有效证件允许开设 2 个基金账户,已开设证券账户的不能再重复开设基金账户

  D. 每位投资者只能开设和使用 2 个证券账户或基金账户

11. 封闭式基金的交易价格优先、时间优先的原则包括(　　)。

  A. 较低价格买进申报优先于较高价格买进申报

  B. 较高价格买进申报优先于较低价格买进申报

  C. 较低价格的卖出申报优先于较高价格的卖出申报

  D. 买卖方向相同、申报价格相同的,后申报者优先于先申报者

12. 关于开放式基金申购和认购的区别,下列说法正确的是(　　)。

  A. 申购指在基金设立募集期内,投资者申请购买基金份额的行为;认购指在基金合同生效后,投资者申请购买基金份额的行为

  B. 一般情况下,认购期购买基金的费率要比申购期优惠

  C. 申购期购买的基金份额一般要经过封闭期才能赎回,认购的基金份额要在申购成功后的第二个工作日才能赎回

  D. 投资者在份额发售期内已经正式受理的认购申请不得撤销;对于在当日基金业务办理时间内提交的申购申请,投资者可以在当日 15:00 前提交撤销申请,予以撤销;15:00 后则无法撤销申请

13. 目前,开放式基金所遵循的申购、赎回主要原则为(　　)。

  A. 价格优先原则   B. 时间优先原则

  C. "未知价"交易原则   D. "金额申购、份额赎回"原则

14. 对于开放式基金短期交易的投资人,基金管理人可以在基金合同、招募说明书中约定按以下费用标准收取赎回费(　　)。

  A. 对于持续持有期少于 7 日的投资人,收取不低于赎回金额 1.5% 的赎回费

  B. 对于持续持有期少于 7 日的投资人,收取不低于赎回金额 3% 的赎回费

  C. 对于持续持有期少于 30 日的投资人,收取不低于赎回金额 0.75% 的赎回费

  D. 对于持续持有期少于 30 日的投资人,收取不低于赎回金额 1.5% 的赎回费

15. 基金申购费用与申购份额的计算公式是(　　)。

  A. 净申购金额=申购金额/(1-申购费率)

  B. 申购费用=净申购金额×申购费率

C. 申购份额＝净申购金额/申购当日基金份额净值

D. 当申购费用为固定金额时，净申购金额＝申购金额－固定金额

16. 关于开放式基金份额的转换，下列说法正确的是（   ）。

A. 开放式基金份额转换是指投资者将其所持有的某一只基金份额转换为另一只基金份额的行为

B. 基金转换业务所涉及的基金，必须是由同一基金管理人管理的、在同一注册登记机构处注册登记的基金

C. 基金转换转入的基金份额可赎回的时间为 T＋1 日

D. 投资者采用"份额转换"的原则提交申请，即在销售机构处以"份额"为单位提交转换申请，以转出和转入基金申请当日的份额净值为基础计算转入份额

17. 开放式基金非交易过户主要包括（   ）。

A. 申购、赎回   B. 继承

C. 捐赠   D. 司法强制执行

18. ETF 的基金合同生效后，基金管理人可以向证券交易所申请上市，上市后要遵循的交易规则，下列说法正确的是（   ）。

A. 上市首日的开盘参考价为前一工作日的基金份额净值

B. 实行价格涨跌幅限制，涨跌幅设置为 5%，从上市首日开始实行

C. 买入申报数量为 100 份及其整数倍，不足 100 份的部分可以卖出

D. 基金申报价格最小变动单位为 0.01 元

19. ETF 份额的申购、赎回应遵循的原则，下列说法正确的是（   ）。

A. 申购、赎回 ETF 采用份额申购、份额赎回的方式，即申购和赎回均以份额申请

B. 申购、赎回 ETF 采用份额申购、金额赎回的方式

C. 申购、赎回 ETF 的申购对价、赎回对价包括组合证券、现金替代、现金差额及其他对价

D. 申购、赎回申请提交后不得撤销

20. 基金账户能用于（   ）的认购及交易。

A. 股票   B. 基金

C. 国债   D. 其他债券

21. 个人投资者申请开立基金账户，一般需提供下列资料（   ）。

A. 身份证

B. 委托他人代为开户的，代办人须携带授权委托书、代办人有效身份证件。

C. 在基金代销银行或证券公司开设的资金账户

D. 开户申请表

22. 基金的募集的步骤一般包括（   ）。

A. 申请   B. 核准

C. 发售   D. 基金合同生效

23. 基金份额上市交易，应符合下列条件（   ）。

A. 基金合同期限为 5 年以上

B. 基金份额持有人不少于 1000 人

C. 基金募集金额不低于 3 亿元人民币

D. 基金份额总额达到核准规模的 70% 以上

24. 募集期结束，封闭式基金募集的资金小于该基金批准规模的 80% 时，基金发起人应承担下列责任：(　　)

A. 承担全部募集费用

B. 30 天内将所募集资金退还基金投资人

C. 30 天内将所募集资金的银行同期活期存款利息退还基金投资人

D. 30 个工作日内将所募集资金的银行同期活期存款利息退还基金投资人

25. 关于基金份额的发售，下列说法不正确的是(　　)。

A. 基金管理人应当自收到核准文件之日起 3 个月内进行基金份额的发售

B. 基金的募集期限自基金份额发售日开始计算，募集期限不得超过 1 个月

C. 基金管理人应当在基金份额发售的 3 日前公布招募说明书、基金合同及其他有关文件

D. 基金募集期间募集的资金应当存入专门账户，在基金募集行为结束前任何人不得动用

26. 关于基金合同生效，下列说法正确的是(　　)。

A. 基金募集期限届满，封闭式基金需满足募集的基金份额总额达到核准规模的 80% 以上、基金份额持有人不少于 100 人的要求

B. 基金募集期限届满，开放式基金需满足募集份额总额不少于 2 亿份、基金募集金额不少于 2 亿元人民币、基金份额持有人不少于 200 人的要求

C. 基金管理人应当自募集期限届满之日起 10 日内聘请法定验资机构验资，并自收到验资报告起 10 日内，向中国证监会提交备案申请和验资报告，办理基金的备案手续

D. 中国证监会自收到基金管理人验资报告和基金备案材料之日起 5 个工作日内予以书面确认

27. ETF 上市后要遵循的交易规则有(　　)。

A. 基金上市首日的开盘参考价为前一工作日基金份额净值

B. 基金价格涨跌幅比例为 15%，自上市首日起实行

C. 基金买入申报数量为 100 份或其整数倍，不足 100 份的部分可以卖出

D. 基金申报价格最小变动单位为 0.001 元

28. 我国封闭式基金在发售方式上，主要有(　　)方式。

A. 直接销售　　　　　　　　B. 银行间销售

C. 网上发售　　　　　　　　D. 网下发售

29. 股票、债券型基金的申购、赎回原则有(　　)。

A. "已知价" 原则　　　　　　B. "未知价" 交易原则

C. "份额申购、金额赎回" 原则　　D. "金额申购、份额赎回" 原则

30. 投资人认购开放式基金，一般通过基金管理人或管理人委托的(　　)等经国务院证

券监督管理机构认定的其他机构办理。

  A. 会计师事务所　　　　　　　B. 律师事务所

  C. 商业银行　　　　　　　　　D. 证券公司

31. 出现巨额赎回时，基金管理人可以根据基金当时的资产组合状况决定（　　）。

  A. 拒绝全额赎回　　　　　　　B. 接受全额赎回

  C. 部分延期赎回　　　　　　　D. 全部延期赎回

32. 关于开放式基金的认购费率，下列说法正确的是（　　）。

  A. 开放式基金的认购费率不得超过认购金额的3%

  B. 我国股票基金的认购费率大多在1%～1.5%

  C. 债券基金的认购费率通常在1%以下

  D. 货币市场基金的认购费率通常在0.5%以下

33. 基金管理人向中国证监会提交的申请核准文本中，被称为“草案”的有（　　）。

  A. 基金上市交易草案　　　　　B. 基金合同草案

  C. 基金托管协议草案　　　　　D. 招募说明书草案

34. 场内申购赎回时，ETF申购对价是指投资者申购基金份额时应交付的（　　）。

  A. 现金替代　　　　　　　　　B. 现金差额

  C. 组合证券　　　　　　　　　D. 其他对价

35. 溢（折）价率反映（　　）之间的关系。

  A. 开放式基金份额净值　　　　B. 封闭式基金份额净值

  C. 基金份额面值　　　　　　　D. 二级市场价格

36. 某投资人投资1万元认购基金，认购资金在募集期产生的利息为3元，其对应的认购费率为1.2%，基金份额面值为1元，则其认购费用及认购份额下列计算不正确的是（　　）。

  A. 净认购金额＝10000÷（1+1.2%）=9881.42（元）

  B. 认购费用=9881.42×1.5%=148.22（元）

  C. 认购份额＝（9881.42+3）÷1=9884.42（份）

  D. 投资人投资10000元认购基金，认购费用为148.22元，可得到基金份额9884.42份

37. 关于开放式基金申购、赎回的资金清算，以下为了保护基金持有人利益的规定中正确的是（　　）。

  A. 基金管理人应当自收到投资人申购、赎回申请之日起5个工作日内，对该申购、赎回的有效性进行确认

  B. 申购款应于5日内到达基金在银行的存款账户

  C. 赎回款应于7日内到达投资人基金账户

  D. 各基金申购、赎回的资金和申购款一般在T+3日内到达基金银行存款账户

38. LOF的上市须由基金管理人及基金托管人共同向深圳证券交易所提交上市申请。基金申请在交易所上市应当具备下列条件（　　）。

  A. 基金的募集符合《证券投资基金法》的规定

B. 募集金额不少于 5 亿元人民币

C. 持有人不少于 2000 人

D. 交易所规定的其他条件

39. 有下列情形的 LOF 份额不得办理跨系统转托管(　　)。

　　A. 处于募集期内或封闭期内的 LOF 份额

　　B. 处于质押、冻结状态的 LOF 份额

　　C. 分红派息前 R－1 日至 R 日（R 日为权益登记日）LOF 份额

　　D. 分红派息前 R－2 日至 R 日（R 日为权益登记日）LOF 份额

40. 买入与卖出封闭式基金份额，对于申报数量要求描述准确的是(　　)。

　　A. 为 100 份或其整数倍

　　B. 为 1 份或其整数倍

　　C. 基金单笔最大数量应当低于 10 万份

　　D. 基金单笔最大数量应当低于 100 万份

三、判断题

1. 封闭式基金网上发售是指通过基金管理人指定的营业网点和承销商的指定账户，向机构或者个人投资者发售基金份额的发售方式。(　　)

　　A. 正确　　　　　　　　　　　　B. 错误

2. 封闭式基金的认购价格一般采用 10 元基金份额面值加计 0.1 元发售费用的方式加以确定。(　　)

　　A. 正确　　　　　　　　　　　　B. 错误

3. 拟认购封闭式基金份额的投资人必须开立深、沪证券账户或深、沪基金账户及资金账户，根据自己计划的认购量，在资金账户中存入足够的资金，并以"份额"为单位提交认购申请。(　　)

　　A. 正确　　　　　　　　　　　　B. 错误

4. 与普通的开放式基金不同，ETF 份额只能用证券认购。(　　)

　　A. 正确　　　　　　　　　　　　B. 错误

5. ETF 投资者进行场内现金认购时需具有沪、深证券账户。(　　)

　　A. 正确　　　　　　　　　　　　B. 错误

6. 我国只有上海证券交易所开办 LOF 业务。(　　)

　　A. 正确　　　　　　　　　　　　B. 错误

7. 基金募集期内，投资者只可通过具有基金代销业务资格的证券经营机构营业部场内认购 LOF 份额。(　　)

　　A. 正确　　　　　　　　　　　　B. 错误

8. 发售 QDII 基金的基金管理人必须具备合格境内机构投资者资格和经营外汇业务资格。(　　)

　　A. 正确　　　　　　　　　　　　B. 错误

9. QDII 基金份额只能用人民币认购。(　　)

　　A. 正确　　　　　　　　　　　　B. 错误

10. 封闭式基金不可以在证券交易所上市交易。（　　　）
    A. 正确　　　　　　　　　　　　B. 错误

11. 投资者买卖封闭式基金必须开立深、沪证券账户或深、沪基金账户及资金账户。（　　　）
    A. 正确　　　　　　　　　　　　B. 错误

12. 每个有效证件只允许开设 1 个基金账户，已开设证券账户的不能再重复开设基金账户。（　　　）
    A. 正确　　　　　　　　　　　　B. 错误

13. 封闭式基金的交易时间是每周一～周五（法定公众节假日除外）9：30～11：30、13：30～15：00。（　　　）
    A. 正确　　　　　　　　　　　　B. 错误

14. 封闭式基金的报价单位为每 10 份基金价格。（　　　）
    A. 正确　　　　　　　　　　　　B. 错误

15. 基金的申报价格最小变动单位为 0.01 元人民币，买入与卖出封闭式基金份额申报数量应当为 100 份或其整数倍，单笔最大数量应低于 100 万份。（　　　）
    A. 正确　　　　　　　　　　　　B. 错误

16. 沪、深证券交易所对封闭式基金交易实行 T 日交割、交收。（　　　）
    A. 正确　　　　　　　　　　　　B. 错误

17. 目前，封闭式基金交易不收取印花税。（　　　）
    A. 正确　　　　　　　　　　　　B. 错误

18. 当基金二级市场价格高于基金份额净值时，为溢价交易，对应的是溢价率；当二级市场价格低于基金份额净值时，为折价交易，对应的是折价率。（　　　）
    A. 正确　　　　　　　　　　　　B. 错误

19. 开放式基金的申购和赎回只能通过基金管理人的直销中心办理。（　　　）
    A. 正确　　　　　　　　　　　　B. 错误

20. 申购指在基金设立募集期内，投资者申请购买基金份额的行为。（　　　）
    A. 正确　　　　　　　　　　　　B. 错误

21. 开放式基金申购、赎回价格只能以申购、赎回日交易时间结束后基金管理人公布的基金份额净值为基准进行计算。（　　　）
    A. 正确　　　　　　　　　　　　B. 错误

22. 投资人在基金合同约定之外的日期和时间提出申购、赎回或者转换申请的，其基金份额申购、赎回价格为下次办理基金份额申购、赎回时间所在开放日的价格。（　　　）
    A. 正确　　　　　　　　　　　　B. 错误

23. 开放式基金只能采用在基金份额申购时收取的前端收费方式。（　　　）
    A. 正确　　　　　　　　　　　　B. 错误

24. 基金管理人可以从开放式基金财产中计提销售服务费。（　　　）
    A. 正确　　　　　　　　　　　　B. 错误

25. 开放式基金份额转托管是指基金份额持有人申请将其托管在某一交易账户中的全部或部分基金份额转出并转入另一交易账户的行为。（   ）

    A. 正确　　　　　　　　　　　　B. 错误

26. 基金份额一旦被冻结，投资人就不能再对冻结份额进行任何操作，直至份额解冻。（   ）

    A. 正确　　　　　　　　　　　　B. 错误

27. ETF 基金份额折算后，基金份额总额与基金份额持有人持有的基金份额将发生调整，调整后的基金份额持有人持有的基金份额占基金份额总额的比例也相应发生变化。（   ）

    A. 正确　　　　　　　　　　　　B. 错误

28. T 日申购、赎回清单公告内容包括最小申购、赎回单位所对应的组合证券内各成份证券数据、现金替代、T 日预估现金部分、T−1 日现金差额、基金份额净值及其他相关内容。（   ）

    A. 正确　　　　　　　　　　　　B. 错误

29. 采用现金替代是为了在相关成份股股票停牌等情况下便利投资者的申购，提高基金运作的效率。（   ）

    A. 正确　　　　　　　　　　　　B. 错误

30. T 日投资者申购、赎回基金份额时，需按 T+2 日公告的 T 日现金差额进行资金的清算交收。（   ）

    A. 正确　　　　　　　　　　　　B. 错误

31. 基金份额的转换一般采取已知价法，按照转换申请日的基金份额净值为基础计算转换基金份额数量。（   ）

    A. 正确　　　　　　　　　　　　B. 错误

32. 基金合同草案、基金托管协议草案、招募说明书草案等文件是基金管理人向中国证监会提交的申请核准文本，还未正式生效，因此被称为"草案"。（   ）

    A. 正确　　　　　　　　　　　　B. 错误

33. 根据《证券投资基金法》的规定，中国证监会应当自受理基金募集申请之日起 6 个月内做出核准或不予核准的决定。基金募集申请经中国证监会核准后方可发售基金份额。（   ）

    A. 正确　　　　　　　　　　　　B. 错误

34. 基金转托管在转入方进行申报，基金份额转托管一次完成。（   ）

    A. 正确　　　　　　　　　　　　B. 错误

35. 机构投资者办理开放式基金认购申请时，需先在资金账户中存入少量的现金。（   ）

    A. 正确　　　　　　　　　　　　B. 错误

36. 基金募集期间募集的资金应当存入专门账户，在基金募集行为结束前任何人不得动用。（   ）

    A. 正确　　　　　　　　　　　　B. 错误

37. 基金账户或基金份额被冻结的，被冻结部分产生的权益（包括现金分红和红利再投资）一并冻结。（　　）

    A. 正确   B. 错误

38. 当基金二级市场价格高于基金份额净值时，为折价交易。（　　）

    A. 正确   B. 错误

39. 基金募集期限届满，封闭式基金需满足募集的基金份额总额达到核准规模的50%以上、基金份额持有人不少于200人的要求。（　　）

    A. 正确   B. 错误

40. LOF采取"金额申购、份额赎回"原则，即申购以金额申报，赎回以份额申报。（　　）

    A. 正确   B. 错误

41. 我国封闭式基金在发行期限内募集的资金超过该基金批准规模的45%方可成立。（　　）

    A. 正确   B. 错误

42. 基金募集期限届满，开放式基金需满足募集份额总额不少于3亿份的要求。（　　）

    A. 正确   B. 错误

43. 基金连续3个开放日以上发生巨额赎回，如基金管理人认为有必要，可暂停接受赎回申请。（　　）

    A. 正确   B. 错误

44. 网下发售是指通过与证券交易所的交易系统联网的全国各地的证券营业部，向公众发售基金份额的发行方式。（　　）

    A. 正确   B. 错误

45. 投资人认购开放式基金，一般通过基金管理人或管理人委托的商业银行、证券公司等经国务院证券监督管理机构认定的其他机构办理。（　　）

    A. 正确   B. 错误

46. 封闭式基金募集期限届满，基金份额总额达到核准规模的60%以上，并且基金份额持有人人数达到200人以上，基金管理人应当自募集期限届满之日起10日内聘请法定验资机构验资。（　　）

    A. 正确   B. 错误

47. 根据《证券投资基金法》及其配套法规的要求，中国证监会应当自受理开放式基金募集申请之日起6个月内做出核准或者不予核准的决定。（　　）

    A. 正确   B. 错误

48. 买入LOF申报数量应为100份或其整数倍，申报价格最小变动单位为0.001元人民币。（　　）

    A. 正确   B. 错误

49. 基金登记机构不但负责基金份额的登记工作，而且还承担着与基金份额登记有关的份额存管、资金清算和资金交收等业务。（　　）

    A. 正确   B. 错误

50. QDII 基金主要投资于海外市场，拒绝或暂停申购的情形与一般开放式基金相同。（　　）

A. 正确 　　　　　　　　　B. 错误

参考答案

一、单项选择题

1. B	2. D	3. B	4. D	5. A
6. B	7. C	8. C	9. B	10. B
11. A	12. A	13. B	14. A	15. B
16. C	17. A	18. B	19. D	20. A
21. B	22. B	23. C	24. A	25. C
26. A	27. B	28. B	29. C	30. D
31. D	32. C	33. D	34. D	35. C
36. B	37. C	38. B	39. C	40. C
41. A	42. C	43. C	44. B	45. D

二、多项选择题

1. ABC	2. BCD	3. AD	4. BCD	5. ACD
6. BD	7. ACD	8. AB	9. BCD	10. BCD
11. BC	12. BD	13. CD	14. AC	15. BCD
16. ABD	17. BCD	18. AC	19. ACD	20. BCD
21. ABCD	22. ABCD	23. AB	24. ABC	25. AB
26. BC	27. ACD	28. CD	29. BD	30. CD
31. BC	32. BC	33. BC	34. ABCD	35. BD
36. BD	37. BC	38. AD	39. ABD	40. AD

三、判断题

1. B	2. B	3. A	4. B	5. A
6. B	7. B	8. A	9. B	10. B
11. A	12. A	13. B	14. B	15. B
16. B	17. A	18. A	19. B	20. B
21. A	22. A	23. B	24. A	25. A
26. A	27. B	28. A	29. A	30. B
31. B	32. A	33. A	34. B	35. B
36. A	37. A	38. B	39. B	40. A
41. B	42. B	43. B	44. B	45. A
46. B	47. A	48. A	49. A	50. B

第四章　基金管理人

一、本章考纲

熟悉基金管理公司的市场准入规定，熟悉基金管理人的职责和作用，了解基金管理公司的主要业务，了解基金管理公司的业务特点。

熟悉基金管理公司的组织架构与部门职责。

了解基金管理公司的投资决策机构，熟悉投资决策委员会的主要职责；了解一般的投资决策程序；了解基金管理公司的投资研究、投资交易与投资风险控制工作。

熟悉特定客户资产管理业务规范性要求。

了解基金管理公司治理结构的总体要求，掌握基金管理公司治理结构的基本原则，了解独立董事制度和督察长制度。掌握基金管理公司内部控制的概念；熟悉内部控制的目标、原则、基本要求以及主要内容。

二、本章知识体系

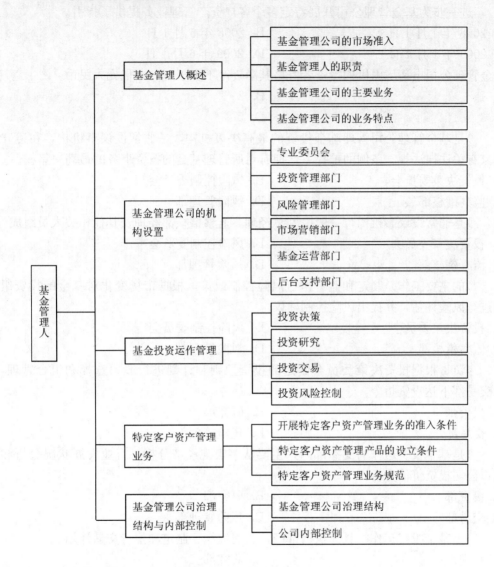

三、同步强化练习题及参考答案

同步强化练习题

一、单项选择题

1. ( )是指基金管理公司向特定客户募集资金或者接受特定客户财产委托担任资产管理人，由商业银行担任资产托管人，为资产委托人的利益，运用委托财产进行证券投资的活动。

A. 投资咨询服务　　　　　　　　　B. 特定客户资产管理业务

C. 基金的投资管理　　　　　　　　　　D. 基金营运服务

2. （　　）起施行的《关于基金管理公司开展特定多个客户资产管理业务有关问题的规定》，进一步为基金管理公司开展特定多个客户资产管理业务提供了指引。

    A. 2008 年 1 月 1 日　　　　　　　　　　B. 2008 年 6 月 1 日

    C. 2009 年 1 月 1 日　　　　　　　　　　D. 2009 年 6 月 1 日

3. 基金管理公司申请境内机构投资者资格其净资产不少于（　　）亿元人民币。

    A. 1　　　　　　　　　　　　　　　　B. 2

    C. 3　　　　　　　　　　　　　　　　D. 5

4. （　　）是基金管理公司管理基金投资的最高决策机构，是非常设议事机构，在遵守国家有关法律法规、条例的前提下，拥有对所管理基金的投资事务的最高决策权。

    A. 投资决策委员会　　　　　　　　　　B. 风险控制委员会

    C. 监察稽核部　　　　　　　　　　　　D. 风险管理部

5. （　　）是非常设议事机构，一般由副总经理、监察稽核部经理及其他相关人员组成。

    A. 投资决策委员会　　　　　　　　　　B. 风险控制委员会

    C. 监察稽核部　　　　　　　　　　　　D. 风险管理部

6. （　　）的主要工作是制定和监督执行风险控制政策，根据市场变化对基金的投资组合进行风险评估，并提出风险控制建议。

    A. 投资决策委员会　　　　　　　　　　B. 风险控制委员会

    C. 监察稽核部　　　　　　　　　　　　D. 风险管理部

7. （　　）负责根据投资决策委员会制定的投资原则和计划进行股票选择和组合管理，向交易部下达投资指令。

    A. 投资部　　　　　　　　　　　　　　B. 研究部

    C. 交易部　　　　　　　　　　　　　　D. 风险管理部

8. （　　）是基金投资运作的支撑部门，主要从事宏观经济分析、行业发展状况分析和上市公司投资价值分析。

    A. 投资部　　　　　　　　　　　　　　B. 研究部

    C. 交易部　　　　　　　　　　　　　　D. 风险管理部

9. （　　）是基金投资运作的具体执行部门，负责组织、制定和执行交易计划。

    A. 投资部　　　　　　　　　　　　　　B. 研究部

    C. 交易部　　　　　　　　　　　　　　D. 风险管理部

10. （　　）的主要职责是通过对宏观经济、行业状况、市场行情和上市公司价值变化的详细分析和研究，向基金投资决策部门提供研究报告及投资计划建议，为投资提供决策依据。

    A. 投资部　　　　　　　　　　　　　　B. 研究部

    C. 交易部　　　　　　　　　　　　　　D. 风险管理部

11. （　　）负责监督检查基金和公司运作的合法、合规情况及公司内部风险控制情况，定期向董事会提交分析报告。

    A. 投资部　　　　　　　　　　　　　　B. 研究部

C. 监察稽核部   D. 风险管理部

12. 我国基金管理公司( )负责向投资决策委员会和其他投资部门提供研究报告。

A. 研究发展部   B. 投资决策委员会

C. 基金投资部   D. 风险控制委员会

13. ( )决定基金的总体投资计划。

A. 研究发展部   B. 投资决策委员会

C. 基金投资部   D. 风险控制委员会

14. ( )制定投资组合的具体方案。

A. 研究发展部   B. 投资决策委员会

C. 基金投资部   D. 风险控制委员会

15. ( )提出风险控制建议。

A. 研究发展部   B. 投资决策委员会

C. 基金投资部   D. 风险控制委员会

16. 基金经理给（中央）交易室的交易指令最终要由( )负责完成。

A. 研究员   B. 代理人

C. 承销人   D. 交易员

17. 对于成长型的股票，最常用的辅助估值工具是( )。

A. 市盈率（PE）   B. 市净率（PB）

C. 现金流折现（DCF）   D. 每股盈余成长率

18. 基金管理公司为单一客户办理特定客户资产管理业务的，客户委托的初始资产不得低于( )万元人民币。

A. 1000   B. 2000

C. 3000   D. 5000

19. 基金管理公司从事多个客户特定客户资产管理业务，应当向符合条件的特定客户销售资产管理计划。符合条件的特定客户是指委托投资单个资产管理计划初始金额不低于( )万元人民币，且能够识别、判断和承担相应投资风险的自然人、法人、依法成立的组织或中国证监会认可的其他特定客户。

A. 100   B. 200

C. 300   D. 500

20. 开展特定客户资产管理业务应将委托财产交由具备基金托管资格的( )托管。

A. 基金公司   B. 商业银行

C. 保险公司   D. 证券公司

21. 特定客户资产管理业务的管理费率、托管费率不得低于同类型或相似类型投资目标和投资策略的证券投资基金管理费率、托管费率的( )。

A. 20%   B. 25%

C. 50%   D. 60%

22. 目前，我国基金管理公司均为( )。

A. 无限责任公司   B. 有限责任公司

C. 股份有限公司　　　　　　　　　D. 国有独资公司

23. 基金管理公司应当建立健全独立董事制度。独立董事人数不得少于（　　）人，且不得少于董事会人数的 1/3。

　　A. 1　　　　　　　　　　　　　　B. 3

　　C. 4　　　　　　　　　　　　　　D. 5

24. 董事会审议公司及基金投资运作中的重大关联交易应当经过（　　）以上的独立董事通过。

　　A. 1/4　　　　　　　　　　　　　B. 1/3

　　C. 1/2　　　　　　　　　　　　　D. 2/3

25. （　　）是基金管理公司最核心的一项业务。

　　A. 基金募集与销售业务　　　　　　B. 投资管理业务

　　C. 基金运营服务　　　　　　　　　D. 受托资产管理业务

26. 依据我国《证券投资基金法》的规定，基金管理人只能由依法设立的（　　）担任。

　　A. 投资管理公司　　　　　　　　　B. 基金管理公司

　　C. 基金发起人　　　　　　　　　　D. 基金托管人

27. 我国相关法规规定，基金管理公司的注册资本应不低于（　　）亿元人民币。

　　A. 1　　　　　　　　　　　　　　B. 3

　　C. 5　　　　　　　　　　　　　　D. 10

28. 基金管理公司的督察长由（　　）提名。

　　A. 总经理　　　　　　　　　　　　B. 董事会

　　C. 独立董事　　　　　　　　　　　D. 基金份额持有人大会

29. 基金管理公司应当建立健全独立董事制度。独立董事人数不得少于 3 人，且不得少于董事会人数的（　　）。

　　A. 1/4　　　　　　　　　　　　　B. 2/5

　　C. 1/2　　　　　　　　　　　　　D. 1/3

30. 基金管理公司主要股东是指出资额占基金管理公司注册资本的比例最高且不低于（　　）的股东。

　　A. 20%　　　　　　　　　　　　　B. 25%

　　C. 50%　　　　　　　　　　　　　D. 60%

31. 基金管理公司应当建立健全督察长制度，督察长由（　　）聘任，并对其负责。

　　A. 总经理　　　　　　　　　　　　B. 独立董事

　　C. 董事会　　　　　　　　　　　　D. 股东会

32. 基金公司的内部机构中最高投资决策机构是（　　）。

　　A. 基金持有人大会　　　　　　　　B. 董事会

　　C. 基金总经理　　　　　　　　　　D. 投资决策委员会

33. 在我国，基金管理公司一般采取的组织形式是（　　）。

　　A. 股份有限公司　　　　　　　　　B. 有限责任公司

　　C. 合作制　　　　　　　　　　　　D. 合伙制

34. 基金管理公司治理结构中不包括（   ）。
    A. 董事会
    B. 监事会
    C. 股东大会
    D. 消费者

35. 我国相关法规规定，主要股东注册资本不低于（   ）亿元人民币。
    A. 2
    B. 3
    C. 4
    D. 5

36. 中外合资基金管理公司的境外股东实缴资本不少于（   ）亿元人民币的等值可自由兑换货币。
    A. 1
    B. 2
    C. 3
    D. 5

37. （   ）的投资管理能力与风险控制能力的高低直接关系到投资者投资回报的高低与投资目标能否实现。
    A. 基金投资者
    B. 基金托管人
    C. 基金发起人
    D. 基金管理人

38. 在基金管理公司，核算每日基金资产净值的工作由（   ）承担。
    A. 基金运营部
    B. 研究部
    C. 财务部
    D. 投资部

39. 基金管理公司的独立董事不少于（   ）。
    A. 2 人
    B. 3 人
    C. 4 人
    D. 5 人

40. 基金运营部的工作职责包括基金清算和基金会计两部分，以下属于基金会计工作内容的是（   ）。
    A. 开立投资者基金账户
    B. 管理基金销售机构的资金交收情况
    C. 复核基金净值计算结果
    D. 设立并管理资金清算相关账户

41. 在基金管理公司，记录并保存每日投资交易情况的工作由（   ）负责。
    A. 投资部
    B. 研究部
    C. 交易部
    D. 财务部

42. （   ）要贯穿于公司经营活动的始终，建立健全公司授权标准和程序，确保授权制度的贯彻执行。
    A. 严格授权
    B. 明确责任
    C. 权利制衡
    D. 风险控制

43. （   ）是指公司运用科学化的经营管理方法降低运作成本，提高经济效益，以合理的控制成本达到最佳的内部控制效果。
    A. 成本效益原则
    B. 有效性原则
    C. 独立性原则
    D. 相互制约原则

44. 内部控制制度的制定应遵循（   ）原则，以具有前瞻性，并且必须随着有关法律法规的调整和公司经营战略、经营方针、经营理念等内、外部环境的变化进行及时的修改或完善。

A. 健全性   B. 适时性

C. 全面性   D. 审慎性

45. 基金管理公司应按照基金契约的规定及时、足额向（   ）支付基金收益。

A. 基金发起人   B. 基金持有人

C. 基金托管人   D. 基金管理人

46. 基金管理公司为单一客户办理特定资产管理业务的，客户委托的初始资产不得低于（   ）人民币。

A. 3000 万元   B. 5000 万元

C. 8000 万元   D. 1 亿元

47. （   ）是指公司为防范和化解风险，保证经营运作符合公司的发展规划，在充分考虑内、外部环境的基础上，通过建立组织机制、运用管理方法、实施操作程序与控制措施而形成的系统。

A. 内部控制   B. 外部控制

C. 间接控制   D. 直接控制

48. 基金管理公司监察稽核的目的是检查和评价公司（   ）的合规性、合理性及有效性。

A. 董事会   B. 监事会

C. 内部控制制度   D. 投资方案

49. 2006 年 2 月，中国证监会基金部（   ）规定，基金管理公司不需报经中国证监会审批，可以直接向合格境外机构投资者、境内保险公司及其他依法设立运作的机构等特定对象提供投资咨询服务。

A.《证券投资基金法》   B.《中华人民共和国公司法》

C.《中华人民共和国证券法》   D.《关于基金管理公司向特定对象提供投资
                                      咨询服务有关问题的通知》

50. 目前，我国基金管理公司全是有限责任公司，它们必须满足（   ）中所有对有限责任公司公司治理结构的规定。

A.《证券投资基金法》   B.《中华人民共和国公司法》

C.《中华人民共和国证券法》   D.《中华人民共和国刑法》

51. 基金管理公司应当按照（   ）等法律、行政法规和中国证监会的规定，建立组织机构健全、职责划分清晰、制衡监督有效、激励约束合理的治理结构，保持公司规范运作，维护基金份额持有人的利益。

A.《证券投资基金法》   B.《中华人民共和国公司法》

C.《中华人民共和国证券法》   D.《中华人民共和国刑法》

二、多项选择题

1. 基金管理人的主要职责有（   ）。

A. 依法募集基金

B. 计算并公告基金资产净值，确定基金份额申购、赎回价格

C. 进行基金资产的评估管理

D. 编制中期和年度基金报告

2. 基金管理公司的主要业务为（   ）。

    A. 证券投资基金业务   B. 受托资产管理业务

    C. 投资咨询服务   D. 社保基金管理及企业年金管理业务

3. 关于基金管理公司的业务特点，以下说法正确的是（   ）。

    A. 收入主要来自以资产规模为基础的咨询费

    B. 核心竞争力来自其盈利能力

    C. 与具有较高负债的银行、保险公司等其他金融机构相比，经营风险较低

    D. 业务对时间与准确性的要求很高，任何失误与迟误都会造成很大问题

4. 基金管理公司内部风险控制制度具体体现为（   ）。

    A. 坚持独立性原则，基金管理公司管理的基金资产与基金管理公司的自有资产应相互独立，分账管理，公司会计和基金会计严格分开

    B. 严格按照法律法规和基金契约规定的投资比例进行投资，不得从事规定禁止基金投资的业务

    C. 坚持公开性原则

    D. 前台和后台部门应独立运作

5. 基金管理公司主要股东应当具备的条件有（   ）。

    A. 注册资本不低于 2 亿元人民币

    B. 持续经营 3 个以上完整的会计年度，公司治理健全，内部监控制度完善

    C. 最近 3 年没有因违法违规行为受到行政处罚或者刑事处罚

    D. 具有良好的社会信誉，最近 3 年在税务、工商等行政机关以及金融监管、自律管理、商业银行等机构无不良记录

6. 关于基金管理公司一般决策程序，下列叙述正确的有（   ）。

    A. 研究发展部提出研究报告

    B. 投资决策委员会决定基金的总体投资计划

    C. 基金投资部制定投资组合的具体方案

    D. 风险控制委员会提出风险控制建议

7. 中外合资基金管理公司的境外股东应当具备的条件有（   ）。

    A. 为依其所在国家或者地区法律设立、合法存续并具有金融资产管理经验的金融机构，财务稳健，资信良好，最近 3 年没有受到监管机构或者司法机关的处罚

    B. 所在国家或者地区具有完善的证券法律和监管制度，其证券监管机构已与中国证监会或者中国证监会认可的其他机构签订证券监管合作谅解备忘录，并保持着有效的监管合作关系

    C. 实缴资本不少于 5 亿元人民币的等值可自由兑换货币

    D. 经国务院批准的中国证监会规定的其他条件

8. 基金管理公司的机构设置包括（   ）。

    A. 投资管理部门   B. 风险管理部门

    C. 市场营销部门   D. 后台支持部门

9. 基金管理人的职责主要有(　　　)。

　　A. 依法募集基金,办理或者委托经中国证监会认定的其他机构代为办理基金份额的发售、申购、赎回和登记事宜

　　B. 对所管理的不同基金财产分别管理、分别记账,进行证券投资

　　C. 按照基金合同的约定确定基金收益分配方案,及时向基金份额持有人分配收益

　　D. 进行基金会计核算并编制基金财务会计报告

10. 基金管理公司向特定对象提供咨询服务,不得有下列(　　　)行为。

　　A. 侵害基金份额持有人和其他客户的合法权益

　　B. 承诺投资收益

　　C. 通过广告等公开方式招揽投资咨询客户

　　D. 代理投资咨询客户从事证券投资

11. 基金管理公司内部控制的主要内容包括(　　　)。

　　A. 申购赎回控制　　　　　　　　B. 信息披露控制

　　C. 信息技术系统控制　　　　　　D. 会计系统控制

12. 投资决策委员会一般由基金管理公司的(　　　)及其他相关人员组成。

　　A. 总经理、分管投资的副总经理　　B. 投资总监

　　C. 研究部经理　　　　　　　　　　D. 投资部经理

13. 投资决策委员会负责决定公司所管理基金的(　　　)等。

　　A. 投资计划、投资策略　　　　　　B. 投资原则

　　C. 投资目标　　　　　　　　　　　D. 资产分配及投资组合的总体计划

14. 基金管理公司交易部的主要职能有(　　　)。

　　A. 向投资决策委员会提供市场动态信息

　　B. 记录并保存每日投资交易情况

　　C. 保持与各证券交易商的联系并控制相应的交易额度

　　D. 向基金投资决策部门提供研究报告及投资计划建议

15. 基金管理公司投资部的主要职能有(　　　)。

　　A. 记录并保存每日投资交易情况

　　B. 负责基金交易席位的安排、交易量管理

　　C. 根据投资决策委员会制订的投资原则和计划进行股票选择和组合管理,向交易部下达投资指令

　　D. 担负投资计划反馈的职能,及时向投资决策委员会提供市场动态信息

16. 关于基金管理人的职责,下列说法正确的是(　　　)。

　　A. 基金管理人的作用除了直接体现在业务覆盖的广度、深度以及资产的保值增值上外,还体现在其对基金持有人利益保护的责任上

　　B. 基金管理人管理的不是自己的资产,而是投资者的资产,因此其对投资者负有重要的信托责任

　　C. 基金管理人任何不规范的操作都有可能对投资者的利益造成损害

　　D. 基金管理人必须以投资者的利益为最高利益,严防利益冲突与利益输送

17. 基金管理公司监察稽核部的主要工作包括(　　)。

    A. 基金管理稽核

    B. 财务管理稽核

    C. 业务稽核

    D. 定期或不定期执行、协调公司对外信息披露

18. 风险管理部的工作主要对公司高级管理层负责,包括(　　)。

    A. 基金管理稽核,财务管理稽核,业务稽核(包括研究、资产管理、综合业务等)

    B. 对基金投资、研究、交易、基金业务管理、基金营销、基金会计、IT 系统、人力资源、财务管理等各业务部门及运作流程中的各项环节进行监控

    C. 定期或不定期执行、协调公司对外信息披露等工作

    D. 提供有关风险评估、测算、日常风险点检查、风险控制措施等方面的报告及针对性的建议

19. 基金管理公司市场部的主要职能有(　　)。

    A. 根据基金市场的现状和未来发展趋势以及基金公司内部状况设计基金产品,并完成相应的法律文件

    B. 保持与各证券交易商的联系并控制相应的交易额度

    C. 负责基金营销工作,包括策划、推广、组织、实施等

    D. 对客户提出的申购、赎回要求提供服务,负责公司的形象设计以及公共关系的建立、往来与联系等

20. 基金运营部负责基金的注册与过户登记和基金会计与结算,其工作职责包括(　　)。

    A. 基金申购　　　　　　　　B. 基金清算

    C. 基金赎回　　　　　　　　D. 基金会计

21. 基金清算工作包括(　　)。

    A. 开立投资者基金账户

    B. 确认基金认购、申购、赎回、转换以及非交易过户等交易类申请,完成基金份额清算

    C. 管理基金销售机构的资金交收情况,负责相关账户的资金划转,完成销售资金清算

    D. 设立并管理资金清算相关账户,负责账户的会计核算工作并保管会计记录

22. 基金会计工作包括(　　)。

    A. 记录基金资产运作过程,完成当日所发生基金投资业务的账务核算工作

    B. 核算当日基金资产净值

    C. 完成与托管银行的账务核对,复核基金份额净值计算结果

    D. 复核并监督基金份额清算与资金清算结果

23. 财务部是负责处理基金管理公司自身财务事务的部门,包括(　　)。

    A. 有关费用支付　　　　　　B. 管理费收缴

    C. 公司员工的薪酬发放　　　D. 公司年度财务预算和决算

24. 投资决策委员会的主要职责一般包括(　　)。
   A. 制定和监督执行风险控制政策
   B. 根据公司投资管理制度和基金合同，确定基金投资的基本方针、原则、策略及投资限制
   C. 审定基金资产配置比例或比例范围，包括资产类别比例和行业或板块投资比例
   D. 确定基金经理可以自主决定投资的权限

25. 投资决策制定通常包括(　　)。
   A. 投资决策的依据　　　　　　　　B. 决策的方式和程序
   C. 投资决策委员会的权限　　　　　D. 投资决策委员会的责任

26. 在投资决策的制定过程中涉及公司的部门有(　　)。
   A. 研究发展部　　　　　　　　　　B. 基金投资部
   C. 投资决策委员会　　　　　　　　D. 风险控制委员会

27. 我国基金管理公司一般的投资决策程序是(　　)。
   A. 研究发展部提出研究报告
   B. 基金投资部决定基金的总体投资计划
   C. 投资决策委员会制定投资组合的具体方案
   D. 风险控制委员会提出风险控制建议

28. 研究发展部负责向投资决策委员会和其他投资部门提供研究报告，研究报告通常包括(　　)。
   A. 宏观经济分析报告　　　　　　　B. 行业分析报告
   C. 上市公司分析报告　　　　　　　D. 证券市场行情报告

29. 基金管理公司研究部的研究内容一般包括(　　)。
   A. 宏观与策略研究　　　　　　　　B. 心理研究
   C. 行业研究　　　　　　　　　　　D. 个股研究

30. 对股票投资价值的估值，最常使用的估值方法有(　　)。
   A. 市盈率（PE）
   B. 市净率（PB）
   C. 现金流折现（DCF）
   D. 经济价值对利息、税收、折旧、摊销前利润（EV/EBITDA）

31. 基金管理公司开展特定客户资产管理业务应符合的条件有(　　)。
   A. 净资产不低于 5 亿元人民币，在最近一个季度末资产管理规模不低于 200 亿元人民币或等值外汇资产
   B. 经营行为规范，管理证券投资基金 2 年以上且最近一年内没有因违法违规行为受到行政处罚或被监管机构责令整改，没有因违法违规行为正在被监管机构调查
   C. 已经就防范利益输送、违规承诺收益或者承担损失、不正当竞争等行为制定了有效的业务规则和措施
   D. 已经建立公平交易管理制度，明确了公平交易的原则、内容以及实现公平交易

　　的具体措施

32. 基金管理公司治理的基本原则包括(　　　)。
    A. 基金份额持有人利益优先原则　　B. 公司独立运作原则
    C. 强化制衡机制原则　　D. 维护公司的统一性和完整性原则

33. 公司内部控制机制一般包括(　　　)。
    A. 员工自律
    B. 部门各级主管的检查监督
    C. 公司总经理及其领导的监察稽核部对各部门和各项业务的监督控制
    D. 董事会领导下的审计委员会和督察长的检查、监督、控制和指导

34. 基金管理公司要建立(　　　)的治理结构,保持公司规范运作,维护基金份额持有人的利益。
    A. 组织机构健全　　B. 职责划分清晰
    C. 制衡监督有效　　D. 激励约束合理

35. 基金管理人的主要职责说法正确的有(　　　)。
    A. 进行基金会计核算并编制基金财务会计报告
    B. 编制月度财务报告
    C. 计算并公告基金资产净值,确定基金份额申购、赎回价格
    D. 办理与基金财产管理业务活动有关的信息披露事项

36. 基金管理公司治理结构中包括(　　　)。
    A. 董事会　　B. 监事会
    C. 股东大会　　D. 消费者

37. 证券投资基金业务主要包括(　　　)。
    A. 投资咨询服务　　B. 基金募集与销售
    C. 基金的投资管理　　D. 基金营运服务

38. 基金运营事务是基金投资管理与市场营销工作的后台保障,通常包括(　　　)等业务。
    A. 基金注册登记　　B. 核算与估值
    C. 基金清算　　D. 信息披露

39. 股东对公司和其他股东负有诚信义务,应当承担社会责任。股东之间应当信守承诺,建立相互尊重、沟通协商、共谋发展的和谐关系。具体要求主要有(　　　)。
    A. 应当审慎审议、签署股东协议和公司章程等法律文件;按照约定认真履行义务
    B. 出现有关情形立即书面通知公司和其他股东
    C. 不得要求经理层将经营决策权让渡给股东或其他机构和人员
    D. 不得违反公司章程干预投资、研究、交易等具体事务及公司员工选聘

40. 基金管理公司向特定对象提供投资咨询服务不得有的行为包括(　　　)。
    A. 侵害基金份额持有人和其他客户的合法权益
    B. 承诺投资收益
    C. 与投资咨询客户约定分享投资收益或者分担投资损失

D. 通过广告等公开方式招揽投资咨询客户

41. 投资风险控制措施基金公司内部风险控制制度包含内容( )。

    A. 按规定的投资比例进行投资   B. 坚持独立性原则

    C. 坚持集中交易制度   D. 内部信息控制制度

42. 基金管理公司申请境内机构投资者资格应当具备的条件有( )。

    A. 申请人的财务稳健，资信良好。净资产不少于5亿元人民币；经营证券投资基金管理业务达2年以上；在最近一个季度末资产管理规模不少于200亿元人民币或等值外汇资产

    B. 具有5年以上境外证券市场投资管理经验和相关专业资质的中级以上管理人员不少于1名，具有3年以上境外证券市场投资管理相关经验的人员不少于2名

    C. 具有健全的治理结构和完善的内部控制制度，经营行为规范

    D. 最近3年没有受到监管机构的重大处罚，没有重大事项正在接受司法部门、监管机构的立案调查

43. 制定基金管理公司内部控制制度的目的包括( )。

    A. 防范风险

    B. 保护资产安全

    C. 保证公司经营运作严格遵守国家有关法律法规

    D. 保护资产完整

44. 基金管理公司在业务上具有的特点包括( )。

    A. 基金管理公司管理的是投资者的资产，一般不进行负债经营，因此基金管理公司的经营风险相对具有较高负债的银行、保险公司等其他金融机构要低得多

    B. 基金管理公司的收入主要来自以资产规模为基础的管理费，因此资产管理规模的扩大对基金管理公司具有重要的意义

    C. 基金募集与销售是基金管理公司的核心竞争力，因此基金管理公司在经营上更多地体现出一种知识密集型产业的特色

    D. 开放式基金通常要求必须披露上一工作日的份额净值，而净值的高低直接关系到投资者的利益，因此基金管理公司的业务对时间与准确性的要求很高，任何失误与迟误都会造成很大问题

45. 下列( )说法符合基金管理公司内部控制制度适时性原则的要求。

    A. 内部控制制度应根据实际情况制定

    B. 内部控制制度应体现公司主管的个人偏好

    C. 内部控制制度应根据相关法律法规的变化而修订

    D. 内部控制制度应服从公司经营战略的变化

三、判断题

1. 基金管理公司管理的是投资者的资产，可以进行负债经营，因此，基金管理公司的经营风险相对那些具有较高负债的银行、保险公司等其他金融机构要高得多。( )

    A. 正确   B. 错误

2. 基金管理公司内部控制制度的制订应基于但可以适当超越现行法律法规的规定。（　　）

    A. 正确　　　　　　　　　　B. 错误

3. 基金管理公司的收入主要来自以资产规模为基础的管理费。（　　）

    A. 正确　　　　　　　　　　B. 错误

4. 基金管理公司会计控制制度是内部控制制度的重要方面。（　　）

    A. 正确　　　　　　　　　　B. 错误

5. 基金管理公司不得聘用从其他公司离职未满6个月的基金经理从事投资、研究、交易等相关业务。（　　）

    A. 正确　　　　　　　　　　B. 错误

6. 我国的基金管理公司治理结构指的是董事会、监事会与管理层之间相互制约的关系。（　　）

    A. 正确　　　　　　　　　　B. 错误

7. 风险控制委员会是非常设议事机构，一般由总经理、监察稽核部经理及其他相关人员组成。（　　）

    A. 正确　　　　　　　　　　B. 错误

8. 董事会在审议公司及基金投资运作中的重大事项，应经1/3以上独立董事同意。（　　）

    A. 正确　　　　　　　　　　B. 错误

9. 交易部是基金投资运作的具体执行部门，负责基金交易席位的安排、交易量管理等。（　　）

    A. 正确　　　　　　　　　　B. 错误

10. 基金管理公司的独立董事的人数占董事会的比例不得低于1/4。（　　）

    A. 正确　　　　　　　　　　B. 错误

11. 投资指令应经研究发展部门审核，确认其合法、合规与完整后方可执行。（　　）

    A. 正确　　　　　　　　　　B. 错误

12. 为了提高基金投资的质量，防范和降低投资的管理风险，切实保障基金投资者的利益，国内外的基金管理公司和基金组织都建立了一套完整的风险控制机制和风险管理制度，并在基金合同和招募说明书中予以明确规定。（　　）

    A. 正确　　　　　　　　　　B. 错误

13. 基金管理公司开展特定客户资产管理业务的条件包括已经配备了适当的专业人员从事特定资产管理业务。（　　）

    A. 正确　　　　　　　　　　B. 错误

14. 基金管理公司只能为单一客户办理特定客户资产管理业务，不可以为特定的多个客户办理特定客户资产管理业务。（　　）

    A. 正确　　　　　　　　　　B. 错误

15. 单一多个客户特定资产管理计划的委托人人数不得超过500人，客户委托的初始资产合计不得低于5000万元人民币，中国证监会另有规定的除外。（　　）

    A. 正确   B. 错误

16. 开展特定客户资产管理业务的委托财产应当用于下列投资：股票、债券、证券投资基金、央行票据、短期融资券、资产支持证券、金融衍生产品及中国证监会规定的其他投资品种。（   ）
    A. 正确   B. 错误

17. 可以通过报刊、电视、广播、互联网（基金管理公司网站除外）和其他公共媒体公开推介具体的特定客户资产管理业务方案。（   ）
    A. 正确   B. 错误

18. 多个客户资产管理计划的资产管理人每季度至少应向资产委托人报告一次经资产托管人复核的计划份额净值。（   ）
    A. 正确   B. 错误

19. 基金管理公司在治理结构上还必须遵守《证券投资基金法》《证券投资基金管理公司管理办法》和《证券投资基金管理公司治理准则（试行）》等的相关规定。（   ）
    A. 正确   B. 错误

20. 股东对公司和其他股东负有诚信义务，应当承担社会责任。（   ）
    A. 正确   B. 错误

21. 公司董事会和管理层应当公平对待所有股东，允许任何股东及其实际控制人超越股东会、董事会的指示，不得偏向任何一方股东。（   ）
    A. 正确   B. 错误

22. 在信息传递和保密方面，股东不得直接或间接要求董事、经理层及其他员工提供基金投资、研究等方面的非公开信息和资料，不得利用提供技术支持或者行使知情权的方式将非公开信息为任何人谋利或泄露给任何第三方。（   ）
    A. 正确   B. 错误

23. 中国证监会发布的《证券投资基金管理公司管理办法》明确要求基金管理公司应当建立健全督察长制度。（   ）
    A. 正确   B. 错误

24. 基金管理公司内部控制包括内部控制机制和内部控制制度两个方面。（   ）
    A. 正确   B. 错误

25. 2003 年 1 月中国证监会依据国家有关法律法规制定了《证券投资基金管理公司内部控制指导意见》。（   ）
    A. 正确   B. 错误

26. 基金管理公司向特定对象提供投资咨询服务包括代理投资咨询客户从事证券投资。（   ）
    A. 正确   B. 错误

27. 根据《全国社会保险基金投资管理暂行办法》和《企业年金基金管理试行办法》的规定，基金管理公司不得管理社会保险基金和企业年金。（   ）
    A. 正确   B. 错误

28. 投资决策委员会的主要工作是制定和监督执行风险控制政策，根据市场变化对基金的投资组合进行风险评估，并提出风险控制建议。（　　）

A. 正确　　　　　　　　　　B. 错误

29. 投资部担负投资计划反馈的职能，及时向投资决策委员会提供市场动态信息。（　　）

A. 正确　　　　　　　　　　B. 错误

30. 交易部负责基金交易席位的安排、交易量管理。（　　）

A. 正确　　　　　　　　　　B. 错误

31. 风险管理部负责对公司运营过程中产生的或潜在的风险进行有效管理。（　　）

A. 正确　　　　　　　　　　B. 错误

32. 机构理财部是基金管理公司为适应业务向受托资产管理方向发展的需要而设立的独立部门，它专门服务于提供该类型资金的机构。（　　）

A. 正确　　　　　　　　　　B. 错误

33. 信息技术部是基金管理公司的后勤部门，为基金管理公司的日常运作提供文件管理、文字秘书、劳动保障、员工聘用、人力资源培训等行政事务的后台支持。（　　）

A. 正确　　　　　　　　　　B. 错误

34. 我国基金管理公司大多在内部设有投资决策委员会，负责指导基金资产的运作，确定基金投资策略和投资组合的原则。（　　）

A. 正确　　　　　　　　　　B. 错误

35. 风险控制委员会是公司非常设机构，是公司最高投资决策机构，以定期或不定期会议的形式讨论和决定公司投资的重大问题。（　　）

A. 正确　　　　　　　　　　B. 错误

36. 投资决策委员会的主要职责一般包括审批基金经理提出的投资额超过自主投资额度的投资项目。（　　）

A. 正确　　　　　　　　　　B. 错误

37. 我国基金管理公司基金投资部负责向投资决策委员会和其他投资部门提供研究报告。（　　）

A. 正确　　　　　　　　　　B. 错误

38. 基金投资部在制定具体方案时要接受风险控制委员会的风险控制建议和监察稽核部门的监察、稽核。（　　）

A. 正确　　　　　　　　　　B. 错误

39. 在具体的基金投资运作中，通常是由基金研究部门的基金经理向（中央）交易室发出交易指令。（　　）

A. 正确　　　　　　　　　　B. 错误

40. 基金经理直接向交易员下达投资指令或者直接进行交易。（　　）

A. 正确　　　　　　　　　　B. 错误

41. 公司内部控制的核心是风险控制，制定内部控制制度要以审慎经营、防范和化解风

险为出发点。（　　）

  A. 正确　　　　　　　　　　　　B. 错误

42. 基金管理公司、银行托管部门应当在允许本单位基金从业人员投资基金之后，制定相关管理制度并报中国证监会及其派出机构备案。（　　）

  A. 正确　　　　　　　　　　　　B. 错误

43. 基金管理公司的后台支持部门有行政管理部、信息技术部和机构理财部。（　　）

  A. 正确　　　　　　　　　　　　B. 错误

44. 按照内部控制制度的要求，基金管理公司应建立科学的授权批准制度。（　　）

  A. 正确　　　　　　　　　　　　B. 错误

45. 基金交易应实行集中交易制度，基金经理不得直接向交易员下达投资指令或者直接进行交易。（　　）

  A. 正确　　　　　　　　　　　　B. 错误

46. 公司掌握内幕信息的人员不得在基金管理公司披露信息前向他人泄露有关基金信息。（　　）

  A. 正确　　　　　　　　　　　　B. 错误

47. 在公司、股东以及公司员工的利益与基金份额持有人的利益发生冲突时，应当优先保障股东的利益。（　　）

  A. 正确　　　　　　　　　　　　B. 错误

48. 信息技术系统设计、软件开发等技术人员可以介入实际的业务操作。（　　）

  A. 正确　　　　　　　　　　　　B. 错误

49. 审慎性原则要求内部控制制度必须涵盖公司经营管理的各个环节，不得留有制度上的空白或漏洞。（　　）

  A. 正确　　　　　　　　　　　　B. 错误

50. 在基金份额持有人的利益与公司、股东及与股东有关联关系的机构和个人等发生利益冲突时，投资管理人员应当坚持基金份额持有人利益优先的原则。（　　）

  A. 正确　　　　　　　　　　　　B. 错误

51. 基金管理公司除主要股东外的其他股东，要求注册资本、净资产应当不低于3亿元人民币。（　　）

  A. 正确　　　　　　　　　　　　B. 错误

52. 中国香港特别行政区、澳门特别行政区和台湾地区的投资机构比照适用对一般境外股东的规定。（　　）

  A. 正确　　　　　　　　　　　　B. 错误

53. 基金管理人的职责包括计算并公告基金资产净值，确定基金份额申购、赎回价格。（　　）

  A. 正确　　　　　　　　　　　　B. 错误

54. 与基金募集与管理有关的其他事务性工作，如基金份额的注册登记、基金资产的会计核算、基金的分红派息、持有人大会的召集、基金服务机构的选择通常由基金发起人承担。（　　）

A. 正确　　　　　　　　　　　　B. 错误

55. 基金投资者投资基金最主要的目的就是要实现资产的保值、增值。（　　）

A. 正确　　　　　　　　　　　　B. 错误

56. 我国证券投资基金的管理人只能由依法设立的基金管理公司担任。（　　）

A. 正确　　　　　　　　　　　　B. 错误

57. 目前，我国基金管理公司的主要业务主要局限于对证券投资基金的募集与管理上。（　　）

A. 正确　　　　　　　　　　　　B. 错误

58. 依照我国《证券投资基金法》的规定，依法募集基金是基金管理公司的一项法定权利，其他机构也可从事基金的募集活动。（　　）

A. 正确　　　　　　　　　　　　B. 错误

59. 2008年1月1日开始施行的《基金管理公司特定客户资产管理业务试点办法》的规定，符合条件的基金管理公司既可以为单一客户办理特定客户资产管理业务，也可以为特定的多个客户办理特定客户资产管理业务。（　　）

A. 正确　　　　　　　　　　　　B. 错误

60. 公司应当设立监察稽核部门，对公司经理层负责，开展监察稽核工作。公司应保证监察稽核部门的独立性和权威性。（　　）

A. 正确　　　　　　　　　　　　B. 错误

参考答案

一、单项选择题

1. B	2. D	3. B	4. A	5. B
6. B	7. A	8. B	9. C	10. B
11. C	12. A	13. B	14. C	15. D
16. D	17. D	18. D	19. A	20. B
21. D	22. B	23. B	24. D	25. B
26. B	27. A	28. A	29. D	30. B
31. C	32. D	33. B	34. D	35. B
36. C	37. D	38. A	39. B	40. C
41. C	42. A	43. A	44. B	45. B
46. B	47. A	48. C	49. D	50. B
51. A				

二、多项选择题

1. ABD	2. ABCD	3. CD	4. ABD	5. BCD
6. ABCD	7. ABD	8. ABCD	9. ABCD	10. ABCD
11. BCD	12. ABCD	13. ABCD	14. BC	15. CD
16. ABCD	17. ABCD	18. BD	19. ACD	20. BD

21. ABCD   22. ABC   23. ABCD   24. BCD   25. ABCD

26. ABCD   27. AD   28. ABCD   29. ACD   30. ABCD

31. BCD   32. ABCD   33. ABCD   34. ABCD   35. ACD

36. ABC   37. BCD   38. ABCD   39. AB   40. ABCD

41. ABCD   42. CD   43. ABCD   44. ABD   45. CD

三、判断题

1. B   2. B   3. A   4. A   5. B

6. A   7. B   8. B   9. A   10. B

11. B   12. A   13. A   14. B   15. B

16. A   17. B   18. B   19. A   20. A

21. B   22. A   23. B   24. A   25. B

26. B   27. B   28. B   29. A   30. A

31. A   32. A   33. B   34. A   35. B

36. A   37. B   38. A   39. B   40. B

41. A   42. B   43. B   44. A   45. A

46. A   47. B   48. B   49. B   50. A

51. B   52. A   53. A   54. B   55. A

56. A   57. B   58. B   59. A   60. A

第五章　基金托管人

一、本章考纲

熟悉基金资产托管业务，熟悉基金托管人在基金运作中的作用，了解基金托管人的市场准入规定，掌握基金托管人的职责；了解基金托管业务流程。

了解基金托管人的机构设置与技术系统。

了解基金财产保管的基本要求，熟悉基金资产账户的种类，掌握基金财产保管的内容。

了解基金在交易所市场、全国银行间市场和场外市场资金清算的基本流程。

掌握基金会计复核的内容。

了解基金托管人对基金管理人监督的主要内容，了解对基金投资运作监管结果的处理方式。

熟悉基金托管人内部控制的目标、原则、基本要素以及主要内容。

二、本章知识体系

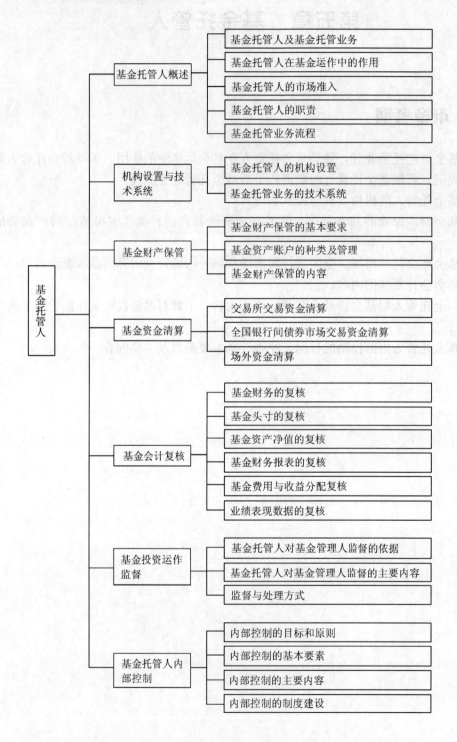

基金托管人
- 基金托管人概述
  - 基金托管人及基金托管业务
  - 基金托管人在基金运作中的作用
  - 基金托管人的市场准入
  - 基金托管人的职责
  - 基金托管业务流程
- 机构设置与技术系统
  - 基金托管人的机构设置
  - 基金托管业务的技术系统
- 基金财产保管
  - 基金财产保管的基本要求
  - 基金资产账户的种类及管理
  - 基金财产保管的内容
- 基金资金清算
  - 交易所交易资金清算
  - 全国银行间债券市场交易资金清算
  - 场外资金清算
- 基金会计复核
  - 基金财务的复核
  - 基金头寸的复核
  - 基金资产净值的复核
  - 基金财务报表的复核
  - 基金费用与收益分配复核
  - 业绩表现数据的复核
- 基金投资运作监督
  - 基金托管人对基金管理人监督的依据
  - 基金托管人对基金管理人监督的主要内容
  - 监督与处理方式
- 基金托管人内部控制
  - 内部控制的目标和原则
  - 内部控制的基本要素
  - 内部控制的主要内容
  - 内部控制的制度建设

三、同步强化练习题及参考答案

同步强化练习题

一、单项选择题

1. 《证券投资基金托管资格管理办法》对托管业务准入有更详细的规定。如最近 3 个会计年度的年末净资产均不低于（　　）亿元人民币。
   - A. 10
   - B. 20
   - C. 30
   - D. 40

2. 以下不属于基金托管人承担的职责有（　　）。
   - A. 资金清算
   - B. 资产核算
   - C. 资产保管
   - D. 运作投资

3. （　　）是根据法律法规的要求，在证券投资基金运作中承担资产保管、交易监督、信息披露、资金清算与会计核算等相应职责的当事人。
   - A. 基金管理人
   - B. 基金托管人
   - C. 基金发起人
   - D. 基金所有人

4. 《证券投资基金托管资格管理办法》规定，拟从事基金清算、核算、投资监督、信息披露、内部稽核监控等业务的执业人员不少于（　　）人，并具有基金从业资格。
   - A. 3
   - B. 5
   - C. 8
   - D. 15

5. 基金（　　）是指基金托管人以《证券投资基金法》、《证券投资基金会计核算办法》等法律法规为依据，对基金管理人的估值结果即基金份额净值、累计基金份额净值以及期初基金份额净值进行的核对。
   - A. 头寸复核
   - B. 账务复核
   - C. 资产净值复核
   - D. 财务报表复核

6. 托管人对基金的持仓情况编制（　　）。
   - A. 日报
   - B. 周报
   - C. 季报
   - D. 年报

7. 在我国，（　　）负责对基金管理公司的会计核算结果进行复核，基金管理公司负责将复核后的会计信息对外披露。
   - A. 中国证监会基金部
   - B. 中国证监会信息中心
   - C. 基金托管人
   - D. 中央登记结算公司

8. 关于基金托管人保管基金财产的说法，不正确的是（　　）。
   - A. 基金财产的债权应与基金管理人的债务相抵消
   - B. 对管理人不合规的投资指令拒绝执行
   - C. 严守基金商业秘密
   - D. 与管理人的共同行为给基金财产造成损害的，应承担连带赔偿责任

9. 基金(　　)是指基金托管人以《证券投资基金法》、《证券投资基金会计核算办法》等法律法规为依据，对管理人的账务处理过程与结果进行校对的过程。

    A. 账务复核　　　　　　　　　　B. 头寸复核

    C. 财务报表复核　　　　　　　　D. 资产净值复核

10. 我国基金的会计核算由(　　)进行。

    A. 基金管理公司　　　　　　　　B. 基金托管人

    C. 中介机构　　　　　　　　　　D. 基金管理公司和基金托管人

11. (　　)包括基金在银行间市场进行债券买卖、回购交易等所对应的资金清算。

    A. 场内资金清算　　　　　　　　B. 场外资金清算

    C. 交易所交易资金清算　　　　　D. 全国银行间债券市场交易资金清算

12. 全国银行间债券市场资金清算的流程中，债券结算成功后，(　　)按照成交通知单约定的结算日期，制作资金清算指令，进行资金划付。

    A. 基金管理人　　　　　　　　　B. 基金托管人

    C. 基金发起人　　　　　　　　　D. 基金所有人

13. 全国银行间债券市场资金清算的流程中，基金托管人负责查询资金到账情况。资金未到账时，要查明原因，及时通知(　　)。

    A. 基金发起人　　　　　　　　　B. 基金投资人

    C. 基金管理人　　　　　　　　　D. 基金所有人

14. (　　)指基金在证券交易所和银行间债券市场之外所涉及的资金清算，包括申购、增发新股、支付基金相关费用以及开放式基金的申购与赎回等的资金清算。

    A. 场内资金清算　　　　　　　　B. 场外资金清算

    C. 交易所交易资金清算　　　　　D. 全国银行间债券市场交易资金清算

15. (　　)是保障基金资产安全、维护基金份额持有人利益的重要手段。

    A. 基金资金清算　　　　　　　　B. 基金会计复核

    C. 监督基金管理人的投资运作　　D. 基金托管人内部控制

16. 为控制基金参与银行间债券市场的信用风险，基金托管人应对(　　)参与银行间同业拆借市场交易进行监督。

    A. 基金发起人　　　　　　　　　B. 基金投资人

    C. 基金管理人　　　　　　　　　D. 基金所有人

17. 根据法律法规有关基金禁止从事的关联交易的规定，(　　)应相互提供与本机构有控股关系的股东或与本机构有其他重大利害关系的公司的名单。

    A. 基金发起人和基金投资人　　　B. 基金投资人和基金管理人

    C. 基金托管人和基金所有人　　　D. 基金管理人和基金托管人

18. 对所托管基金投资比例接近超标或者对媒体和舆论反映集中的问题等，基金托管人一般(　　)管理人。

    A. 电话提示　　　　　　　　　　B. 书面警示

    C. 书面报告　　　　　　　　　　D. 定期报告

19. 基金托管人内部控制的原则不包括(　　)。

A. 合法性原则   B. 有效性原则

C. 独立性原则   D. 公开性原则

20. 内部控制的基本要素中，（   ）构成托管人内部控制的基础。

A. 环境控制   B. 风险评估

C. 控制活动   D. 信息沟通

21. （   ）负责开立并管理基金资产账户。

A. 基金管理人   B. 基金托管人

C. 基金发起人   D. 基金所有人

22. 基金（   ）是指以基金名义在银行开立的、用于基金名下资金往来的结算账户。

A. 银行存款账户   B. 结算备付金账户

C. 资金账户   D. 证券账户

23. （   ）是托管人为办理资金清算需要而设立，由托管人开立并管理。

A. 银行存款账户   B. 结算备付金账户

C. 资金账户   D. 证券账户

24. 结算备付金账户是以（   ）名义在中国结算公司上海分公司和深圳分公司分别开立的、用于所托管基金在交易所买卖证券的资金结算账户。

A. 基金管理人   B. 基金托管人

C. 基金发起人   D. 基金所有人

25. 基金托管人代基金刻制的基金印章、基金财务专用章及基金业务章等基金印章均由（   ）代为保管和使用。

A. 基金管理人   B. 基金托管人

C. 基金发起人   D. 基金所有人

26. 基金债券托管账户在交易（   ）进行核对，如无交易每周核对一次。

A. 当日   B. T+1日

C. T+2日   D. T+3日

27. 交易所交易资金清算流程，排序正确的是（   ）。

①制作清算指令；②执行清算指令；③确认清算结果；④接收交易数据

A. ①②④③   B. ④②①③

C. ④①②③   D. ①④②③

28. 交易所交易资金清算流程中，（   ）闭市后，托管人通过卫星系统接收交易数据。

A. T日   B. T+1日

C. T+2日   D. T+3日

29. 交易所交易资金清算流程中，托管人在（   ）将经复核、授权确认的清算指令交付执行。

A. T日   B. T+1日

C. T+2日   D. T+3日

30. （   ）指基金在证券交易所进行股票、债券买卖及回购交易时所对应的资金清算。

A. 全国银行间债券市场交易资金清算   B. 场外资金清算

C. 交易所交易资金清算   D. 场内资金清算

31. 我国《证券投资基金法》第二十六条规定，基金托管人由依法设立并取得基金托管资格的（　　）担任。
    A. 商业银行   B. 保险公司
    C. 信托投资公司   D. 证券公司

32. 基金（　　）是指基金托管人对基金管理人出具的资产负债表、基金经营业绩表、基金收益分配表、基金净值变动表等报表内容进行核对的过程。
    A. 账务复核   B. 头寸复核
    C. 资产净值复核   D. 财务报表复核

33. 基金（　　）是指基金托管人以《证券投资基金法》、《证券投资基金会计核算办法》等法律法规为依据，对管理人的账务处理过程与结果进行核对的过程。
    A. 账务复核   B. 头寸复核
    C. 资产净值复核   D. 财务报表复核

34. 下列不属于基金托管人应当履行的职责是（　　）。
    A. 按照基金合同的约定，根据基金管理人的投资指令，及时办理清算、交割事宜
    B. 办理与基金托管业务活动有关的信息披露事项
    C. 对基金财务会计报告、中期和年度基金报告出具意见
    D. 计算并公告基金资产净值，确定基金份额申购、赎回价格

35. （　　）是指内部控制制度应当符合国家法律法规及监管机构的监管要求，并贯穿于托管业务经营管理活动的始终。
    A. 合法性原则   B. 完整性原则
    C. 审慎性原则   D. 及时性原则

36. 基金在证券交易所的证券账户是以（　　）名义在中国证券登记结算有限公司开立的。
    A. 基金   B. 托管人
    C. 托管人和基金联名   D. 基金管理公司和基金联名

37. （　　）阶段是基金托管人介入基金托管业务的起始阶段。
    A. 基金募集   B. 基金运作
    C. 签署基金合同   D. 基金终止

38. （　　）是指托管业务的各项经营管理活动都必须有相应的规范程序和监督制约，监督制约应渗透到托管业务的全过程和各个操作环节，覆盖所有的部门、岗位和人员。
    A. 合法性原则   B. 完整性原则
    C. 及时性原则   D. 审慎性原则

39. 基金头寸一般是指（　　）。
    A. 基金持有的股票资产余额   B. 基金持有的债券资产余额
    C. 基金持有的现金类账户的资金余额   D. 基金的资产净值

40. （　　）阶段是基金托管人开展基金托管业务的准备阶段。

A. 基金募集　　　　　　　　　　B. 基金运作

C. 签署基金合同　　　　　　　　D. 基金终止

41. 刻制基金业务用章、财务用章，开立基金的各类资金账户、证券账户，建立基金账册等，属于基金托管业务流程中的（　　）阶段。

A. 基金募集　　　　　　　　　　B. 基金运作

C. 签署基金合同　　　　　　　　D. 基金终止

42. （　　）是指托管业务经营活动必须在发生时能准确、及时地记录；按照"内部控制优先"的原则，新设机构或新增业务品种时必须做到已建立相关的规章制度。

A. 合法性原则　　　　　　　　　B. 完整性原则

C. 及时性原则　　　　　　　　　D. 审慎性原则

43. 货币市场基金和债券基金投资银行存款时，在银行开立了银行存款账户，这类账户属于（　　）账户。

A. 现金　　　　　　　　　　　　B. 备付金

C. 基金银行存款　　　　　　　　D. 投资类

44. 如果基金募集不成立，则由（　　）承担将募集资金返还到投资人账户的职责。

A. 基金管理人　　　　　　　　　B. 基金托管人

C. 基金发起人　　　　　　　　　D. 基金所有人

45. （　　）是指各项业务经营活动必须防范风险，审慎经营，保证基金资产的安全与完整。

A. 合法性原则　　　　　　　　　B. 完整性原则

C. 及时性原则　　　　　　　　　D. 审慎性原则

46. 中国证券登记结算公司要求以（　　）名义开立结算备付金账户，并通过该账户完成所托管证券投资基金资金结算。

A. 基金管理人　　　　　　　　　B. 基金托管人

C. 基金　　　　　　　　　　　　D. 托管人和基金联名

47. （　　）阶段是基金托管人全面行使职责的主要阶段。

A. 基金募集　　　　　　　　　　B. 基金运作

C. 签署基金合同　　　　　　　　D. 基金终止

48. （　　）是指内部控制制度应根据国家政策、法律及经营管理的需要适时修改完善，并保证得到全面落实执行，不得有任何空间、时限及人员的例外。

A. 合法性原则　　　　　　　　　B. 完整性原则

C. 有效性原则　　　　　　　　　D. 审慎性原则

49. 下列（　　）不属于在托管银行内部的基金托管业务流程。

A. 基金发起　　　　　　　　　　B. 基金募集

C. 基金运作　　　　　　　　　　D. 基金终止

50. 基金托管人的首要职责是（　　）。

A. 按照规定开设基金财产的资金账户和证券账户

B. 对所托管的不同基金财产分别设置账户，确保基金财产的完整与独立

C. 保证基金资产的安全，独立、完整、安全地保管基金的全部资产

D. 对基金财务会计报告、中期和年度基金报告出具意见

51. (　　)是指托管人托管的基金资产、托管人的自有资产、托管人托管的其他资产应当分离；直接操作人员和控制人员应相对独立，适当分离；内部控制制度的检查、评价部门必须独立于内部控制制度的制定和执行部门。

A. 合法性原则 　　　　　　　　　　　B. 完整性原则

C. 及时性原则 　　　　　　　　　　　D. 独立性原则

52. (　　)要根据有关规定和基金管理人合法、合规的投资指令办理资金的清算、交割事宜。

A. 基金管理人 　　　　　　　　　　　B. 基金托管人

C. 基金发起人 　　　　　　　　　　　D. 基金所有人

二、多项选择题

1. 基金资产账户主要包括(　　)。

A. 银行存款账户 　　　　　　　　　　B. 清算备付金账户

C. 交易所证券账户 　　　　　　　　　D. 全国银行间市场债券托管账户

2. 基金财产保管的基本要求有(　　)。

A. 保证基金资产的安全 　　　　　　　B. 保证基金资产的保值增值

C. 依法处分基金财产 　　　　　　　　D. 严守商业秘密

3. 基金资产保管的主要内容包括(　　)。

A. 保管基金印章

B. 管理基金资产账户

C. 保管基金的重大合同、基金的开户资料、预留印鉴、实物证券的凭证等重要文件

D. 核对基金资产

4. 基金财产保管的内容有(　　)。

A. 信息披露 　　　　　　　　　　　　B. 保管基金印章

C. 基金资产账户管理 　　　　　　　　D. 重要文件保管

5. 基金财产的重要文件保管包括(　　)等。

A. 重大合同 　　　　　　　　　　　　B. 基金的开户资料

C. 预留印鉴 　　　　　　　　　　　　D. 实物证券的凭证

6. 在我国，基金的会计核算由(　　)负责。

A. 证券公司 　　　　　　　　　　　　B. 中国证券登记结算公司

C. 基金管理公司 　　　　　　　　　　D. 基金托管人

7. 基金会计复核包括基金(　　)等的复核。

A. 账务 　　　　　　　　　　　　　　B. 头寸

C. 资产净值 　　　　　　　　　　　　D. 合同

8. 基金的资金清算依据交易场所的不同分为(　　)。

A. 交易所交易资金清算 　　　　　　　B. 全国银行间市场资金清算

C. 场外资金清算 　　　　　　　　　　D. 地区银行间资金清算

9. 基金托管人对基金管理人的投资运作进行监督，对基金投融资比例监督的内容包括（　　）。

　　A. 基金合同约定的基金投资资产配置比例

　　B. 融资限制

　　C. 股票申购限制

　　D. 法规允许的基金投资比例调整期限

10. 基金托管人的机构设置一般包括（　　）。

　　A. 负责证券投资基金托管业务的市场开拓、研究、客户关系维护的市场部门

　　B. 负责基金资金清算、核算的部门

　　C. 负责制定和执行基金交易计划的部门

　　D. 负责技术维护、系统开发的部门

11. 根据我国法律法规的要求，基金资产托管业务或者托管人承担的职责主要包括（　　）。

　　A. 资产保管　　　　　　　　　　B. 资金清算

　　C. 资产核算　　　　　　　　　　D. 投资运作监督

12. 基金托管人内部控制的目标包括（　　）。

　　A. 保证业务运作严格遵守国家有关法律法规和行业监管规则，自觉形成守法经营、规范运作的经营思想和经营风格

　　B. 防范和化解经营风险，保证托管资产的安全完整

　　C. 维护基金份额持有人的权益

　　D. 保障基金投资获得高额的收益

13. 基金托管人内部控制的原则包括（　　）。

　　A. 公平性原则　　　　　　　　　B. 完整性原则

　　C. 及时性原则　　　　　　　　　D. 审慎性原则

14. 内部控制的基本要素包括（　　）。

　　A. 环境控制　　　　　　　　　　B. 风险评估

　　C. 控制活动　　　　　　　　　　D. 信息沟通

15. 内部控制的基本要素之一环境控制包括（　　）。

　　A. 稽核检查制度　　　　　　　　B. 内部控制文化

　　C. 内部监控制度　　　　　　　　D. 员工道德素质

16. 基金托管人内部控制的内容主要包括（　　）。

　　A. 资产保管、资金清算　　　　　B. 投资监督

　　C. 会计核算和估值　　　　　　　D. 技术系统

17. 稽核监督部门负责内部控制制度的综合管理，其主要职责包括（　　）。

　　A. 对各项业务及其操作提出内部控制建议并督促实施

　　B. 进行基金会计核算并编制基金财务会计报告

　　C. 对涉及内部控制方面的问题进行专题检查及调查

　　D. 对违反内部控制制度的单位或个人，建议给予相应的纪律处分

18. 基金的证券账户包括( )。
    A. 银行存款账户
    B. 结算备付金账户
    C. 交易所证券账户
    D. 全国银行间市场债券托管账户

19. 关于基金资产账户管理，下列说法正确的是( )。
    A. 基金管理人应做好基金资产账户的开立、更名、销户及资产过户等工作
    B. 管理人负责开立全部基金资产账户，保证基金账户独立于托管银行账户；不同基金的账户也相互独立，对每一个基金单独设账，分账管理
    C. 严格按照相关规定和基金管理人的有效指令办理资金划拨和支付，并保证基金的一切货币收支活动均通过基金的银行存款账户进行
    D. 基金托管人和基金管理人也不得出借和擅自转让基金的任何证券账户

20. 基金托管人一般通过( )等方式对基金资产进行核对。
    A. 计算机系统
    B. 电话银行
    C. 邮寄纸质对账单
    D. 登陆上海 PROP 和深圳 IST 远程操作平台系统

21. 交易所交易资金清算流程，下列正确的是( )。
    A. 接收交易数据。T+1 日闭市后，托管人通过卫星系统接收交易数据
    B. 制作清算指令。托管人对当日交易进行核算、估值并核对净值后，制作清算指令，完成 T 日的工作流程
    C. 执行清算指令。T+2 日，托管人将经复核、授权确认的清算指令交付执行
    D. 确认清算结果。基金托管人对指令的执行情况进行确认，并将清算结果通知管理人

22. 基金托管人对会计核算进行复核的主要内容包括( )。
    A. 基金发起人的复核、基金所有人的复核
    B. 基金账务的复核、基金头寸的复核
    C. 基金资产净值的复核、基金财务报表的复核
    D. 基金费用与收益分配的复核和业绩表现数据的复核等

23. 基金资产净值的复核指基金托管人以相关法律法规为依据，对基金管理人的( )进行的核对。
    A. 基金份额净值
    B. 期末基金份额净值
    C. 基金份额累计净值
    D. 期初基金份额净值

24. 基金财务报表的复核指基金托管人对基金管理人出具的( )等报表内容进行核对的过程。
    A. 资产负债表
    B. 基金经营业绩表
    C. 基金收益分配表
    D. 基金净值变动表

25. 在我国，基金托管人主要依据( )对基金投资范围和投资对象、基金投融资比例、基金投资禁止行为等内容进行监督和核查。
    A.《证券投资基金会计核算办法》

    B. 《证券投资基金法》、《证券投资基金运作管理办法》

    C. 证券投资基金信息披露内容与格式准则第 7 号《托管协议的内容与格式》

    D. 其他有关法规和规范性文件、基金合同、基金托管协议等规定

26. 基金托管人对基金管理人监督的主要内容包括（   ）。

    A. 对基金投资范围、投资对象的监督

    B. 对基金投融资比例的监督

    C. 对基金投资禁止行为的监督

    D. 对基金投资人选择存款银行的监督

27. 基金托管人对基金投融资比例的监督包括（   ）。

    A. 基金合同约定的基金投资资产配置比例

    B. 单一投资类别比例限制、融资限制、股票申购限制

    C. 对存款银行的资质、利率标准限制

    D. 法规允许的基金投资比例调整期限

28. 货币市场基金投资银行存款时，托管人和管理人根据法律法规的规定及基金合同的约定，要签署专门的补充协议，对（   ）进行规定。

    A. 存款银行的资质   B. 利率标准

    C. 双方的职责   D. 提前支取的条件及赔偿责任

29. 实际运作中，托管人对基金管理人投资运作的监督的特点包括（   ）。

    A. 不同基金类型监督的依据和内容相同

    B. 日常运作中，托管人对基金管理人投资运作行为的监督主要是基金投资范围、投资比例、交易对手、投资风格等方面

    C. 根据投资需要和监管机构的要求，不断增加、完善监督内容

    D. 场内交易主要借助于人工手段实现，场外交易主要通过技术系统完成

30. 基金托管人对基金管理人投资运作的监督，可以通过（   ）完成。

    A. 电话提示   B. 书面警示

    C. 书面报告   D. 定期报告

31. 基金托管人对基金管理人投资运作监督的定期报告，包括（   ）。

    A. 说明函   B. 持仓统计表

    C. 基金运作监督周报   D. 基金运作监督报告

32. 基金托管人在基金运作中具有非常重要的作用，主要体现在（   ）。

    A. 基金资产由独立于基金管理人的基金托管人保管，可以防止基金财产挪作他用，有利于保障基金资产的安全

    B. 基金管理公司的收入主要来自以资产规模为基础的管理费，因此资产管理规模的扩大对基金管理公司具有重要的意义

    C. 对基金管理人的投资运作（包括投资对象、投资范围、投资比例、禁止投资行为等）进行监督，可以促使基金管理人按照有关法律法规和基金合同的要求运作基金财产，有利于保护基金份额持有人的权益

    D. 基金托管人对基金资产所进行的会计复核和净值计算，有利于防范、减少基金

会计核算中的差错，保证基金份额净值和会计核算的真实性和准确性

33. 一般规定基金托管人必须是由独立于基金管理人并具有一定实力的（   ）机构担任
    A. 商业银行   B. 保险公司
    C. 信托投资公司   D. 国有独资公司

34. 不同基金之间在（   ）等方面应完全独立，实行专户、专人管理。
    A. 持有人名册登记   B. 账户设置
    C. 资金划拨   D. 账册记录

35. 基金托管人应当履行的职责包括（   ）。
    A. 办理基金备案手续
    B. 按照规定开设基金财产的资金账户和证券账户
    C. 对所托管的不同基金财产分别设置账户，确保基金财产的完整与独立
    D. 进行基金会计核算并编制基金财务会计报告

36. 申请取得基金托管资格，应当具备的条件包括（   ）。
    A. 净资产和资本充足率符合有关规定
    B. 设有专门的基金托管部门
    C. 取得基金从业资格的专职人员达到法定人数
    D. 有符合要求的营业场所、安全防范设施和与基金托管业务有关的其他设施

37. 商业银行申请基金托管人资格，必须经（   ）审查批准。
    A. 中国证券业协会   B. 中国银监会
    C. 财政部   D. 中国证监会

38. 概括而言，基金托管人的职责主要有（   ）。
    A. 安全保管基金财产   B. 完成基金资金清算
    C. 进行基金会计核算   D. 监督基金投资运作

39. 基金托管人在基金运作阶段的主要工作或业务内容包括（   ）。
    A. 与管理人及注册登记机构进行技术系统的联调、测试
    B. 安全、独立保管基金的全部财产
    C. 每个工作日进行基金资产净值计算与会计核算，并与管理人核对
    D. 根据管理人的指令办理资金划拨

40. 各个托管银行一般都设立了下列部门（   ）。
    A. 主要负责证券投资基金托管业务的市场开拓、市场研究、客户关系维护的市场部门
    B. 主要负责基金资金清算、核算的部门
    C. 主要负责技术维护、系统开发的部门
    D. 主要负责交易监督、内部风险控制的部门

41. 基金托管人会计核算和估值的风险控制措施有（   ）。
    A. 对所托管的基金应当以管理人为会计核算主体，独立建账、独立核算
    B. 建立凭证管理制度
    C. 建立账务组织和账务处理体系，正确设置会计账簿，有效控制会计记账程序

D. 采取合理的估值方法和科学的估值程序，公允反映基金所投资的有价证券在估值时点的价值

42. 目前，各托管银行的基金托管业务技术系统的主要特征有（　　　）。
    A. 主要托管业务活动通过技术系统完成
    B. 系统配置完整、独立运作
    C. 系统管理严格
    D. 系统安全运作

43. 下列关于基金财产的说法不正确的是（　　　）。
    A. 基金财产是独立于管理人、托管人的固有财产，基金管理人、基金托管人可以将基金财产归入其固有财产
    B. 基金财产的债权不得与基金管理人、基金托管人固有财产的债务相抵消
    C. 不同基金财产的债权债务可以相互抵消
    D. 基金托管人必须将基金资产与自有资产、不同基金的资产严格分开

三、判断题

1. 我国《证券投资基金法》规定，基金托管人由依法设立并取得基金托管资格的商业银行和信托投资公司担任。（　　　）
   A. 正确　　　　　　　　　　　　　B. 错误

2. 交易所证券账户是指以基金名义在中央国债登记结算有限公司开立的乙类债券托管账户，用于登记存管基金持有的、在全国银行间同业拆借市场交易的债券。（　　　）
   A. 正确　　　　　　　　　　　　　B. 错误

3. 基金托管人在协议规定的范围内履行托管职责，但不收取报酬，而是通过进行绩效评估、提供会计核算等增值性服务来取得收入。（　　　）
   A. 正确　　　　　　　　　　　　　B. 错误

4. 基金托管人在保管基金资产时，基金托管人可以按照自己的投资思路合理地运用、处分和分配基金资产。（　　　）
   A. 正确　　　　　　　　　　　　　B. 错误

5. 《证券投资基金托管资格管理办法》对托管准入有更详细的规定。如，最近 3 个会计年度的年末净资产均不低于 30 亿元人民币；设有专门的基金托管部门；基金托管部门拟从事基金清算、核算、投资监督、信息披露等业务的执业人员不少于 5 人，并具有基金从业资格；有安全保管基金财产的条件等等。（　　　）
   A. 正确　　　　　　　　　　　　　B. 错误

6. 基金托管人必须将基金资产与自有资产、不同基金的资产严格分开。（　　　）
   A. 正确　　　　　　　　　　　　　B. 错误

7. 基金托管人对每一个基金单独设账，分账管理。（　　　）
   A. 正确　　　　　　　　　　　　　B. 错误

8. 基金托管部门拟从事基金清算、核算、投资监督、信息披露等业务的执业人员不少于 5 人。（　　　）
   A. 正确　　　　　　　　　　　　　B. 错误

9. 一般情况下，基金银行存款账户、基金结算备付金余额、基金证券账户的各类证券资产数量、余额每日核对；基金债券托管账户在交易当日进行核对，如无交易每周核对一次。（　　）

    A. 正确　　　　　　　　　　　　B. 错误

10. 基金托管人如果发现基金管理人投资运作有违规行为，应立即报告中国证监会，同时通知基金管理人限期纠正。（　　）

    A. 正确　　　　　　　　　　　　B. 错误

11. 基金账务的复核指基金发起人以《证券投资基金法》、《证券投资基金会计核算办法》等法律法规为依据，对管理人的账务处理过程与结果进行核对的过程。（　　）

    A. 正确　　　　　　　　　　　　B. 错误

12. 基金托管人在每个交易日结束后与管理人核对基金的银行存款账户和清算备付金账户余额，并根据当日证券交易清算情况计算生成基金头寸。（　　）

    A. 正确　　　　　　　　　　　　B. 错误

13. 对基金管理人按照《证券投资基金法》和基金合同等的要求，计提管理人报酬及其他费用，并对基金收益分配等进行复核。（　　）

    A. 正确　　　　　　　　　　　　B. 错误

14. 基金管理人应积极配合和协助基金托管人的监督和核查，包括但不限于在规定时间内答复基金托管人并改正，就基金托管人的疑义进行解释或举证。（　　）

    A. 正确　　　　　　　　　　　　B. 错误

15. 对基金运作中严重违反法律法规或合同规定的，例如资金透支、涉嫌违规交易等行为，基金托管人电话提示有关管理人，并向监管机构报告。（　　）

    A. 正确　　　　　　　　　　　　B. 错误

16. 控制活动是指托管人通过制定完善的管理制度和采取有效的控制措施，及时防范和化解风险。（　　）

    A. 正确　　　　　　　　　　　　B. 错误

17. 基金托管人有单独处分基金财产的权利。（　　）

    A. 正确　　　　　　　　　　　　B. 错误

18. 基金托管人可以自行运用、处分、分配基金的任何资产。（　　）

    A. 正确　　　　　　　　　　　　B. 错误

19. 对基金管理人非法的、不合规的投资指令，托管人应当拒绝执行，并提示管理人或向监管机构报告。（　　）

    A. 正确　　　　　　　　　　　　B. 错误

20. 基金托管人在履行职责过程中违反法律法规或基金合同约定，给基金财产或基金份额持有人造成损害的，应对自身行为依法承担赔偿责任。（　　）

    A. 正确　　　　　　　　　　　　B. 错误

21. 基金资产账户开立前，基金发起人应刻制基金的印章和准备开户资料。（　　）

    A. 正确　　　　　　　　　　　　B. 错误

22. 货币市场基金和债券基金投资银行存款时，在银行开立了银行存款账户。该类账户

属储蓄类账户。（　　）

A. 正确 　　　　　　　　　B. 错误

23. 托管人以基金名义设立结算备付金二级账户，由托管人再与基金进行二级结算。（　　）

A. 正确 　　　　　　　　　B. 错误

24. 全国银行间市场债券托管账户是指以证券名义在中央国债登记结算有限责任公司开立的乙类债券托管账户，用于登记存管证券持有的、在全国银行间同业拆借市场交易的债券。（　　）

A. 正确 　　　　　　　　　B. 错误

25. 基金管理人应做好基金资产账户的开立、更名、销户及资产过户等工作。（　　）

A. 正确 　　　　　　　　　B. 错误

26. 基金发起人负责开立全部基金资产账户，保证基金账户独立于托管银行账户。（　　）

A. 正确 　　　　　　　　　B. 错误

27. 一般情况下，基金银行存款账户余额、基金结算备付金账户余额、基金证券账户的各类证券资产数量和余额等每周核对一次。（　　）

A. 正确 　　　　　　　　　B. 错误

28. 托管人对当日交易进行核算、估值并核对净值后，制作清算指令，完成 T 日的工作流程。（　　）

A. 正确 　　　　　　　　　B. 错误

29. 全国银行间债券市场资金清算的流程中，基金在银行间债券市场发生债券现货买卖、回购业务时，基金管理公司将该笔业务的成交通知单加盖公司业务章后发送给基金发起人。（　　）

A. 正确 　　　　　　　　　B. 错误

30. 场外资金清算流程中，基金托管人通过加密传真等方式接收管理人的场外投资指令。（　　）

A. 正确 　　　　　　　　　B. 错误

31. 我国对基金托管人的市场准入要求是，基金托管人最近 3 个会计年度的年末资产均不低于 20 亿元人民币。（　　）

A. 正确 　　　　　　　　　B. 错误

32. 资产保管，即基金发起人按规定为基金资产设立独立的账户，保证基金全部财产的安全完整。（　　）

A. 正确 　　　　　　　　　B. 错误

33. 投资运作监督，即监督基金管理人的投资运作行为是否符合法律法规及基金合同的规定。（　　）

A. 正确 　　　　　　　　　B. 错误

34. 我国基金会计的会计主体是基金托管人。（　　）

A. 正确 　　　　　　　　　B. 错误

35. 基金托管人主要通过托管业务获取托管费作为其主要收入来源，托管费收入与托管规模成反比。（　　）

　　A. 正确　　　　　　　　　　　　　　B. 错误

36. 按照规定开设基金财产的资金账户和证券账户是基金托管人的职责。（　　）

　　A. 正确　　　　　　　　　　　　　　B. 错误

37. 保管基金印章不是基金资产保管的主要内容。（　　）

　　A. 正确　　　　　　　　　　　　　　B. 错误

38. 境内托管银行一般委托境内机构担任次托管人。（　　）

　　A. 正确　　　　　　　　　　　　　　B. 错误

39. 以开放式基金的托管为例，按照业务运作的顺序，在托管银行内部的基金托管业务流程主要分四个阶段：基金募集、签署基金合同、基金运作和基金终止。（　　）

　　A. 正确　　　　　　　　　　　　　　B. 错误

40. 基金托管人根据对基金运作的监督情况，每周编制基金运作监控周报，向监管机构报告。（　　）

　　A. 正确　　　　　　　　　　　　　　B. 错误

41. 在更换托管人或基金终止清算两种情形下，根据法律法规的要求，托管人要参与基金终止清算，按规定保存清算结果和相关资料。（　　）

　　A. 正确　　　　　　　　　　　　　　B. 错误

42. 各托管银行按照业务运作的需要，在内部均设立了专门的基金托管部或资产托管部。（　　）

　　A. 正确　　　　　　　　　　　　　　B. 错误

43. 基金托管人的首要职责是运作基金投资活动。（　　）

　　A. 正确　　　　　　　　　　　　　　B. 错误

44. 除资金清算外，基金会计核算、投资监督等基金托管的主要业务活动都可以通过技术系统完成。（　　）

　　A. 正确　　　　　　　　　　　　　　B. 错误

45. 业务运作中，要为基金设立独立的账户，单独核算，分账管理。（　　）

　　A. 正确　　　　　　　　　　　　　　B. 错误

参考答案

一、单项选择题

1. B	2. D	3. B	4. B	5. C
6. A	7. C	8. A	9. A	10. D
11. D	12. B	13. C	14. B	15. C
16. C	17. D	18. A	19. D	20. A
21. B	22. A	23. A	24. B	25. B
26. A	27. C	28. A	29. B	30. C

31. A	32. D	33. A	34. D	35. A
36. B	37. C	38. B	39. C	40. A
41. A	42. C	43. D	44. A	45. D
46. B	47. B	48. C	49. A	50. C
51. D	52. B			

二、多项选择题

1. ABCD	2. ACD	3. ABCD	4. BCD	5. ABCD
6. CD	7. ABC	8. ABC	9. ABCD	10. ABD
11. ABC	12. BCD	13. ABCD	14. BD	15. ABCD
16. ACD	17. ABCD	18. CD	19. CD	20. ABD
21. BD	22. BCD	23. ACD	24. ABCD	25. BCD
26. ABC	27. ABD	28. ABCD	29. BC	30. ABCD
31. BC	32. ACD	33. ABC	34. ABCD	35. BC
36. ABCD	37. CD	38. ABCD	39. BCD	40. ABCD
41. BCD	42. ABCD	43. AC		

三、判断题

1. B	2. B	3. B	4. B	5. B
6. A	7. A	8. A	9. A	10. B
11. B	12. A	13. A	14. A	15. B
16. A	17. B	18. B	19. A	20. A
21. B	22. B	23. A	24. B	25. B
26. B	27. B	28. A	29. B	30. A
31. A	32. B	33. A	34. B	35. B
36. A	37. B	38. B	39. B	40. A
41. A	42. A	43. B	44. B	45. A

第六章 基金的市场营销

一、本章考纲

了解基金市场营销的含义与特征，掌握基金市场营销的内容。

了解基金产品的设计与定价。

了解基金的销售渠道与促销手段，了解基金客户服务的方式。

了解销售机构的准入条件，了解有关法规针对基金销售机构职责的规范。

熟悉对基金销售人员行为的规范，熟悉对基金宣传推介材料和活动的规范，掌握对基金销售费用的规范，熟悉基金销售适用性的内容，熟悉反洗钱客户风险等级划分标准，了解基金投资者教育活动的意义。

了解基金销售业务信息管理的内容。

熟悉基金销售机构内部控制的概念、目标、原则与主要内容。

二、本章知识体系

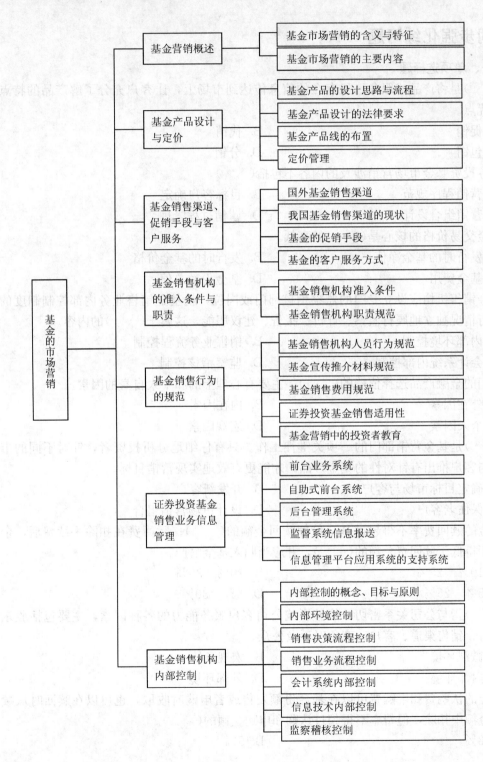

三、同步强化练习题及参考答案

同步强化练习题

一、单项选择题

1. (   )是将产品或服务已经存在的信息传达到市场上，让客户充分了解产品的特点和优点。
   A. 促销
   B. 代销
   C. 包销
   D. 分销

2. 证券投资基金市场营销涉及的内容不包括(   )。
   A. 营销程序规范
   B. 目标客户确定
   C. 营销组合设计
   D. 营销过程管理

3. 基金交易价格的核心是(   )的高低。
   A. 发行时的基金净值
   B. 发行时的基金价格
   C. 基金费用
   D. 基金份额总值

4. 基金销售机构应设立专门的监察稽核部门或岗位，就基金销售业务内部控制制度的执行情况独立地履行监察、评价、报告、建议职能，这属于(   )的内容。
   A. 内部环境控制
   B. 销售业务流程控制
   C. 会计系统内部控制
   D. 监察稽核控制

5. 人们的金融产品选择依赖的(   )，主要有心理上的和个人自身的因素。
   A. 外在因素
   B. 内在因素
   C. 个人因素
   D. 宏观因素

6. (   )是基金营销部门的一项关键性工作。只有仔细地分析投资者，针对不同的市场与客户推出有针对性的基金产品，才能更有效地实现营销目标。
   A. 确定目标市场与客户
   B. 开发新客户
   C. 保住老客户
   D. 设计市场营销组合

7. 基金的赎回费率不得超过基金份额赎回金额的(   )；赎回费在扣除手续费后，余额不得低于赎回费总额的(   )，并应当归入基金财产。
   A. 10%　25%
   B. 10%　30%
   C. 5%　25%
   D. 5%　30%

8. (   )指与公司关系密切、能够影响公司客户服务能力的各种因素，主要包括股东支持、销售渠道、客户、竞争对手及公众。
   A. 微观环境
   B. 宏观环境
   C. 内部环境
   D. 外部环境

9. 基金的认购费和申购费可以在基金份额发售或者申购时收取，也可以在赎回时从赎回金额中扣除，但费率不得超过认购和申购金额的(   )。
   A. 3%
   B. 5%

C. 15%   D. 25%

10. 基金产品线是指一家基金管理公司所拥有的不同基金产品及其组合。考察基金产品线的内涵一般不包括(　　)。
    A. 产品线的长度   B. 产品线的宽度
    C. 产品线的深度   D. 产品线的高度

11. 信息管理平台的系统数据应当逐日备份并异地妥善存放，系统运行数据中涉及基金投资人信息和交易记录的备份应当在不可修改的介质上保存(　　)年。
    A. 5   B. 10
    C. 15   D. 20

12. (　　)是证券投资基金市场营销的中心。
    A. 确定目标客户   B. 设计市场营销组合
    C. 市场营销实施   D. 营销过程管理

13. (　　)是将所销售产品的价格定位于与目标市场对该产品所认识的价值相匹配的价值之上，这是基金营销取得成功的关键。
    A. 产品   B. 定价
    C. 促销   D. 分销

14. 建立基金品牌的最重要的因素是(　　)。
    A. 营销   B. 服务
    C. 业绩   D. 渠道

15. 与一般有形产品的营销相比，基金对营销人员的专业水平有更高的要求。这体现了基金市场营销的(　　)特征。
    A. 规范性   B. 服务性
    C. 专业性   D. 持续性

16. 目前，我国开放式基金的销售体系不包括(　　)。
    A. 专业人员代销   B. 银行代销
    C. 证券公司代销   D. 基金管理公司直销

17. 产品线的(　　)，即一家基金管理公司所拥有的基金产品的总数。
    A. 高度   B. 长度
    C. 宽度   D. 深度

18. 产品线的(　　)，即一家基金管理公司所拥有的基金产品的大类有多少。
    A. 高度   B. 长度
    C. 宽度   D. 深度

19. 产品线的(　　)，即一家基金管理公司所拥有的基金产品大类中有多少更细化的子类基金。
    A. 高度   B. 长度
    C. 宽度   D. 深度

20. 基金销售机构内部控制应履行的原则不包括(　　)。
    A. 健全性原则   B. 有效性原则

C. 独立性原则　　　　　　　　D. 自主性原则

21. (　　) 是为投资额较大的个人投资者和机构投资者提供的最具个性化的服务。
    A. 专人服务　　　　　　　　B. 邮寄服务
    C. 自动传真、电子信箱与手机短信　D. 电话服务中心

22. 商业银行申请基金代销业务资格，应当财务状况良好，运作规范稳定。最近(　　)年内没有因违法违规行为受到行政处罚或者刑事处罚。
    A. 1　　　　　　　　　　　　B. 2
    C. 3　　　　　　　　　　　　D. 4

23. 证券投资咨询机构申请基金代销业务资格应当具备的条件有注册资本不低于(　　)万元人民币，且必须为实缴货币资本。
    A. 1000　　　　　　　　　　B. 2000
    C. 3000　　　　　　　　　　D. 4000

24. 证券投资咨询机构申请基金代销业务资格应当具备的条件有高级管理人员已取得基金从业资格，熟悉基金代销业务，并具备从事 2 年以上基金业务或者(　　)年以上证券、金融业务的工作经历。
    A. 3　　　　　　　　　　　　B. 4
    C. 5　　　　　　　　　　　　D. 6

25. 专业基金销售机构申请基金代销业务资格应当具备的条件有取得基金从业资格的人员不少于 30 人，且不低于员工人数的(　　)。
    A. 1/3　　　　　　　　　　　B. 1/2
    C. 2/3　　　　　　　　　　　D. 3/4

26. 巨额赎回风险是开放式基金所特有的一种风险，即当单个交易日基金的净赎回申请超过基金总份额的(　　)时，投资人将可能无法及时赎回持有的全部基金份额。
    A. 5%　　　　　　　　　　　B. 10%
    C. 15%　　　　　　　　　　　D. 20%

27. 下列基金费率不属于投资者在买进与卖出基金环节一次性支出的费用的是(　　)。
    A. 管理费率　　　　　　　　B. 认购费率
    C. 申购费率　　　　　　　　D. 赎回费率

28. 基金销售机构在实施基金销售适用性的过程中应当遵循的原则不包括(　　)。
    A. 投资人利益优先原则　　　B. 全面性原则
    C. 客观性原则　　　　　　　D. 公平性原则

29. 认购费和申购费可以采用在基金份额发售或者申购时收取的前端收费方式，也可以采用在赎回时从赎回金额中扣除的后端收费方式，但费率不得超过认购或申购金额的(　　)。
    A. 5%　　　　　　　　　　　B. 10%
    C. 15%　　　　　　　　　　　D. 20%

30. (　　)主要是指直接面对基金投资人，或者与基金投资人的交易活动直接相关的应用系统。

A. 前台业务系统　　　　　　　　　　B. 自助式前台系统

C. 后台管理系统　　　　　　　　　　D. 后台业务系统

31. 我国《证券投资基金管理暂行办法》规定，基金管理人保存基金份额持有人的开户资料和与销售业务有关的其他资料必须在（　　　）。

A. 3 年以上　　　　　　　　　　　　B. 5 年以上

C. 10 年以上　　　　　　　　　　　 D. 15 年以上

32. 为了保护投资者的利益，监管部门从基金销售机构、基金营销人员、基金销售费用、基金销售宣传推介等多个角度制定了基金营销活动的监管规定。这体现了基金市场营销的（　　　）特征。

A. 规范性　　　　　　　　　　　　　B. 服务性

C. 专业性　　　　　　　　　　　　　D. 持续性

33. （　　　）是对基金销售机构进行基金营销的各种内部、外部因素的统称。

A. 微观环境　　　　　　　　　　　　B. 宏观环境

C. 营销环境　　　　　　　　　　　　D. 外部环境

34. 美国有世界上最多元化的基金销售渠道，但仍然严重依赖于（　　　）渠道。

A. 会计师事务所　　　　　　　　　　B. 投资顾问

C. 证券公司　　　　　　　　　　　　D. 直销

35. 证券投资基金在投资过程中出现的正常经营性亏损由（　　　）。

A. 基金投资人共同承担　　　　　　　B. 基金管理人负责承担

C. 基金托管人负责承担　　　　　　　D. 基金发起人共同承担

36. （　　　）是将产品或服务的信息传达到市场上，通过各种有效媒体在目标市场上宣传产品的特点和优点。

A. 分销　　　　　　　　　　　　　　B. 促销

C. 代销　　　　　　　　　　　　　　D. 传销

37. （　　　）的主要任务是使客户在需要的时间和地点以便捷的方式获得产品。

A. 渠道　　　　　　　　　　　　　　B. 促销

C. 代销　　　　　　　　　　　　　　D. 传销

38. 基金管理人委托其他机构代为办理开放式基金认购、申购、赎回业务的，应当与有关机构签订（　　　）。

A. 注册登记协议　　　　　　　　　　B. 托管协议

C. 投资管理协议　　　　　　　　　　D. 委托代理协议

39. （　　　）是满足投资者需求的手段。

A. 渠道　　　　　　　　　　　　　　B. 促销

C. 代销　　　　　　　　　　　　　　D. 产品

40. （　　　）是指包括估计市场营销战略和计划的成果，并采取正确的行动以保证实现目标。

A. 市场营销分析　　　　　　　　　　B. 市场营销计划

C. 市场营销实施　　　　　　　　　　D. 市场营销控制

41. 基金销售机构内部控制的（　　）原则，即通过科学的内部控制制度与方法，建立合理的内部控制程序，确保内部控制制度的有效执行。
    A. 审慎性
    B. 独立性
    C. 健全性
    D. 有效性

42. 人们的金融产品选择依赖（　　）如个人成长的文化背景、社会阶层、家庭、身份和社会地位。
    A. 外在因素
    B. 内在因素
    C. 个人自身因素
    D. 环境因素

43. 国际上，开放式基金的销售主要分为直销和（　　）两种方式。
    A. 分销
    B. 促销
    C. 代销
    D. 传销

44. 从历史上看，欧洲大陆的（　　）占据了基金销售的绝对市场份额。
    A. 商业银行
    B. 保险公司
    C. 证券公司
    D. 基金公司

45. （　　）是指基金管理人要对有关信息进行收集、总结并认真评价，以找到有吸引力的机会和避开环境中的威胁因素。
    A. 市场营销分析
    B. 市场营销计划
    C. 市场营销实施
    D. 市场营销控制

46. （　　）一般具有强大的销售力量和网络渠道，在推销保险产品的同时可以销售基金产品。
    A. 商业银行
    B. 保险公司
    C. 证券公司
    D. 基金公司

47. （　　）多属于阶段性或短期性的刺激工具，用以鼓励投资者在短期内较迅速和较大量地购买某一基金产品。
    A. 人员推销
    B. 广告促销
    C. 营业推广
    D. 公共关系

二、多项选择题

1. 在基金营销环境的要素中，机构的（　　）会对基金营销产生重要的影响。
    A. 股权结构
    B. 经营流程
    C. 经营策略
    D. 资本实力

2. 《证券投资基金销售管理办法》第9条规定了商业银行申请基金代销业务资格应当具备的条件，主要有（　　）。
    A. 有专门负责基金代销业务的部门
    B. 财务状况良好，运作规范稳定，最近2年内没有因违法违规行为受到行政处罚或者刑事处罚
    C. 资本充足率符合国务院银行业监督管理机构的有关规定
    D. 公司及其主要分支机构负责基金代销业务的部门取得基金从业资格的人员不得低于该部门人员人数的1/3

3. 网上交易的优势主要体现在(　　　)。

 A. 可以突破基金代销网点覆盖地域不足的限制

 B. 使客户足不出户就可以得到基金开户、申购和赎回的便利

 C. 可以提供更好的理财服务

 D. 受到广大中小投资者的欢迎

4. 基金营销不同于有形产品营销，有其特殊性，主要体现在(　　　)。

 A. 专业性　　　　　　　　　　　B. 适用性

 C. 服务性　　　　　　　　　　　D. 持续性

5. 基金销售业务信息管理平台主要包括(　　　)。

 A. 前台业务系统　　　　　　　　B. 后台管理系统

 C. 综合业务系统　　　　　　　　D. 应用系统的支持系统

6. (　　　)可以向中国证监会申请基金代销业务资格。

 A. 商业银行　　　　　　　　　　B. 证券投资咨询机构

 C. 保险公司　　　　　　　　　　D. 证券公司

7. 证券投资基金代销人员的禁止行为有(　　　)。

 A. 向投资者进行欺骗性宣传

 B. 以低于成本的销售费率销售基金

 C. 挪用基金份额持有人的认购、申购、赎回资金

 D. 采取抽奖、回扣或者送实物、保险、基金份额等方式销售基金

8. 公共关系所关注的是基金公司为赢得各类公众尊敬所做的努力，这些公众包括(　　　)。

 A. 股东　　　　　　　　　　　　B. 监管机构

 C. 新闻媒介　　　　　　　　　　D. 基金公司经理

9. 基金管理公司在设计基金品种时应当考虑的因素有(　　　)。

 A. 客户结构　　　　　　　　　　B. 投资市场需求

 C. 基金管理公司的运作能力　　　D. 基金管理公司大股东的意愿

10. 利用交易所交易系统平台进行基金销售的优势在于(　　　)。

 A. 可以加强与客户之间的沟通与交流

 B. 在一定程度上摆脱了开放式基金募集对商业银行的严重依赖

 C. 可以为投资者提供个性化的服务

 D. 交易费用较传统的柜台销售方式有很大的成本优势

11. 基金投资者教育的主要目的是使投资者充分了解(　　　)。

 A. 基金　　　　　　　　　　　　B. 市场

 C. 历史　　　　　　　　　　　　D. 管理公司

12. 前台业务系统对基金交易账户以及基金投资人信息管理功能主要包括(　　　)。

 A. 开户　　　　　　　　　　　　B. 基金投资人风险承受能力调查和评价

 C. 基金投资人信息查询　　　　　D. 基金投资人信息修改

13. 信息管理平台应用系统的支持系统包括(　　　)。

A. 数据库　　　　　　　　　　　B. 服务器

C. 网络通信　　　　　　　　　　D. 安全保障

14. 基金产品定价主要包括(　　　)。

　　A. 认购费率　　　　　　　　　　B. 申购费率

　　C. 赎回费率　　　　　　　　　　D. 管理费率和托管费率

15. 代销是一种通过(　　　)等代销机构销售基金的方法。

　　A. 银行　　　　　　　　　　　　B. 证券公司

　　C. 保险公司　　　　　　　　　　D. 财务顾问公司

16. 基金产品定价需要考虑的因素有(　　　)。

　　A. 基金产品的类型　　　　　　　B. 市场环境

　　C. 客户特性　　　　　　　　　　D. 渠道特性

17. 直销是不通过中介机构而是由基金管理人附属的销售机构把基金份额直接出售给投资者的模式，一般通过(　　　)等实现。

　　A. 邮寄　　　　　　　　　　　　B. 电话

　　C. 互联网　　　　　　　　　　　D. 直属的分支机构网点

18. 下列关于基金销售宣传的说法正确的是(　　　)。

　　A. 基金的设立申请获得中国证监会核准前，不得以任何形式宣传和销售该基金

　　B. 基金的宣传资料应当事后向中国证监会备案

　　C. 基金的销售宣传内容不得引用过往业绩

　　D. 基金的销售宣传内容引用的数据和统计资料可以不注明出处

19. 在基金销售过程中，基金管理公司禁止从事的行为包括(　　　)。

　　A. 向投资人做虚假陈述、欺骗性宣传，误导投资人买卖基金

　　B. 向投资人索取额外费用

　　C. 向任何个人或者机构以强制、抽奖等不正当方式销售基金

　　D. 不得以任何形式向投资人保证获利或承诺最低收益

20. 根据中国证监会《证券投资基金销售活动管理暂行规定》，基金管理公司、基金代销机构不得从事的不正当竞争行为包括(　　　)。

　　A. 捏造、散布虚假事实，诋毁竞争对手的商业信誉或者损害商业信誉

　　B. 以排挤竞争对手为目的，恶意压低基金的服务收费

　　C. 销售基金时给予中间人佣金的并且明示的

　　D. 中国证监会规定的其他行为

21. 基金业最常用的营业推广手段包括(　　　)。

　　A. 销售点宣传　　　　　　　　　B. 激励

　　C. 投资者交流　　　　　　　　　D. 优惠

22. 基金管理公司在实施促销活动时，首先要制定促销计划，促销计划包括(　　　)。

　　A. 确立目标　　　　　　　　　　B. 选择媒体

　　C. 制作广告　　　　　　　　　　D. 编写推广材料

23. 市场营销控制包括估计市场营销战略和计划的成果，并采取正确的行动以保证实现

目标。控制过程包括（　　　）。

A. 管理部门先设定具体的市场营销目标

B. 衡量企业在市场中的业绩

C. 估计希望业绩和实际业绩之间存在差异的原因

D. 最后管理部门采取正确的行动，以此弥补目标与业绩之间的差距

24. 基金业常用的促销手段包括（　　　）。

A. 人员推销
B. 广告促销
C. 营业推广
D. 公共关系

25. 在营销环境的诸多因素中，基金管理人最需要关注（　　　）。

A. 公司本身的情况
B. 影响投资者的因素
C. 监管机构对基金营销的监管
D. 控股公司的运营状况

26. 《证券投资基金销售管理办法》第九条规定商业银行申请基金代销业务的资格，应当具备的条件主要包括（　　　）。

A. 资本充足率符合国务院银行业监督管理机构的有关规定

B. 有专门负责基金托管业务的部门

C. 财务状况良好，运作规范稳定，最近三年内没有因违规违法行为受到行政处罚或刑事处罚

D. 具有健全的法人治理结构、完善的内部控制和风险管理制度，并得到有效执行

27. 公共关系所关注的是基金管理人为赢得公众尊敬所做的努力，这些公众关系包括（　　　）。

A. 新闻媒介
B. 股东
C. 业内机构
D. 基金公司经理

28. 基金宣传推介材料包括（　　　）。

A. 公开出版资料
B. 宣传单
C. 手册
D. 信函

29. 关于基金销售费用规范描述正确的有（　　　）。

A. 基金的认购费和申购费可以在基金份额发售或者申购时收取，也可以在赎回时从赎回金额中扣除，但费率不得超过认购和申购金额的5%

B. 赎回费率不得超过基金份额赎回金额的5%

C. 赎回费在扣除手续费后，余额不得低于赎回费总额的25%，并应当归入基金财产

D. 赎回费在扣除手续费后，余额不得低于赎回费总额的15%，并应当归入基金财产

30. 基金代销机构对基金管理人进行审慎调查，要了解基金管理人的下述情况（　　　）。

A. 诚信状况
B. 经营管理能力
C. 投资管理能力
D. 内部控制情况

31. 基金产品的风险按等级来分，至少可以分为（　　　）。

A. 低风险等级
B. 中风险等级

C. 大风险等级　　　　　　　　　D. 高风险等级

32. 投资人风险承受能力主要包括（　　）。
    A. 保守型　　　　　　　　　　　B. 稳健型
    C. 积极型　　　　　　　　　　　D. 消极型

33. 基金管理公司和托管银行可以通过（　　）等方式开展基金投资者教育活动。
    A. 网站　　　　　　　　　　　　B. 座谈会
    C. 报告会　　　　　　　　　　　D. 柜台现场讲解

34. 基金管理人在进行证券投资管理时应遵循（　　）原则。
    A. 勤勉尽责　　　　　　　　　　B. 诚实信用
    C. 风险、收益相匹配　　　　　　D. 管理层决策优于契约约定

35. 基金销售业务信息管理平台主要包括（　　）。
    A. 前台业务系统　　　　　　　　B. 综合业务系统
    C. 后台管理系统　　　　　　　　D. 应用系统的支持系统

36. 基金管理人要对有关信息进行收集、总结并认真评价，以找到有吸引力的机会和避开环境中的威胁因素，其内容包括（　　）。
    A. 评估基金公司的微观环境和宏观环境
    B. 收集、分析金融市场、相关基金产品、本公司以往的历史数据
    C. 分析基金公司拟发行基金的目标市场
    D. 评估基金公司的外部因素和内部因素

37. 基金管理人通常设立一个独立的客户服务部门，通过一套完整的客户服务流程，一系列完备的软、硬件设施，以系统化的方式，应用（　　）实现客户服务。
    A. 电话服务中心　　　　　　　　B. 媒体和宣传手册的应用
    C. 讲座、推介会和座谈会　　　　D. "一对一"专人服务

38. 市场营销控制过程主要包括（　　）。
    A. 管理部门评估广告投入效果，不同渠道的资源投入，及时采取正确的行动，以此弥补目标与业绩之间的差距
    B. 管理部门设定具体的市场营销目标，通常对不同的营销活动或单独的项目，如新基金的发行等制定不同的预算
    C. 衡量企业在市场中的销售业绩，检查销售时间表是否得到执行
    D. 分析目标业绩和实际业绩之间存在差异的原因以及预算收支不平衡的原因等

39. 前台业务系统应当具备的功能有（　　）。
    A. 提供投资咨询功能　　　　　　B. 基金投资人信息管理功能
    C. 交易功能　　　　　　　　　　D. 防止发生基金投资人盘后交易的行为

40. 关于证券投资咨询机构申请基金代销业务资格应当具备的条件，下列说法错误的有（　　）。
    A. 最近 5 年内没有因违法违规行为受到行政处罚和刑事处罚
    B. 注册资本不低于 3000 万元人民币，且必须为实缴货币资本
    C. 高级管理人员已取得基金从业资格，熟悉基金代销业务，并具备从事 3 年以上

基金业务或者 5 年以上证券、金融业务的工作经历

D. 持续从事证券投资咨询业务 3 个以上完整会计年度

41. 证券投资基金市场营销不同于有形产品营销，有其特殊性，主要体现在（　　）。

A. 服务性　　　　　　　　　　　　B. 专业性

C. 持续性　　　　　　　　　　　　D. 适用性

42. 基金市场营销涉及的内容包括（　　）。

A. 目标市场与客户的确定　　　　　B. 营销环境的分析

C. 营销组合的设计　　　　　　　　D. 营销过程的管理

43. 在营销环境的诸多因素中，基金管理人最需要关注的方面包括（　　）。

A. 机构本身的情况　　　　　　　　B. 影响投资者决策的因素

C. 监管机构对基金营销的规范　　　D. 外部因素

44. 营销组合的要素包括（　　）。

A. 产品　　　　　　　　　　　　　B. 费率

C. 渠道　　　　　　　　　　　　　D. 促销

45. 为找到和实施适当的营销组合策略，基金销售机构要进行市场营销的（　　）。

A. 分析　　　　　　　　　　　　　B. 计划

C. 实施　　　　　　　　　　　　　D. 控制

46. 基金市场营销分析的具体内容包括（　　）。

A. 设定具体的市场营销目标

B. 收集、分析金融市场、相关基金产品、本公司以往的历史数据

C. 分析拟发行基金的目标市场

D. 评估外部因素和内部因素

47. 基金市场营销计划内容包括（　　）。

A. 计划实施概要

B. 市场营销现状、市场威胁和市场机会

C. 目标市场和可能存在的问题、市场营销战略

D. 行动方案、预算和控制

48. 市场营销控制包括的步骤有（　　）。

A. 管理部门设定具体的市场营销目标

B. 衡量企业在市场中的销售业绩，检查销售时间表是否得到执行

C. 分析目标业绩和实际业绩之间存在差异的原因以及预算收支不平衡的原因等

D. 管理部门评估广告投入效果、不同渠道的资源投入

49. 基金产品线的内涵通常从（　　）方面考察。

A. 产品线的长度　　　　　　　　　B. 产品线的宽度

C. 产品线的深度　　　　　　　　　D. 产品线的高度

50. 常见的基金产品线类型包括（　　）。

A. 矩阵式　　　　　　　　　　　　B. 水平式

C. 垂直式　　　　　　　　　　　　D. 综合式

三、判断题

1. 基金宣传推介材料表述基金业绩，数据应当经中国证监会复核。（　　）
   A. 正确　　　　　　　　　　　　B. 错误

2. 相对于代销而言，直销能对客户的财务状况更了解，控制力更强。（　　）
   A. 正确　　　　　　　　　　　　B. 错误

3. 促销是实现市场营销的最终目的的手段。（　　）
   A. 正确　　　　　　　　　　　　B. 错误

4. 营销的宏观环境指能够影响整个微观环境的广泛的社会性因素，包括人口、经济、政治、法律、技术、文化等因素。（　　）
   A. 正确　　　　　　　　　　　　B. 错误

5. 基金管理人、代销机构及其工作人员在从事基金销售活动时，不得以排挤竞争对手为目的，压低基金的收费水平。（　　）
   A. 正确　　　　　　　　　　　　B. 错误

6. 基金的宣传内容必须含有明确的风险揭示和警示性文字，提醒投资人注意投资有风险，应仔细阅读基金的销售文件。（　　）
   A. 正确　　　　　　　　　　　　B. 错误

7. 基金管理人应在有基金托管资格的商业银行开立与基金销售有关的账户，并由该银行对账户内的资金进行监督。（　　）
   A. 正确　　　　　　　　　　　　B. 错误

8. 任何人都可以从事基金销售活动，从事宣传推介基金的活动。（　　）
   A. 正确　　　　　　　　　　　　B. 错误

9. 基金管理人可以根据投资者的认购金额＼申购金额的数量适用不同的认购＼申购费率标准，也可以根据基金份额持有人持有基金份额的期限适用不同的赎回费率标准。（　　）
   A. 正确　　　　　　　　　　　　B. 错误

10. 后台管理系统应当具备交易清算、资金处理的功能，以便完成与基金注册登记系统、银行系统的数据交换。（　　）
    A. 正确　　　　　　　　　　　　B. 错误

11. 证券投资基金的市场营销是基金销售机构从市场和客户需要出发所进行的基金产品设计、销售、售后服务等一系列活动的总称。（　　）
    A. 正确　　　　　　　　　　　　B. 错误

12. 证券投资基金属于金融服务行业，其市场营销和有形产品营销相同。（　　）
    A. 正确　　　　　　　　　　　　B. 错误

13. 基金市场营销具有持续性的特征。（　　）
    A. 正确　　　　　　　　　　　　B. 错误

14. 在营销环境的诸多因素中，基金管理人需要关注机构本身的情况。（　　）
    A. 正确　　　　　　　　　　　　B. 错误

15. 价格是营销组合的四大要素之一。（　　）

A. 正确   B. 错误

16. 渠道的主要任务是使客户在需要的时间和地点以便捷的方式获得产品。（　　）

    A. 正确   B. 错误

17. 营销计划是指将有助于公司实现战略总目标的营销战略形成具体方案。（　　）

    A. 正确   B. 错误

18. 公司的组织结构在执行市场营销战略中的作用不大。（　　）

    A. 正确   B. 错误

19. 基金产品的设计，首先，要选择与目标客户风险收益偏好相适应的金融工具及其组合。（　　）

    A. 正确   B. 错误

20. 基金产品线是指一家基金管理公司所拥有的不同基金产品及其组合。（　　）

    A. 正确   B. 错误

21. 按国际惯例，我们通常根据基金产品的风险收益特征将基金产品分成股票基金、混合基金、债券基金和货币市场基金四大类。（　　）

    A. 正确   B. 错误

22. 水平式是常见的基金产品线类型。（　　）

    A. 正确   B. 错误

23. 基金产品定价时不需要考虑市场环境因素。（　　）

    A. 正确   B. 错误

24. 国际上，开放式基金的销售主要分为直销和传销两种方式。（　　）

    A. 正确   B. 错误

25. 代销是一种通过基金公司、证券公司、保险公司、财务顾问公司等代销机构销售基金的方法。（　　）

    A. 正确   B. 错误

26. 直销是指基金管理公司将基金直接销售给公众，而不经过银行等中介机构进行的销售。（　　）

    A. 正确   B. 错误

27. 美国有世界上最多元化的基金销售渠道，但仍然严重依赖于促销手段。（　　）

    A. 正确   B. 错误

28. 目前，我国开放式基金的销售逐渐形成了银行代销、证券公司代销、基金管理公司直销的销售体系。（　　）

    A. 正确   B. 错误

29. 在我国，大众投资群体仍以银行储蓄为主要金融资产，商业银行具有广泛的客户基础。（　　）

    A. 正确   B. 错误

30. 客户服务是基金营销的重要组成部分，通过销售人员主动及时地开发市场，争取客户认同，建立与客户的长期关系，奠定有广度和深度的客户基础，才能达到业务拓展和提升市场占有率的目标。（　　）

A. 正确   B. 错误

31. 基金销售的服务性反映了从投资人的需要出发向投资人销售合适的产品，坚持了投资人利益优先的原则，也是监管机构对基金销售的要求。（   ）
   A. 正确   B. 错误

32. 虽然基金管理公司的直销队伍规模相对较小，但可以提供更好的、持续的理财服务，更容易留住客户并发展一些大客户，形成忠实的客户群。（   ）
   A. 正确   B. 错误

33. 市场营销分析是指为实现战略营销目标而把营销计划转变为营销行动的过程，包括日复一日、月复一月有效地贯彻营销计划活动。（   ）
   A. 正确   B. 错误

34. 基金销售的专业性反映了从投资人的需要出发向投资人销售合适的产品，坚持了投资人利益优先的原则，也是监管机构对基金销售的要求。（   ）
   A. 正确   B. 错误

35. 成功的市场营销实施取决于公司能否将行动方案、组织结构、决策和奖励制度、人力资源和企业文化等相关要素组合出一个能支持企业战略的、结合紧密的行动方案。（   ）
   A. 正确   B. 错误

36. 基金销售机构应在内部每日完成各销售网点与基金销售总部的信息与资金的对账，在外部定期完成与客户和基金注册登记机构的信息与资金的对账。（   ）
   A. 正确   B. 错误

37. 在现有开放式基金销售过程中，商业银行主要是为基金的销售提供了完善的硬件设施和客户群，但销售方式在一定程度上停留在被动销售的水平上。（   ）
   A. 正确   B. 错误

38. 出于商业秘密的考虑，基金管理人、代销机构对机构投资者适用优惠费率，可以不进行公告。（   ）
   A. 正确   B. 错误

39. 基金管理人可以根据投资者的认购金额、申购金额的数量适用不同的认购、申购费率标准，也可以根据基金份额持有人持有基金份额的期限适用不同的赎回费率标准。（   ）
   A. 正确   B. 错误

40. 系统运行数据中涉及基金投资人信息和交易记录的备份应当在不可修改的介质上保存 10 年。（   ）
   A. 正确   B. 错误

41. 巨额赎回风险是开放式基金所特有的一种风险，即当单个交易日基金的净赎回申请超过基金总份额的 15％ 时，投资人将可能无法及时赎回持有的全部基金份额。（   ）
   A. 正确   B. 错误

参考答案

一、单项选择题

1. A	2. A	3. C	4. D	5. B
6. A	7. C	8. A	9. B	10. D
11. C	12. A	13. B	14. C	15. C
16. A	17. B	18. C	19. D	20. D
21. A	22. C	23. B	24. C	25. B
26. B	27. A	28. D	29. A	30. A
31. D	32. A	33. C	34. B	35. A
36. B	37. A	38. C	39. D	40. D
41. D	42. A	43. C	44. A	45. A
46. B	47. C			

二、多项选择题

1. ACD	2. AC	3. ABD	4. ABCD	5. ABD
6. ABD	7. ABCD	8. ABC	9. ABC	10. BD
11. ABCD	12. ABCD	13. ABCD	14. ABCD	15. ABCD
16. ABCD	17. ABCD	18. AB	19. ABC	20. ABD
21. ABCD	22. ABCD	23. ABCD	24. ABCD	25. ABC
26. ACD	27. ABC	28. ABCD	29. ABC	30. ABCD
31. ABD	32. ABC	33. ABCD	34. AB	35. ACD
36. BCD	37. ABCD	38. ABCD	39. ABC	40. ABC
41. ABCD	42. ABCD	43. ABC	44. ABCD	45. ABCD
46. BCD	47. ABCD	48. ABCD	49. ABC	50. BCD

三、判断题

1. B	2. A	3. B	4. A	5. A
6. A	7. A	8. B	9. A	10. A
11. A	12. B	13. A	14. A	15. B
16. A	17. A	18. B	19. B	20. A
21. A	22. A	23. B	24. B	25. B
26. A	27. B	28. A	29. A	30. A
31. B	32. A	33. B	34. B	35. B
36. A	37. A	38. B	39. A	40. B
41. B				

第七章　基金的估值、费用与会计核算

一、本章考纲

　　掌握基金资产估值的概念，了解基金资产估值的重要性，了解基金资产估值需考虑的因素，掌握我国基金资产估值的方法；掌握计算错误的处理及责任承担，了解暂停估值的情形。了解 QDII 基金资产的估值。

　　掌握基金运作过程中的两类费用的区别，熟悉基金费用的种类，掌握各种费用的计提标准及计提方式。

　　掌握基金会计核算的特点，了解基金会计核算的主要内容。

　　了解基金财务会计报表分析的目的，熟悉基金财务会计报表分析的方法。

二、本章知识体系

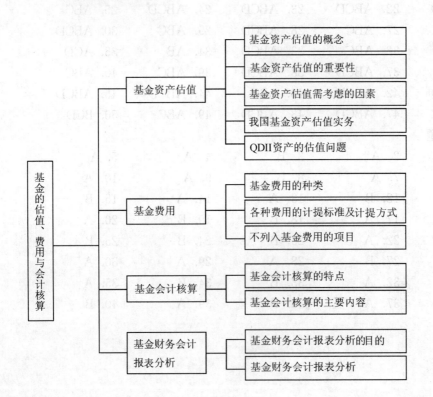

三、同步强化练习题及参考答案

同步强化练习题

一、单项选择题

1. 目前，我国开放式基金根据基金合同的规定比例计提基金托管费，通常低于（　　）。
   A. 0.15%
   B. 0.2%
   C. 0.25%
   D. 0.5%

2. （　　）是证券投资基金会计核算的责任主体，对所管理的基金应当以每只基金为会计核算主体，独立建账、独立核算，保证不同基金在名册登记、账户设置、资金划拨、账簿记录等方面相互独立。
   A. 基金托管人
   B. 基金管理人
   C. 基金发行人
   D. 基金管理公司

3. 作为基金会计的责任主体承担主会计责任的是（　　）。
   A. 基金托管人
   B. 基金管理人
   C. 基金发行人
   D. 基金管理公司

4. 如基金运作发生的费用小于基金净值（　　），应于发生时直接计入基金损益。
   A. 十万分之一
   B. 十万分之二
   C. 万分之五
   D. 万分之一

5. 基金托管费年费率国际上通常为（　　）左右。
   A. 0.15%
   B. 0.2%
   C. 0.25%
   D. 0.5%

6. 基金会计报表不包括（　　）。
   A. 职工工资表
   B. 资产负债表
   C. 利润表
   D. 净值变动表

7. 下列与基金有关的费用不能从基金财产中列支的是（　　）。
   A. 基金转换费
   B. 基金管理人的管理费
   C. 销售服务费
   D. 基金托管人的托管费

8. 下列不属于基金投资风格分析的是（　　）。
   A. 持仓集中度分析
   B. 基金持仓股本规模分析
   C. 基金持仓结构分析
   D. 基金持仓成长性分析

9. （　　）指为保证基金正常运作而发生的应由基金承担的费用，包括审计费、律师费、上市年费、信息披露费、分红手续费、持有人大会费、开户费、银行汇划手续费等。
   A. 基金运作费
   B. 基金托管费
   C. 基金销售费
   D. 基企管理费

10. 在证券衍生工具基金中，（　　）管理费率一般最高。
    A. 认股权证基金
    B. 股票基金

C. 债券基金 D. 货币市场基金

11. （   ）定期评估基金行业的估值原则和程序，并对活跃市场上没有市价的投资品
    种、不存在活跃市场的投资品种提出具体估值意见。
    A. 基金估值工作小组 B. 托管银行
    C. 基金管理公司 D. 基金注册登记机构

12. （   ）是计算投资者申购基金份额、赎回资金金额的基础，也是评价基金投资业绩
    的基础指标之一。
    A. 基金负债总值 B. 基金资产总值
    C. 基金资产净值 D. 基金份额净值

13. 目前，我国的开放式基金的估值频率是（   ）。
    A. 每个交易日 B. 每两个交易日
    C. 每周 D. 无明确规定

14. 封闭式基金（   ）披露一次基金份额净值，但每个交易日也都进行估值。
    A. 每个交易日 B. 每两个交易日
    C. 每周 D. 每月

15. 2008年9月12日，（   ）发布了《关于进一步规范证券投资基金估值业务的指导
    意见》，对基金估值业务，特别是长期停牌股票等没有市价的投资品种的估值等问
    题做了进一步规范。
    A. 中国证监会 B. 中国证券业协会
    C. 证券交易所 D. 国务院

16. 我国基金资产估值的责任人是（   ）。
    A. 基金托管人 B. 基金管理人
    C. 基金发行人 D. 基金所有人

17. （   ）对基金管理人的估值结果负有复核责任。
    A. 基金托管人 B. 基金管理公司
    C. 基金发行人 D. 基金所有人

18. 为准确、及时地进行基金估值和份额净值计价，（   ）应制定基金估值和份额净值
    计价的业务管理制度，明确基金估值的原则和程序。
    A. 基金托管人 B. 基金管理公司
    C. 基金发行人 D. 基金所有人

19. 基金份额净值是按照每个开放日闭市后，（   ）除以当日基金份额的余额数量
    计算。
    A. 基金负债总值 B. 基金资产总值
    C. 基金资产净值 D. 基金份额总值

20. 基金管理人每个工作日对基金资产估值后，将基金份额净值结果发给（   ）。
    A. 基金托管人 B. 基金管理公司
    C. 基金发行人 D. 基金所有人

21. 有充足理由表明按以上估值原则仍不能客观反映相关投资品种公允价值的，（   ）

应根据具体情况与托管银行进行商定，按最能恰当反映公允价值的价格估值。

    A. 基金托管人   B. 基金管理公司

    C. 基金发行人   D. 基金所有人

22. 首次发行未上市的股票、债券和权证，采用估值技术确定公允价值，在估值技术难以可靠计量公允价值的情况下按（   ）计量。

    A. 平均价   B. 开盘价

    C. 收盘价   D. 成本

23. 首次公开发行有明确锁定期的股票，同一股票在交易所上市后，按交易所上市的同一股票的（   ）估值。

    A. 平均价   B. 开盘价

    C. 收盘价   D. 市价

24. （   ）应制定估值及份额净值计价错误的识别及应急方案。

    A. 基金托管人   B. 基金管理公司

    C. 基金发行人   D. 基金所有人

25. 当基金份额净值计价错误达到或超过基金资产净值的（   ）时，基金管理公司应及时向监管机构报告。

    A. 0.15%   B. 0.2%

    C. 0.25%   D. 0.5%

26. 当基金份额净值计价错误达到（   ）时，基金管理公司应当公告并报监管机构备案。

    A. 0.15%   B. 0.2%

    C. 0.25%   D. 0.5%

27. QDII基金份额净值应当至少（   ）计算并披露一次。

    A. 每个交易日   B. 每两个交易日

    C. 每周   D. 每月

28. QDII基金份额净值应当在估值日后（   ）个工作日内披露。

    A. 1   B. 2

    C. 3   D. 5

29. 关于基金管理费计提标准，以下说法不正确的是（   ）。

    A. 基金管理费率通常与基金规模成反比，与风险成正比

    B. 从基金类型看，证券衍生工具基金管理费率最高

    C. 我国股票基金大部分按照1.5%的比例计提基金管理费

    D. 货币市场基金的管理费率为1%

30. 目前，我国封闭式基金按照（   ）的比例计提基金托管费。

    A. 0.15%   B. 0.2%

    C. 0.25%   D. 0.5%

31. 如基金运作发生的费用（   ）基金净值十万分之一，则应采用预提或待摊的方法计入基金损益。

A. 小于   B. 等于

C. 大于   D. 大于或等于

32. 证券投资基金一般在（   ）结转当期损益。按固定价格报价的货币市场基金一般（   ）结转损益。

A. 季末　逐日   B. 季末　逐月

C. 月末　逐月   D. 月末　逐日

33. 估值方法的（   ）是指基金在进行资产估值时均应采取同样的估值方法，遵守同样的估值规则。

A. 公开性   B. 准确性

C. 长期性   D. 一致性

34. 股票投资占基金资产净值的比例是属于（   ）分析。

A. 基金持仓结构   B. 基金盈利能力

C. 基金收入情况   D. 基金投资风格

35. 基金资产估值是指通过对基金所拥有的（   ）按一定的原则和方法进行估算，进而确定基金资产公允价值的过程。

A. 全部资产   B. 净资产

C. 全部资产及所有负债   D. 负债

二、多项选择题

1. 基金资产估值需考虑的因素包括（   ）。

A. 估值频率   B. 交易时间

C. 价格操纵及滥估问题   D. 估值方法的一致性及公开性

2. 下列关于具体投资品种估值方法正确的是（   ）。

A. 交易所上市股票和权证以开盘价估值

B. 交易所上市交易的债券按估值日收盘净价估值

C. 交易所上市不存在活跃市场的有价证券，采用估值技术确定公允价值

D. 送股、转增股、配股和公开增发新股等发行未上市股票，按交易所上市的同一股票的市价估值

3. 下列关于证券投资基金会计主体的说法不正确的是（   ）。

A. 企业会计核算以企业为会计核算主体

B. 基金会计以证券投资基金为会计核算主体

C. 基金会计的责任主体是对基金进行会计核算的基金管理公司和基金托管人

D. 基金托管人承担主会计责任

4. 传统的会计分期一般以（   ）为单位。

A. 年度   B. 半年

C. 季度   D. 月份

5. 我国基金会计核算已细化到日的内容包括（   ）。

A. 开放式基金的申购赎回

B. 计算债券利息、银行存款利息等

C. 预提或待摊影响到基金份额净值小数点后第 5 位的费用

D. 对基金资产进行估值确认

6. 根据《企业会计准则第 22 号——金融工具确认和计量》，金融资产在初始确认时划分为(　　)。

A. 以公允价值计量且其变动计入当期损益的金融资产

B. 持有至到期投资

C. 贷款和应收款项

D. 可供出售的金融资产

7. 以公允价值计量且其变动计入当期损益的金融资产包括(　　)。

A. 交易性金融资产

B. 非交易性金融资产

C. 指定为以公允价值计量且其变动计入当期损益的金融资产

D. 指定为以市场价值计量且其变动计入当期损益的金融资产

8. 基金会计核算的内容包括(　　)。

A. 证券和衍生工具交易及其清算的核算

B. 各类资产的利息核算

C. 本期利润及利润分配的核算

D. 基金会计报表

9. 基金财务会计报告分为(　　)财务会计报告。

A. 年度　　　　　　　　　　　B. 半年度

C. 季度　　　　　　　　　　　D. 月度

10. (　　) 财务会计报告至少应披露会计报表和会计报表附注的内容。

A. 年度　　　　　　　　　　　B. 半年度

C. 季度　　　　　　　　　　　D. 月度

11. 基金的会计核算对象包括(　　)。

A. 资产类　　　　　　　　　　B. 负债类

C. 资产损益共同类　　　　　　D. 资产负债共同类

12. 下列说法正确的是(　　)。

A. 对于基金投资者来说，申购者希望以低于实际价值的价格进行申购；赎回者希望以高于实际价值的价格进行赎回

B. 对于基金投资者来说，申购者希望以高于实际价值的价格进行申购；赎回者希望以低于实际价值的价格进行赎回

C. 基金的现有持有人希望流入比实际价值更多的资金，流出比实际价值更少的资金

D. 基金的现有持有人希望流入比实际价值更少的资金，流出比实际价值更多的资金

13. 当基金有以下哪些情形时，可以暂停估值(　　)。

A. 基金投资所涉及的证券交易所遇法定节假日或因其他原因暂停营业时

B. 因不可抗力或其他情形致使基金管理人、基金托管人无法准确评估基金资产价值时

C. 占基金相当比例的投资品种的估值出现重大转变，而基金管理人为保障投资人的利益已决定延迟估值

D. 出现基金管理人认为属于紧急事故的任何情况，导致基金管理人不能出售或评估基金资产

14. 下列属于基金销售过程中发生的由基金投资者自己承担的费用是(　　)。

  A. 申购费 　　　　　　　　　B. 赎回费

  C. 基金转换费 　　　　　　　　D. 基金管理费

15. 下列属于基金管理过程中发生的费用是(　　)。

  A. 申购费 　　　　　　　　　B. 基金托管费

  C. 信息披露费 　　　　　　　　D. 基金管理费

16. 下列不可以从基金财产中列支的费用是(　　)。

  A. 申购费 　　　　　　　　　B. 基金托管费

  C. 信息披露费 　　　　　　　　D. 基金管理费

17. 下列可以从基金财产中列支的费用是(　　)。

  A. 销售服务费 　　　　　　　B. 基金合同生效后的会计师费和律师费

  C. 基金份额持有人大会费用 　　D. 基金的证券交易费用

18. 下列关于基金管理费率计提标准的说法正确的是(　　)。

  A. 基金管理费率通常与基金规模成反比

  B. 基金管理费率通常与基金规模成正比

  C. 基金管理费率通常与风险成反比

  D. 基金管理费率通常与风险成正比

19. 下列关于基金托管费率计提标准的说法不正确的是(　　)。

  A. 通常基金规模越大，基金托管费率越低

  B. 通常基金规模越大，基金托管费率越高

  C. 通常基金规模越小，基金托管费率越低

  D. 通常基金规模越小，基金托管费率越高

20. 为准确、及时进行基金估值和份额净值计价，基金管理公司应(　　)。

  A. 制定基金估值和份额净值计价的业务管理制度，明确基金估值的原则和程序

  B. 建立健全估值决策体系

  C. 使用合理、可靠的估值业务系统

  D. 对基金资产估值进行复核、审查

21. 基金的运作费包括(　　)。

  A. 律师费 　　　　　　　　　B. 持有人大会费

  C. 审计费 　　　　　　　　　D. 上市年费

22. 我国的开放式基金采用(　　)。

  A. 份额赎回 　　　　　　　　B. 金额赎回

C. 份额申购   D. 净额申购

23. 基金会计核算的特殊性表现在（   ）。

     A. 对未实现利得进行确认   B. 会计分期细化到日

     C. 公允价值计量   D. 会计主体是证券投资基金

24. 投资者承担的基金费用包括（   ）。

     A. 赎回费   B. 申购费

     C. 基金转换费   D. 基金托管费

25. 根据我国相关规定，基金管理公司的（   ）财务会计报告应披露会计报表和会计报表附注。

     A. 季度   B. 月度

     C. 半年度   D. 年度

26. 基金资产估值需要考虑的因素有（   ）。

     A. 估值频率   B. 交易价格的利用价值

     C. 价格操纵及滥估   D. 估值方法的一致性及公开性

27. 证券投资基金的费用主要包括（   ）。

     A. 托管费、管理费   B. 申购费、赎回费

     C. 基金转换费   D. 信息披露费

28. 下列可以从基金财产中列支的费用有（   ）。

     A. 基金合同生效前的验资费   B. 基金合同生效后的信息披露费

     C. 基金管理费   D. 基金托管费

29. 基金运作费用一般指为保证基金正常运作而发生的应由基金承担的费用，不包括下列哪项（   ）。

     A. 上市年费   B. 交易佣金

     C. 审计费用   D. 信息披露费

30. 通过对（   ）的比较分析，可以了解投资者对该基金的认可程度。

     A. 基金份额变动情况   B. 基金规模的大小

     C. 基金价格的高低   D. 基金持有人结构

31. 关于基金运作费，以下说法正确的是（   ）。

     A. 包括审计费、律师费、上市年费、信息披露费、分红手续费、持有人大会费用、开户费、银行汇划手续费等

     B. 基金运作费如果不影响基金份额净值小数点后第 5 位的，应采用预提或待摊的方法计入基金损益

     C. 基金运作费如果不影响基金份额净值小数点后第 5 位的，应于发生时直接计入基金损益

     D. 基金运作费如果影响基金份额净值小数点后第 5 位的，应于发生时直接计入基金损益

32. 下列关于我国基金费用的说法不正确的是（   ）。

     A. 目前，我国的基金管理费、基金托管费及基金销售服务费均是按当日基金资产

净值的一定比例逐日计提，按周支付

B. 目前，我国的基金管理费、基金托管费及基金销售服务费均是按当日基金资产净值的一定比例逐日计提，按月支付

C. 目前，我国的基金管理费、基金托管费及基金销售服务费均是按前一日基金资产净值的一定比例逐日计提，按周支付

D. 目前，我国的基金管理费、基金托管费及基金销售服务费均是按前一日基金资产净值的一定比例逐日计提，按月支付

33. 计价错误的处理包括（　　）。

A. 基金管理公司应制定估值及份额净值计价错误的识别及应急方案，当估值或份额净值计价错误实际发生时，基金管理公司应立即纠正

B. 当错误达到或超过基金资产净值的 0.25% 时，基金管理公司应及时向监管机构报告

C. 当错误达到或超过基金资产净值的 0.5% 时，基金管理公司应当公告、通报基金托管人

D. 基金管理公司和托管银行因共同行为给基金财产或基金份额持有人造成损害的，应承担连带赔偿责任

34. 基金管理公司是证券投资基金会计核算的责任主体，对所管理的基金应当以每只基金为会计核算主体，独立建账、独立核算，保证不同基金在（　　）方面相互独立。

A. 名册登记 　　　　　　　　　B. 账户设置

C. 资金划拨 　　　　　　　　　D. 账簿记录

35. 基金会计核算的特点为（　　）。

A. 会计主体是证券投资基金

B. 会计分期细化到日

C. 会计分期细化到周

D. 基金持有的金融资产和承担的金融负债通常归类为以公允价值计量且其变动计入当期损益的金融资产和金融负债

三、判断题

1. 投资管理活动的性质决定了证券投资基金持有的金融资产或金融负债是交易性的。（　　）

A. 正确 　　　　　　　　　　　B. 错误

2. 如 QDII 基金投资衍生品，应当每周计算基金份额净值并披露。（　　）

A. 正确 　　　　　　　　　　　B. 错误

3. 基金会计的责任主体是对基金进行会计核算的基金管理公司和基金托管人。（　　）

A. 正确 　　　　　　　　　　　B. 错误

4. 如 QDII 基金投资流动性受限的证券，流动性受限的证券估值可以参照国际会计准则进行。（　　）

A. 正确 　　　　　　　　　　　B. 错误

5. 对不存在活跃市场的投资品种，应采用最近交易市价确定公允价值。（　　）

A. 正确 　　　　　　　　　　　B. 错误

6. 基金管理过程中发生的费用，主要包括基金管理费、基金托管费、信息披露费等。这些费用直接从投资者申购、赎回或转换的金额中收取。（　　　）

A. 正确 　　　　　　　　　　　B. 错误

7. 一般来说，如果基金份额变动较大，则会对基金管理人的投资有不利影响。（　　　）

A. 正确 　　　　　　　　　　　B. 错误

8. 基金合同生效后的会计师费和律师费不参与基金的会计核算。（　　　）

A. 正确 　　　　　　　　　　　B. 错误

9. 基金份额持有人大会费用参与基金的会计核算。（　　　）

A. 正确 　　　　　　　　　　　B. 错误

10. 基金的证券交易费用不参与基金的会计核算。（　　　）

A. 正确 　　　　　　　　　　　B. 错误

11. 基金费用的核算包括计提基金管理费、托管费、预提费用、摊销费用、交易费用等。这些费用一般也按日计提，并于当日确认为费用。（　　　）

A. 正确 　　　　　　　　　　　B. 错误

12. 基金管理公司和托管银行在进行基金估值、计算基金份额净值及相关复核工作时，可参考行业内成立的基金估值工作小组的意见，但是并不能免除各自的估值责任。（　　　）

A. 正确 　　　　　　　　　　　B. 错误

13. 基金份额净值是按照每个开放日闭市后，基金资产净值除以当日基金份额的募集总额数量计算。（　　　）

A. 正确 　　　　　　　　　　　B. 错误

14. 对存在活跃市场的投资品种，如估值日有市价的，应采用市价确定公允价值。（　　　）

A. 正确 　　　　　　　　　　　B. 错误

15. 我国基金资产估值的责任人是基金管理人，但基金托管人对基金管理人的估值结果负有复核责任。（　　　）

A. 正确 　　　　　　　　　　　B. 错误

16. 交易所上市债券以结算价格估值。（　　　）

A. 正确 　　　　　　　　　　　B. 错误

17. 首次发行未上市的股票、债券和权证，采用估值技术确定公允价值，在估值技术难以可靠计量公允价值的情况下按成本计量。（　　　）

A. 正确 　　　　　　　　　　　B. 错误

18. 基金管理公司应制订估值及份额净值计价错误的识别及应急方案。当估值或份额净值计价错误实际发生时，基金管理公司应立即纠正，及时采取合理措施防止损失进一步扩大。（　　　）

A. 正确 　　　　　　　　　　　B. 错误

19. 非公开发行有明确锁定期的股票，如果估值日非公开发行有明确锁定期的股票的初始取得成本低于在证券交易所上市交易的同一股票的市价,应采用在证券交易所上市交易的同一股票的市价作为估值日该股票的价值。( )

A. 正确 B. 错误

20. 基金管理公司和托管银行在进行基金估值、计算或复核基金份额净值的过程中,未能遵循相关法律法规规定或基金合同约定,给基金财产或基金份额持有人造成损害的,应分别对各自行为依法承担赔偿责任。( )

A. 正确 B. 错误

21. 基金估值时只需要对基金所持有的全部资产估值,不需要对基金所承担的全部负债进行评估。( )

A. 正确 B. 错误

22. 海外的基金多数也是每个交易日估值,但也有一部分基金是每周估值一次,有的甚至每半个月、每月估值一次。基金估值的频率是由基金的组织形式、投资对象的特点等因素决定的并在相关的发行法律文件中明确。( )

A. 正确 B. 错误

23. 在我国,基金日常估值由基金管理人和基金托管人同时进行。( )

A. 正确 B. 错误

24. 要避免基金资产估值时出现价格操纵及滥估现象,需要监管当局颁布更为详细的估值规则来规范估值行为,或者由独立的第三方来进行估值。( )

A. 正确 B. 错误

25. 基金管理费率通常与基金规模成正比,与风险也成正比。( )

A. 正确 B. 错误

26. 基金规模越大,基金管理费率越低;基金风险程度越高,基金管理费率越高。( )

A. 正确 B. 错误

27. 目前我国封闭式基金按照 0.5% 的比例计提基金托管费;开放式基金根据基金契约的规定比例计提,计提比例通常低于 0.5%。( )

A. 正确 B. 错误

28. 有的债券流动性很差,基金管理人可以连续少量买入以“制造”出较高的价格,从而提高基金的业绩,这就是价格操纵。( )

A. 正确 B. 错误

29. 基金管理公司是基金会计核算的会计主体。( )

A. 正确 B. 错误

30. 基金净值变动表属于基金会计报表的范畴。( )

A. 正确 B. 错误

31. 当对估值原则或程序有异议时,托管银行没有要求基金管理公司做出合理解释的义务。( )

A. 正确 B. 错误

32. 交易所上市股票和权证以收盘净价估值。( )

A. 正确 B. 错误

33. 当错误达到或超过基金资产净值的 0.25% 时，基金管理公司应披露，并赔偿损失。（　　）

    A. 正确　　　　　　　　　　　　B. 错误

34. 任何上市流通的有价证券，以其估值日在证券交易所挂牌的市价（平均价或收盘价）估值；估值日无交易的，以最近交易日的市价估值。（　　）

    A. 正确　　　　　　　　　　　　B. 错误

35. 在我国，当基金估值出现错误时，基金托管人负责立即公告、予以纠正，并采取合理的措施防止损失进一步扩大。（　　）

    A. 正确　　　　　　　　　　　　B. 错误

36. 按照有关规定，发生的基金运作费如果影响基金单位净值小数点后第四位的，即发生的费用大于基金净值万分之一的，应采用预提或待摊的方法计入基金损益。（　　）

    A. 正确　　　　　　　　　　　　B. 错误

37. 基金份额净值应当在估值后 3 个工作日内披露。（　　）

    A. 正确　　　　　　　　　　　　B. 错误

38. 如 QDII 基金投资衍生品，衍生品的估值可以参照国际会计准则进行。（　　）

    A. 正确　　　　　　　　　　　　B. 错误

39. 基金销售过程中发生的由基金投资者自己承担的费用主要包括申购费、赎回费及基金转换费。这些费用由基金资产承担。（　　）

    A. 正确　　　　　　　　　　　　B. 错误

40. 申购费、赎回费及基金转换费不参与基金的会计核算。（　　）

    A. 正确　　　　　　　　　　　　B. 错误

参考答案

一、单项选择题

1. C	2. D	3. D	4. A	5. B
6. A	7. A	8. C	9. A	10. A
11. C	12. D	13. A	14. C	15. A
16. B	17. A	18. B	19. C	20. A
21. B	22. D	23. D	24. B	25. C
26. D	27. C	28. B	29. D	30. C
31. C	32. D	33. D	34. B	35. C

二、多项选择题

1. ACD	2. BCD	3. ABC	4. ABCD	5. ABCD
6. ABCD	7. AC	8. ABCD	9. ABCD	10. AB
11. ABD	12. AC	13. ABC	14. ABC	15. BCD
16. AB	17. ABCD	18. AD	19. BC	20. ABC

21. ABCD	22. BC	23. ABCD	24. ABC	25. CD
26. ABCD	27. ABCD	28. BCD	29. BD	30. AD
31. AC	32. ABC	33. ABD	34. ABCD	35. AB

三、判断题

1. A	2. B	3. A	4. A	5. B
6. B	7. A	8. B	9. A	10. B
11. A	12. A	13. B	14. A	15. A
16. B	17. A	18. A	19. B	20. A
21. B	22. A	23. A	24. A	25. B
26. A	27. B	28. B	29. B	30. A
31. B	32. B	33. B	34. A	35. B
36. B	37. B	38. A	39. B	40. A

第八章 基金利润分配与税收

一、本章考纲

熟悉基金的利润来源，掌握本期利润、本期已实现收益、期末可供分配利润以及未分配利润等概念。

熟悉基金利润分配对基金份额净值的影响，掌握封闭式基金、开放式基金、货币市场基金收益分配的有关规定。

熟悉针对基金作为营业主体的税收规定，了解针对基金管理人和托管人的税收制度与规定，熟悉针对机构法人和个人投资者的税收规定。

二、本章知识体系

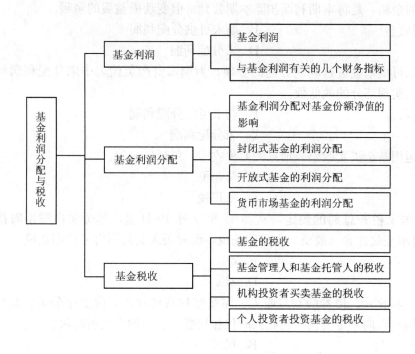

三、同步强化练习题及参考答案

同步强化练习题

一、单项选择题

1. 在我国，对（　　）从证券市场中取得的收入，包括买卖股票、债券的差价收入，股票的股息、红利收入，债券利息收入及其他收入，暂不征收企业所得税。
   A. 非银行金融机构　　　　　　　　B. 企业
   C. 基金　　　　　　　　　　　　　D. 基金公司

2. 基金资产估值引起的资产价值变动作为公允价值变动损益计入当期（　　）。
   A. 收入　　　　　　　　　　　　　B. 收益
   C. 损益　　　　　　　　　　　　　D. 成本

3. 目前，我国对基金管理人从事基金管理活动取得的收入（　　）。
   A. 征收营业税，不征收企业所得税　　B. 不征收营业税，征收企业所得税
   C. 征收营业税，征收企业所得税　　　D. 不征收营业税，不征收企业所得税

4. （　　）是指基金本期利息收入、投资收益、其他收入（不含公允价值变动收益）扣除相关费用后的余额，是将本期利润扣除本期公允价值变动损益后的余额。
   A. 本期已实现收益　　　　　　　　B. 期末可供分配利润
   C. 本期利润　　　　　　　　　　　D. 未分配利润

5. （　　）是指期末可供基金进行利润分配的金额，为期末资产负债表中未分配利润与未分配利润中已实现部分的孰低数。
   A. 本期已实现收益　　　　　　　　B. 期末可供分配利润
   C. 本期利润　　　　　　　　　　　D. 未分配利润

6. 对基金管理人运用基金买卖股票、债券的差价收入，免征（　　）。
   A. 印花税　　　　　　　　　　　　B. 营业税
   C. 增值税　　　　　　　　　　　　D. 所得税

7. 根据财政部、国家税务总局的规定，从 2008 年 9 月 19 日起，基金卖出股票时按照（　　）的税率征收证券（股票）交易印花税，而对买入交易不再征收印花税。
   A. 1‰　　　　　　　　　　　　　B. 2‰
   C. 2.5‰　　　　　　　　　　　　D. 3‰

8. 对基金取得的股利收入、债券的利息收入、储蓄存款利息收入，由上市公司、发行债券的企业和银行在向基金支付上述收入时代扣代缴（　　）的个人所得税。
   A. 5%　　　　　　　　　　　　　B. 10%
   C. 20%　　　　　　　　　　　　　D. 50%

9. 对证券投资基金从上市公司分配取得的股息红利所得，扣缴义务人在代扣代缴个人所得税时按（　　）计算应纳税所得额。
   A. 5%　　　　　　　　　　　　　B. 10%

C. 20%　　　　　　　　　　　　D. 50%

10. 关于基金的税收下列说法不正确的是（　　）。
　　A. 对基金管理人运用基金买卖股票、债券的差价收入，免征营业税
　　B. 以发行基金方式募集资金不属于营业税的征税范围，不征收营业税
　　C. 对基金买卖交易暂不征收印花税
　　D. 对证券投资基金从证券市场中取得的收入，包括买卖股票、债券的差价收入等暂不征收企业所得税

11. 如果期末未分配利润的未实现部分为负数，则期末可供分配利润的金额为（　　）。
　　A. 期末未分配利润已实现部分　　　B. 期末未分配利润未实现部分
　　C. 期末未分配利润　　　　　　　　D. 零

12. 如果期末未分配利润的未实现部分为正数，则期末可供分配利润的金额为（　　）。
　　A. 期末未分配利润已实现部分　　　B. 期末未分配利润未实现部分
　　C. 期末未分配利润　　　　　　　　D. 零

13. 我国开放式基金利润分配比例一般以（　　）为基准计算。
　　A. 应付利润　　　　　　　　　　　B. 净利润
　　C. 期末未分配利润　　　　　　　　D. 期末可供分配利润

14. 分红再投资转换为基金份额是指将应分配的（　　）按除息后的份额净值折算为等值的新的基金份额进行基金分配。
　　A. 应付利润　　　　　　　　　　　B. 净利润
　　C. 期末未分配利润　　　　　　　　D. 期末可供分配利润

15. 对于每日按照面值进行报价的货币市场基金，可以在基金合同中将收益分配的方式约定为（　　），并应当每日进行收益分配。
　　A. 配股　　　　　　　　　　　　　B. 转股
　　C. 现金　　　　　　　　　　　　　D. 红利再投资

16. 基金进行利润分配会导致基金份额净值的（　　）。
　　A. 不变　　　　　　　　　　　　　B. 影响不确定
　　C. 上升　　　　　　　　　　　　　D. 下降

17. 根据《证券投资基金运作管理办法》有关规定，封闭式基金年度利润分配比例不得低于基金年度已实现利润的（　　）。
　　A. 50%　　　　　　　　　　　　　B. 60%
　　C. 80%　　　　　　　　　　　　　D. 90%

18. 假设投资者在2005年4月8日（周五）申购了份额，那么基金将从（　　）开始计算其权益。
　　A. 4月8日　　　　　　　　　　　B. 4月9日
　　C. 4月10日　　　　　　　　　　D. 4月11日

19. 假定5月1日至8日为法定休假日，2005年5月9日是节后第一个工作日，假设投资者在2005年4月29日（周五，节前最后一个工作日）申购了基金份额，那么基金利润将会从（　　）起开始计算。

A. 4 月 29 日   B. 4 月 30 日

C. 5 月 8 日   D. 5 月 9 日

20. 假定 5 月 1 日至 8 日为法定休假日，2005 年 5 月 9 日是节后第一个工作日，如果投资者在 2005 年 4 月 29 日赎回了基金份额，那么投资者将享有直至(　　)内该基金的利润。

A. 4 月 29 日   B. 4 月 30 日

C. 5 月 8 日   D. 5 月 9 日

21. (　　)是一个能够全面反映基金在一定时期内经营成果的指标。

A. 本期已实现收益   B. 期末可供分配利润

C. 本期利润   D. 未分配利润

22. 公允价值变动损益指基金持有的采用公允价值模式计量的交易性金融资产、交易性金融负债等公允价值变动形成的应计入当期损益的利得或损失，并于(　　)对基金资产按公允价值估值时予以确认。

A. 估值日   B. 周末

C. 月末   D. 年末

23. 投资收益是指基金经营活动中因(　　)等实现的收益。

A. 债券投资利息收入   B. 买卖股票

C. 银行存款利息收入   D. 手续费返还

24. 封闭式基金一般采用(　　)方式分红。

A. 配股   B. 转股

C. 现金   D. 股票股利

25. 根据《证券投资基金运作管理办法》有关规定，封闭式基金的利润分配，每年不得少于(　　)次。

A. 1   B. 2

C. 3   D. 4

26. (　　)是指基金经营活动中因买卖股票、债券、资产支持证券、基金等实现的差价收益，因股票、基金投资等获得的股利收益，以及衍生工具投资产生的相关损益，如卖出或放弃权证、权证行权等实现的损益。

A. 利息收入   B. 投资收益

C. 其他收入   D. 公允价值变动损益

27. (　　)是基金在一定时期内全部损益的总和，包括计入当期损益的公允价值变动损益。

A. 本期已实现收益   B. 期末可供分配利润

C. 本期利润   D. 未分配利润

二、多项选择题

1. 关于个人投资者投资基金的税收，以下说法不正确的是(　　)。

A. 目前个人投资者投资基金暂免征收印花税

B. 对个人投资者从封闭式基金分配中获得的企业债券差价收入，应征收个人所得

税，税款由封闭式基金在分配时依法代扣代缴

C. 在对个人买卖股票的差价收入未恢复征收个人所得税以前，对个人投资者申购和赎回基金单位取得的差价收入仍要征收个人所得税

D. 投资者从基金分配中获得的股票股利收入以及企业债券利息收入，由上市公司和发行债券的企业在向基金派发股息、红利、利息时代扣代缴33％的个人所得税

2. 下列关于基金管理人和基金托管人取得的收入中不征收企业所得税的有（　　）。

A. 买卖股票、债券的差价收入　　　　B. 从事基金管理活动取得的收入

C. 股票的利息、红利收入　　　　　　D. 债券的利息收入

3. 开放式基金的分红方式有（　　）。

A. 现金分红方式　　　　　　　　　　B. 分红再投资方式

C. 股票股利方式　　　　　　　　　　D. 财产分配方式

4. 利息收入具体包括（　　）。

A. 债券利息收入　　　　　　　　　　B. 资产支持证券利息收入

C. 存款利息收入　　　　　　　　　　D. 买入返售金融资产收入

5. 下列关于机构法人投资基金的税收说法中正确的有（　　）。

A. 对金融机构买卖基金的差价收入，不征收营业税

B. 对非金融机构买卖基金的差价收入，不征收营业税

C. 对企业投资者买卖基金份额获得的差价收入，暂免征收印花税

D. 对企业投资者买卖基金份额获得的差价收入，不征收企业所得税

6. 下列关于基金管理人和基金托管人的税收的说法正确的是（　　）。

A. 基金管理人、基金托管人从事基金管理活动取得的收入，依照税法的规定不征收营业税

B. 基金管理人、基金托管人从事基金管理活动取得的收入，依照税法的规定征收营业税

C. 基金管理人、基金托管人从事基金管理活动取得的收入，依照税法的规定不征收企业所得税

D. 基金管理人、基金托管人从事基金管理活动取得的收入，依照税法的规定征收企业所得税

7. 下面关于机构投资者买卖基金的营业税的说法正确的是（　　）。

A. 金融机构（包括银行和非银行金融机构）买卖基金的差价收入征收营业税

B. 金融机构（包括银行和非银行金融机构）买卖基金的差价收入不征收营业税

C. 非金融机构买卖基金份额的差价收入征收营业税

D. 非金融机构买卖基金份额的差价收入不征收营业税

8. 下面关于机构投资者买卖基金的所得税的说法正确的是（　　）。

A. 企业投资者买卖基金份额获得的差价收入，应并入企业的应纳税所得额，征收企业所得税

B. 企业投资者买卖基金份额获得的差价收入，应并入企业的应纳税所得额，不征收企业所得税

C. 企业投资者从基金分配中获得的收入，暂不征收企业所得税

D. 企业投资者从基金分配中获得的收入，征收企业所得税

9. 下面关于所得税的说法正确的是( )。

A. 个人投资者从基金分配中获得的股票的股利收入、企业债券的利息收入、储蓄存储利息收入，由上市公司发行债券的企业和银行在向基金支付上述收入时，代扣代缴20％的个人所得税

B. 个人投资者从基金分配中获得的股票的股利收入、企业债券的利息收入、储蓄存储利息收入，由上市公司发行债券的企业和银行在向基金支付上述收入时，代扣代缴50％的个人所得税

C. 个人投资者从基金分配中取得的收入，暂不征收个人所得税

D. 个人投资者从基金分配中取得的收入，征收个人所得税

10. 下列说法正确的是( )。

A. 个人投资者从封闭式基金分配中获得的企业债券差价收入，按现行税法规定，暂不对个人投资者征收个人所得税

B. 个人投资者从封闭式基金分配中获得的企业债券差价收入，按现行税法规定，应对个人投资者征收个人所得税

C. 个人投资者申购和赎回基金份额取得的差价收入，在对个人买卖股票的差价收入未恢复征收个人所得税以前征收个人所得税

D. 个人投资者申购和赎回基金份额取得的差价收入，在对个人买卖股票的差价收入未恢复征收个人所得税以前暂不征收个人所得税

11. 下列关于本期利润的说法正确的是( )。

A. 不包括计入当期损益的公允价值变动损益

B. 该指标既包括了基金已经实现的损益，也包括了未实现的估值增值或减值

C. 是基金在一定时期内全部损益的总和

D. 是一个能够全面反映基金在一定时期内经营成果的指标

12. 下列关于基金利润的说法正确的是( )。

A. 基金利润是指基金在一定会计期间的经营成果

B. 利润包括收入加上费用后的总额、直接计入当期利润的利得和损失等

C. 基金收入是基金资产在运作过程中所产生的各种收入

D. 基金资产估值引起的资产价值变动作为公允价值变动损益计入当期损益

13. 基金收入来源主要包括( )。

A. 利息收入　　　　　　　　　B. 投资收益

C. 其他收入　　　　　　　　　D. 公允价值变动损益

14. 投资收益具体包括( )。

A. 股票投资收益　　　　　　　B. 债券投资收益

C. 资产支持证券投资收益　　　D. 股利收入

15. 其他收入具体包括( )。

A. 赎回费扣除基本手续费后的余额

B. 手续费返还

C. ETF 替代损益

D. 基金管理人等机构为弥补基金财产损失而支付给基金的赔偿款项

16. 基金的费用具体包括(　　)。

A. 管理人报酬　　　　　　　　　B. 托管费

C. 利息收入　　　　　　　　　　D. 交易费用

17. 根据目前的有关规定,下列与基金利润有关的指标是(　　)。

A. 本期利润

B. 本期利润扣减本期公允价值变动损益后的净额

C. 期末可供分配利润

D. 未分配利润

18. 下列关于期末可供分配利润的说法正确的是(　　)。

A. 如果期末未分配利润(报表数,下同)的未实现部分为正数,则期末可供分配利润的金额为期末未分配利润的已实现部分

B. 如果期末未分配利润的未实现部分为正数,则期末可供分配利润的金额为期末未分配利润的未实现部分

C. 如果期末未分配利润的未实现部分为负数,则期末可供分配利润的金额为期末未分配利润(已实现部分扣减未实现部分)

D. 如果期末未分配利润的未实现部分为负数,则期末可供分配利润的金额为期末已分配利润(未实现部分扣减已实现部分)

19. 下列关于封闭式基金的利润分配的说法正确的是(　　)。

A. 封闭式基金的利润分配,每年不得少于两次

B. 封闭式基金当年利润应先弥补上一年度亏损,然后才可进行当年分配

C. 若基金投资的当年发生亏损,则不进行分配

D. 封闭式基金一般采用现金方式分红

20. 下列有关个人投资者投资基金的税收的说法中正确的是(　　)。

A. 个人投资者从基金分配中获得的企业债券差价收入不征收个人所得税

B. 个人投资者买卖基金单位不征收印花税

C. 个人投资者买卖基金单位的差价收入不征收营业税

D. 个人投资者买卖基金单位获得的差价收入不征收个人所得税

21. 基金税收涉及(　　)。

A. 基金作为一个营业主体的税收

B. 基金管理人和基金托管人作为基金营业主体的税收

C. 公允价值变动损益的税收

D. 投资者买卖基金涉及的税收

22. 开放式基金的分红方式包括(　　)。

A. 股票分红方式　　　　　　　　B. 分红再投资转换为股票

C. 现金分红方式　　　　　　　　D. 分红再投资转换为基金份额

23. 机构投资者买卖基金的税收包括( )。
    A. 营业税   B. 印花税
    C. 增值税   D. 所得税

24. 个人投资者投资基金的税收包括( )。
    A. 营业税   B. 印花税
    C. 增值税   D. 所得税

25. 下列关于货币市场基金的利润分配的说法正确的有( )。
    A. 货币市场基金每周五进行收益分配时,将同时分配周六和周日的利润
    B. 每周一至周四进行收益分配时,仅对当日利润进行分配
    C. 投资者于周五申购或转换转入的基金份额享有周五、周六、周日的利润
    D. 投资者于周五赎回或转换转出的基金份额享有周五、周六、周日的利润

26. 下列免征营业税的收入有( )。
    A. 非金融机构买卖基金份额的差价收入
    B. 金融机构买卖基金的差价收入
    C. 基金管理人、基金托管人从事基金管理活动取得的收入
    D. 基金管理人运用基金买卖股票、债券的差价收入

27. 投资收益是指基金经营活动中因( )等实现的损益。
    A. 股票、基金投资等获得的股利收益
    B. 债券投资而实现的利息收入
    C. 衍生工具投资产生的相关损益
    D. 买卖股票、债券、资产支持证券、基金等实现的差价收益

三、判断题

1. 货币市场基金每周一至周四进行分配时,仅对当日利润进行分配。( )
   A. 正确   B. 错误

2. 投资者于周五申购或转换转入的货币市场基金份额享有周五和周六、周日的利润。( )
   A. 正确   B. 错误

3. 投资者于周五赎回或转换转出的基金份额不享有周五和周六、周日的利润。( )
   A. 正确   B. 错误

4. 以"五一"长假为例,2005年5月9日是节后第一个工作日,假设投资者在2005年4月29日(周五,节前最后一个工作日)申购了货币市场基金份额,那么基金利润将会从4月30日起开始计算。( )
   A. 正确   B. 错误

5. 以"五一"长假为例,2005年5月9日是节后第一个工作日,如果投资者在2005年4月29日(周五,节前最后一个工作日)赎回了货币市场基金份额,那么投资者将享有直至5月8日内该基金的利润。( )
   A. 正确   B. 错误

6. 对基金管理人运用基金买卖股票、债券的差价收入征收营业税。( )

A. 正确　　　　　　　　　　　　B. 错误

7. 以发行基金方式募集资金不属于营业税的征税范围，不征收营业税。（　　）

A. 正确　　　　　　　　　　　　B. 错误

8. 从 2008 年 4 月 24 日起，基金买卖股票按照 3‰的税率征收印花税。（　　）

A. 正确　　　　　　　　　　　　B. 错误

9. 基金管理人、基金托管人从事基金管理活动取得的收入，依照税法的规定不征收营业税。（　　）

A. 正确　　　　　　　　　　　　B. 错误

10. 基金管理人、基金托管人从事基金管理活动取得的收入，依照税法的规定征收企业所得税。（　　）

A. 正确　　　　　　　　　　　　B. 错误

11. 基金经营活动所产生的利润是基金利润分配的基础，基金利润分配是基金投资者取得投资收益的基本方式。（　　）

A. 正确　　　　　　　　　　　　B. 错误

12. 基金税收涉及基金作为一个营业主体的税收、基金管理人和基金托管人作为基金营业主体的税收以及投资者买卖基金涉及的税收三方面。（　　）

A. 正确　　　　　　　　　　　　B. 错误

13. 基金收入来源主要包括基金的费用、投资收益以及其他收入。（　　）

A. 正确　　　　　　　　　　　　B. 错误

14. 投资收益是指基金经营活动中因买卖股票、债券、资产支持证券、基金等实现的差价收益，因股票、基金投资等获得的股利收益，以及衍生工具投资产生的相关损益，如卖出或放弃权证、权证行权等实现的损益。（　　）

A. 正确　　　　　　　　　　　　B. 错误

15. 其他收入项目一般根据发生前的估计金额确认。（　　）

A. 正确　　　　　　　　　　　　B. 错误

16. 公允价值变动损益是指基金持有的采用公允价值模式计量的交易性金融资产、交易性金融负债等公允价值变动形成的应计入当期损益的利得或损失，并于估值日对基金资产按公允价值估值时予以确认。（　　）

A. 正确　　　　　　　　　　　　B. 错误

17. 基金的费用是指基金在日常投资经营活动中发生的、会导致所有者权益增加的、与向基金持有人分配利润无关的经济利益的总流入。具体包括管理人报酬、托管费、销售服务费、交易费用、利息支出和其他费用等。（　　）

A. 正确　　　　　　　　　　　　B. 错误

18. 本期利润不包括未实现的估值增值或减值。（　　）

A. 正确　　　　　　　　　　　　B. 错误

19. 本期利润扣减本期公允价值变动损益后的净额反映基金本期已经实现的损益。（　　）

A. 正确　　　　　　　　　　　　B. 错误

20. 基金本期利润包括已实现和未实现两部分。（　　）

   A. 正确　　　　　　　　　　　　B. 错误

21. 基金管理人、基金托管人只缴所得税，不缴营业税。（　　）

   A. 正确　　　　　　　　　　　　B. 错误

22. 证券投资基金管理人运用基金买卖股票、债券的差价收入，免征营业税。（　　）

   A. 正确　　　　　　　　　　　　B. 错误

23. 个人投资者买卖基金份额免征印花税。（　　）

   A. 正确　　　　　　　　　　　　B. 错误

24. 企业投资者从基金分配的收入，不征收企业所得税。（　　）

   A. 正确　　　　　　　　　　　　B. 错误

25. 对货币市场基金来说，当日申购的基金份额自购入当日起享有基金的分配收益。（　　）

   A. 正确　　　　　　　　　　　　B. 错误

26. 对货币市场基金来说，当日赎回的基金份额自下一个工作日起不再享有基金的分配权益。（　　）

   A. 正确　　　　　　　　　　　　B. 错误

27. 货币市场基金在节假日的收益计算基本与在周五申购或赎回的情况相同。（　　）

   A. 正确　　　　　　　　　　　　B. 错误

28. 金融机构买卖证券的差价收入免征营业税，非金融机构买卖证券的差价收入征营业税。（　　）

   A. 正确　　　　　　　　　　　　B. 错误

29. 开放式基金的基金份额持有人可以事先选择将所获分配的现金利润，按照基金合同有关基金份额申购的约定转为基金份额。基金份额持有人事先未做出选择的，基金管理人应当支付现金。（　　）

   A. 正确　　　　　　　　　　　　B. 错误

30. 货币市场基金每周五进行分配时，将同时分配周六和周日的利润。（　　）

   A. 正确　　　　　　　　　　　　B. 错误

参考答案

一、单项选择题

1. C	2. C	3. C	4. A	5. B
6. B	7. A	8. C	9. D	10. C
11. C	12. A	13. D	14. B	15. D
16. D	17. D	18. D	19. D	20. C
21. C	22. A	23. B	24. C	25. A
26. B	27. C			

二、多项选择题

1. CD	2. ACD	3. AB	4. ABCD	5. BC
6. BD	7. AD	8. AC	9. AC	10. BD
11. BCD	12. ACD	13. ABCD	14. ABCD	15. ABCD
16. ABD	17. ABCD	18. AC	19. BCD	20. BCD
21. ABD	22. CD	23. ABD	24. BD	25. ABD
26. AD	27. ACD			

三、判断题

1. A	2. B	3. B	4. B	5. A
6. B	7. A	8. B	9. B	10. A
11. A	12. A	13. B	14. A	15. B
16. A	17. B	18. B	19. A	20. A
21. B	22. A	23. A	24. A	25. B
26. A	27. A	28. B	29. A	30. A

第九章 基金的信息披露

一、本章考纲

了解基金信息披露的含义与作用，了解信息披露的实质性原则与形式性原则，熟悉对基金信息披露禁止行为的规范，了解基金信息披露的分类，了解可扩展商业报告语言在基金信息披露中的应用，了解我国基金信息披露制度体系。

熟悉基金管理人的信息披露义务，了解基金托管人、基金份额持有人的信息披露义务。

了解基金合同、招募说明书的主要披露事项；掌握基金合同、招募说明书的重要信息；了解基金托管协议的主要内容。

熟悉基金季度报告、半年度报告、年度报告的主要内容。

掌握基金信息披露的重大性概念及其标准，熟悉需要进行临时信息披露的重大事件，了解基金澄清公告的披露。

掌握货币市场基金收益公告披露的内容，熟悉净值偏离度信息披露的要求，了解货币市场基金、净值表现以及投资组合报告的主要披露项目。掌握 QDII 基金的信息披露的内容与要求。掌握 ETF 的信息披露。

二、本章知识体系

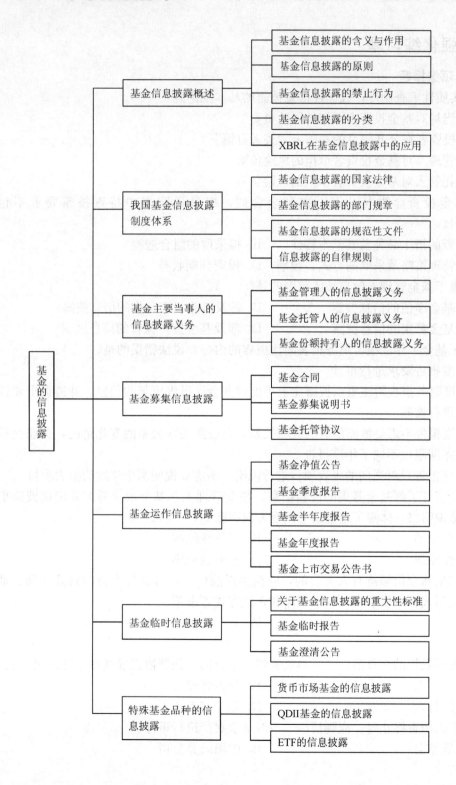

三、同步强化练习题及参考答案

同步强化练习题

一、单项选择题

1. 相对于实质性审查制度，强制性信息披露的基本推论是（　　）。
   A. 监管当局对基金投资者承担的风险负责
   B. 基金投资者在公开信息的基础上"买者自慎"
   C. 基金管理人对基金投资者承担的风险负责
   D. 基金托管人对基金投资者承担的风险负责

2. QDII 基金投资金融衍生品，在基金合同、招募说明书中特殊披露要求不包括（　　）。
   A. 拟投资的衍生品种及其基本特性　　B. 拟采取的组合避险
   C. 有效管理策略及采取的方式、频率　D. 投资预期收益

3. 以下不属于基金管理人信息披露范围的是（　　）。
   A. 涉及基金净值的信息披露　　　　　B. 涉及基金投资运作的信息披露
   C. 涉及基金募集的信息披露　　　　　D. 涉及基金资产保管的信息披露

4. 下列关于基金半年度报告财务报表附注披露的内容，说法错误的是（　　）。
   A. 半年度报告要求进行审计
   B. 半年度财务报表附注重点披露比上年度财务会计报告更新的信息，并遵循重要性原则进行披露
   C. 半年度报告不需要披露所有的关联关系，只披露关联关系的变化情况，关联交易的披露期限也不同于年度报告
   D. 半年度报告只对当期的报表项目进行说明，不需要说明两个年度的报表项目

5. 为了让投资者了解基金募集的最新信息，基金管理人在基金成立后需要定期披露更新的招募说明书，体现了基金信息内容方面披露的（　　）。
   A. 真实性原则　　　　　　　　　　　B. 完整性原则
   C. 准确性原则　　　　　　　　　　　D. 及时性原则

6. 管理人召集基金份额持有人大会的，应至少提前（　　）日公告大会的召开时间、地点、会议形式、审议事项、议事程序和表决方式等事项。
   A. 15　　　　　　　　　　　　　　　B. 30
   C. 45　　　　　　　　　　　　　　　D. 60

7. 在基金份额发售的 3 日前，（　　）负责将基金合同、托管协议登载在托管人网站上。
   A. 基金托管人　　　　　　　　　　　B. 基金管理人
   C. 基金发行人　　　　　　　　　　　D. 基金持有人

8. 基金托管人职责终止时，应聘请（　　）对基金财产进行审计。
   A. 中国证监会　　　　　　　　　　　B. 中国结算公司

    C. 证券公司   D. 会计师事务所

9. 基金合同生效不足( )个月的,基金管理人可以不编制当期季度报告、半年度报告或者年度报告。

    A. 1   B. 2

    C. 3   D. 5

10. ( )是基金存续期信息披露中信息量最大的文件。

    A. 基金净值公告   B. 基金季度报告

    C. 基金半年度报告   D. 基金年度报告

11. ( )是基金管理人就报告期内管理职责履行情况等事项向投资者进行的汇报。

    A. 管理人报告   B. 基金季度报告

    C. 基金澄清公告   D. 基金临时报告

12. 按照( )的不同,货币市场基金收益公告可分为三类,即封闭期的收益公告、开放日的收益公告和节假日的收益公告。

    A. 披露内容   B. 披露形式

    C. 披露时间   D. 披露方法

13. 当影子定价与摊余成本法确定的基金资产净值偏离度的绝对值达到或者超过0.5%时,基金管理人将在事件发生之日起( )日内就此事项进行临时报告。

    A. 1   B. 2

    C. 3   D. 5

14. QDII基金的净值在估值日后( )个工作日内披露。

    A. 1   B. 2

    C. 3   D. 5

15. 交易日的ETF基金份额净值除了按规定于次日在指定报刊和管理人网站披露外,也将通过证券交易所的行情发布系统于( )揭示。

    A. 当日   B. 次日

    C. 次一交易日   D. 第三日

16. ( )要求基金信息必须按照法定的内容和格式进行披露,保证披露信息的可比性。

    A. 规范性原则   B. 完整性原则

    C. 易解性原则   D. 易得性原则

17. ( )要求信息披露的表述应当简明扼要、通俗易懂,避免使用冗长费解的技术性用语。

    A. 规范性原则   B. 完整性原则

    C. 易解性原则   D. 易得性原则

18. ( )要求公开披露的信息容易被一般公众投资者所获取。

    A. 规范性原则   B. 完整性原则

    C. 易解性原则   D. 易得性原则

19. 存续期募集信息披露主要指开放式基金在基金合同生效后每( )个月披露一次更

新的招募说明书。

    A. 1   B. 2

    C. 3   D. 6

20. 首次募集信息披露主要包括(　　)进行的信息披露。

    A. 基金份额发售前至基金合同终止前 B. 基金份额发售前至基金合同生效期间

    C. 基金存续期间   D. 基金合同生效后至基金合同终止前

21. 基金运作信息披露主要指在(　　)，基金信息披露义务人依法定期披露基金存续期间的上市交易、投资运作及经营业绩等信息。

    A. 基金份额发售前至基金合同终止前 B. 基金份额发售前至基金合同生效期间

    C. 基金存续期间   D. 基金合同生效后至基金合同终止前

22. 基金运作信息披露文件包括(　　)。

    A. 基金合同   B. 托管协议

    C. 基金份额上市交易公告书   D. 基金份额发售公告

23. (　　)主要指在基金存续期间，当发生重大事件或市场上流传误导性信息，可能引致对基金份额持有人权益或者基金份额价格产生重大影响时，基金信息披露义务人依法对外披露临时报告或澄清公告。

    A. 首次募集信息披露   B. 存续期募集信息披露

    C. 基金运作信息披露   D. 基金临时信息披露

24. 在我国，上市公司自 2003 年底就开始尝试应用 XBRL 报送定期报告，至今已持续 6 年多时间，基金自(　　)年也启动了信息披露的 XBRL 工作。

    A. 2005   B. 2006

    C. 2008   D. 2009

25. 我国法律对基金信息披露的规范主要体现在 2004 年 6 月 1 日起施行的(　　)中。

    A.《证券投资基金信息披露指引》 B.《证券投资基金法》

    C.《证券投资基金运作管理办法》 D.《证券投资基金信息披露管理办法》

26. 我国基金信息披露的部门规章主要是 2004 年 7 月 1 日起施行的(　　)。

    A.《证券投资基金信息披露指引》 B.《证券投资基金法》

    C.《证券投资基金运作管理办法》 D.《证券投资基金信息披露管理办法》

27. 基金管理人主要负责办理与基金财产管理业务活动有关的信息披露事项，不涉及的环节是(　　)。

    A. 净值复核   B. 上市交易

    C. 基金募集   D. 投资运作

28. 基金管理人在基金份额发售的(　　)日前，将招募说明书、基金合同摘要登载在指定报刊和管理人网站上。

    A. 1   B. 2

    C. 3   D. 5

29. 开放式基金合同生效后每 6 个月结束之日起(　　)日内，基金管理人将更新的招募说明书登载在管理人网站上，更新的招募说明书摘要登载在指定报刊上。

A. 10
B. 30
C. 45
D. 60

30. 在基金合同生效的（　　），基金管理人在指定报刊和管理人网站上登载基金合同生效公告。
  A. 当日
  B. 次日
  C. 第三日
  D. 第四日

31. 基金管理人至少（　　）公告一次封闭式基金的资产净值和份额净值。
  A. 每日
  B. 每周
  C. 每月
  D. 每年

32. 在每年结束后（　　）日内，基金管理人在指定报刊上披露年度报告摘要，在管理人网站上披露年度报告全文。
  A. 30
  B. 45
  C. 60
  D. 90

33. 在上半年结束后（　　）日内，基金管理人在指定报刊上披露半年度报告摘要，在管理人网站上披露半年度报告全文。
  A. 30
  B. 45
  C. 60
  D. 90

34. 在每季度结束后（　　）个工作日内，基金管理人在指定报刊和管理人网站上披露基金季度报告。
  A. 15
  B. 30
  C. 45
  D. 60

35. 当发生对基金份额持有人权益或者基金价格产生重大影响的事件时，应在（　　）日内编制并披露临时报告书，并分别报中国证监会及其证监局备案。
  A. 1
  B. 2
  C. 3
  D. 5

36. 当影子定价法与摊余成本法确定的基金资产净值偏离度的绝对值达到或者超过（　　）时，基金管理人应进行临时报告。
  A. 0.25%
  B. 0.5%
  C. 0.75%
  D. 1%

37. 以下不在基金财务报表附注中载明的内容是（　　）。
  A. 重要会计政策和会计估计
  B. 资产负债表日后非调整事项的说明
  C. 投资组合重大变动
  D. 关联方关系及其交易

38. 基金信息内容方面披露的（　　）是基金信息披露最根本、最重要的原则。
  A. 真实性原则
  B. 完整性原则
  C. 准确性原则
  D. 公平披露原则

39. 基金信息内容方面披露的（　　）要求用精确的语言披露信息，不使人误解，不使用模棱两可的语言。
  A. 真实性原则
  B. 完整性原则

C. 准确性原则　　　　　　　　　　D. 公平披露原则

40. 基金信息内容方面披露的（　　）要求披露所有可能影响投资者决策的信息。
　　A. 真实性原则　　　　　　　　　　B. 完整性原则
　　C. 准确性原则　　　　　　　　　　D. 公平披露原则

41. 基金信息内容方面披露的（　　）要求公开披露最新的信息，这要求信息披露义务人应在法规要求的时限内尽快履行披露义务。
　　A. 及时性原则　　　　　　　　　　B. 完整性原则
　　C. 准确性原则　　　　　　　　　　D. 公平披露原则

42. （　　）可以改变投资者的信息弱势地位，增加资本市场的透明度，防止利益冲突与利益输送，增加对基金运作的公众监督，限制和阻止基金管理不当和欺诈行为的发生。
　　A. 实质性审查制度　　　　　　　　B. 强制性信息披露
　　C. 证券业协会监管　　　　　　　　D. 基金公司自律

43. 报告期内基金估值程序事项说明属于（　　）的披露。
　　A. 基金投资组合报告　　　　　　　B. 基金净值表现
　　C. 基金财务指标　　　　　　　　　D. 管理人报告

44. （　　）要求充分披露重大信息，但并不是要求事无巨细地披露所有信息，因为这不仅将增加披露义务人的成本，也将增加投资者收集信息的成本和筛选有用信息的难度。
　　A. 真实性原则　　　　　　　　　　B. 准确性原则
　　C. 完整性原则　　　　　　　　　　D. 规范性原则

45. 在基金份额的募集过程中，（　　）等募集信息披露文件向公众投资者阐明了基金产品的风险收益特征及有关募集安排，投资者能据以选择适合自己风险偏好和收益预期的基金产品。
　　A. 基金招募说明书　　　　　　　　B. 基金成立公告
　　C. 基金年报　　　　　　　　　　　D. 基金定期公告

二、多项选择题

1. 基金年度报告中应披露的财务指标包括（　　）。
　　A. 基金份额上期利润　　　　　　　B. 期初基金资产总值
　　C. 本期加权平均净值收益率　　　　D. 本期基金份额净值增长率

2. 基金年度会计报表附注主要包括（　　）。
　　A. 基金主要会计政策　　　　　　　B. 会计估计及其变更的披露
　　C. 基金资产负债表日后事项的披露　D. 关联方关系及其交易的披露

3. 基金年度投资组合报告应披露的信息有（　　）。
　　A. 期末基金资产组合
　　B. 期末按市值占基金资产净值比例大小排序的所有股票明细
　　C. 报告期内股票投资组合的重大变动
　　D. 期末按市值占基金资产净值比例大小排序的前 5 名债权明细

4. 基金股票投资组合重大变动的披露内容包括(　　)。

 A. 报告期内累计买入、累计卖出价值超出期初基金资产净值2％的股票明细

 B. 报告期内累计买入、累计卖出价值超出期初基金资产净值3％的股票明细

 C. 对累计买入、累计卖出价值前20名的股票价值低于3％的，应披露至少前20名的股票明细

 D. 整个报告期内买入股票的成本总额及卖出股票的收入总额

5. 基金的重大事件包括(　　)。

 A. 基金份额持有人大会的召开　　　　B. 延长基金合同期限

 C. 转换基金运作方式　　　　　　　　D. 更换董事长、总经理等高级管理人员

6. 基金年度报告披露的持有人信息主要有(　　)。

 A. 上市基金前10名持有人的名称、持有份额及占总份额的比例

 B. 上市基金前20名持有人的名称、持有份额及占总份额的比例

 C. 持有人结构，包括机构投资者、个人投资者持有的基金份额及占总份额的比例

 D. 持有人户数、户均持有基金份额

7. QDII基金定期报告中的特殊披露要求包括(　　)。

 A. 境外投资顾问和境外资产托管人信息

 B. 境外证券投资信息

 C. 境内证券投资信息

 D. 外币交易及外币折算相关的信息

8. QDII基金投资境外市场可能产生的风险包括(　　)。

 A. 市场风险　　　　　　　　　　　　B. 政府管制风险

 C. 政治风险　　　　　　　　　　　　D. 流动性风险

9. 货币市场基金特有的披露信息包括(　　)。

 A. 净值公告

 B. 收益公告

 C. 影子价格与摊余成本法确定的资产净值产生较大偏离信息

 D. 基金上市交易公告书

10. 关于ETF的信息披露，下列说法正确的是(　　)。

 A. 在基金合同和招募说明书中，需明确基金份额的各种认购、申购、赎回方式，以及投资者认购、申购、赎回基金份额涉及的对价种类等

 B. 基金上市交易之后，需按交易所的要求，在每日开市前披露当日的申购、赎回清单，并在交易时间内即时揭示基金份额参考净值

 C. 基金管理人关于ETF基金份额参考净值的计算方式，一般需经中国证监会认可后公告，修改ETF基金份额参考净值计算方式，也需经中国证监会认可后公告

 D. 对ETF的定期报告，按法规对上市交易指数基金的一般要求进行披露，无特别的披露事项

11. 基金信息披露的作用主要表现在(　　)。

 A. 有利于投资者的价值判断　　　　　B. 有利于防止利益冲突与利益输送

C. 有利于提高证券市场的效率　　　　D. 能够保证每个基金投资者的收益最大化

12. 基金信息在披露内容上，要求遵循的原则是(　　　)。

　　A. 规范性原则　　　　　　　　　　B. 准确性原则

　　C. 完整性原则　　　　　　　　　　D. 及时性原则

13. 基金信息在披露形式上，要求遵循的原则是(　　　)。

　　A. 规范性原则　　　　　　　　　　B. 公平披露原则

　　C. 易解性原则　　　　　　　　　　D. 易得性原则

14. 基金信息披露的内容主要包括(　　　)。

　　A. 募集信息披露　　　　　　　　　B. 投资回报信息披露

　　C. 运作信息披露　　　　　　　　　D. 临时信息披露

15. 我国基金信息披露的制度体系分为(　　　)。

　　A. 国家法律　　　　　　　　　　　B. 部门规章

　　C. 规范性文件　　　　　　　　　　D. 自律性规则

16. 基金信息披露的主要义务人有(　　　)。

　　A. 基金管理人

　　B. 证券交易所

　　C. 基金托管人

　　D. 召集基金份额持有人大会的基金份额持有人

17. 基金定期报告包括(　　　)。

　　A. 基金年度报告　　　　　　　　　B. 基金资产净值报告

　　C. 基金季度报告　　　　　　　　　D. 基金份额净值报告

18. 基金信息披露应用 XBRL 的意义，下列说法正确的是(　　　)。

　　A. 对于编制信息披露文件的基金管理公司及进行财务信息复核的托管银行，采用
　　　　XBRL 将有助于其梳理内部信息系统和相关业务流程，实现流程再造，促进业
　　　　务效率和内部控制水平的全面提高

　　B. 对于分析评价机构等基金信息服务中介，将可望以更低成本和以更便捷的方式
　　　　获得高质量的公开信息

　　C. 对于投资者，将更容易获得有用的信息，便于其进行投资决策

　　D. 对于监管部门，借助于 XBRL 技术，可以进一步提高研究的深度和广度，提升
　　　　监管效率和科学决策水平

19. 下列属于基金运作信息披露文件的有(　　　)。

　　A. 基金份额上市交易书公告　　　　B. 基金资产净值和份额净值公告

　　C. 重大事项公告　　　　　　　　　D. 基金定期报告

20. 基金份额发售前至基金合同生效期间进行的信息披露内容有(　　　)。

　　A. 招募说明书　　　　　　　　　　B. 基金合同

　　C. 份额净值公告　　　　　　　　　D. 基金份额发售公告

21. 基金信息披露的禁止行为有(　　　)。

　　A. 虚假记载　　　　　　　　　　　B. 误导性陈述、重大遗漏

C. 对证券投资业绩进行预测　　　　D. 违规承诺收益或者承担损失

22. 基金管理人编制基金（　　），经托管人复核后予以公告，同时分别报送中国证监会和基金上市的证券交易所备案。

　　A. 临时报告　　　　　　　　　　B. 年度报告

　　C. 半年度报告　　　　　　　　　D. 季度报告

23. 基金招募说明书中的基金摘要内容包括（　　）。

　　A. 基金名称及基金类型　　　　　B. 募集对象及募集期限

　　C. 申购赎回开始时间　　　　　　D. 基金份额的计算和基金主要当事人

24. 证券投资基金的定期报告包括（　　）。

　　A. 中期报告　　　　　　　　　　B. 投资组合公告

　　C. 基金资产净值公告　　　　　　D. 公开说明书

25. 上市公告书、年度报告、中期报告在编制完成后，应放置于（　　），供公众查阅。

　　A. 基金管理人所在地　　　　　　B. 基金托管人所在地

　　C. 上市交易的证券交易所　　　　D. 有关销售机构及其网点

26. 基金信息的披露大致可以划分为（　　）。

　　A. 基金临时信息披露　　　　　　B. 基金运作信息披露

　　C. 基金募集信息披露　　　　　　D. 基金管理信息披露

27. 对于信息披露违反法律法规或基金合同的机构，中国证监会可以采取的处罚措施包括（　　）。

　　A. 没收违法所得　　　　　　　　B. 责令改正

　　C. 罚款　　　　　　　　　　　　D. 出具警示函

28. 基金投资者应重点关注招募说明书中的（　　）信息。

　　A. 基金运作方式

　　B. 从基金资产中列支的费用的种类、计提标准和方式

　　C. 买卖基金费用的相关条款

　　D. 基金资产总值的计算方法和公告方式

29. 基金合同中特别约定的事项有（　　）。

　　A. 基金份额持有人的权利

　　B. 基金持有人大会的召集、议事及表决的程序和规则

　　C. 基金合同终止的事由及程序

　　D. 基金财产的清算方式

30. 基金上市交易公告书的主要披露事项包括（　　）。

　　A. 基金合同摘要　　　　　　　　B. 基金财务状况

　　C. 基金投资组合报告　　　　　　D. 基金募集情况与上市交易安排

31. 投资境外市场可能产生的风险信息包括（　　）。

　　A. 境外市场风险　　　　　　　　B. 利率风险

　　C. 政治风险　　　　　　　　　　D. 信用风险

32. 托管人召集基金份额持有人大会，应提前公告大会的事项有（　　）。

A. 会议形式　　　　　　　　B. 审议事项
C. 议事程序　　　　　　　　D. 表决方式

33. 管理人报告的具体内容包括（　　　）。
   A. 报告期内基金运作遵规守信情况说明
   B. 报告期内公平交易情况说明
   C. 报告期内基金的投资策略和业绩表现说明
   D. 报告期内基金估值程序等事项说明

34. 基金信息披露中以下属于严重的违法犯罪行为的有（　　　）。
   A. 虚假记载　　　　　　　　B. 承诺收益
   C. 误导性陈述　　　　　　　D. 重大遗漏

35. 基金信息披露编报规则有（　　　）。
   A.《主要财务指标的计算及披露》　　B.《基金净值表现的编制及披露》
   C.《会计报表附注的编制及披露》　　D.《基金投资组合报告的编制及披露》

三、判断题

1. 年度报告是定期报告中披露最详尽的，其目的主要是用于及时为广大基金持有人提供关于基金投资运作及其业绩的简要报告。（　　　）
   A. 正确　　　　　　　　　　B. 错误

2. 与年度报告相比，中期报告的披露要求要低一些，中期报告可以不披露基金托管人报告，其财务报告也无须经过审计。（　　　）
   A. 正确　　　　　　　　　　B. 错误

3. 招募说明书经中国证监会审核同意，但中国证监会对本基金做出的任何决定，均不表明其对本基金的价值和收益做出实质性判断或保证，也不表明投资于本基金没有风险。（　　　）
   A. 正确　　　　　　　　　　B. 错误

4. 基金信息披露的规范性文件主要包括基金信息披露内容与格式准则和基金信息披露编报规则。（　　　）
   A. 正确　　　　　　　　　　B. 错误

5. 对于货币市场基金来说，当"影子定价法"与"摊余成本法"确定的基金资产净值的偏离度达到或超过0.25％时，基金管理人应该进行临时公告。（　　　）
   A. 正确　　　　　　　　　　B. 错误

6. 封闭式基金至少每周公告一次基金的资产净值和份额净值。（　　　）
   A. 正确　　　　　　　　　　B. 错误

7. 在基金募集信息披露中，基金招募说明书和基金合同是最为重要的两个法律文件。（　　　）
   A. 正确　　　　　　　　　　B. 错误

8. 基金年度报告必须经过审计，而基金半年度报告可以不经审计。（　　　）
   A. 正确　　　　　　　　　　B. 错误

9. 货币市场基金除披露收益公告外，还要定期披露基金份额净值信息。（　　　）

A. 正确   B. 错误

10. 当 QDII 基金变更境外托管人、变更投资顾问、投资顾问主要负责人变动、出现境外涉及诉讼等重大事件时，应在事件发生后及时披露临时公告，并在更新的招募书中予以说明。（   ）

A. 正确   B. 错误

11. 不同基金类别的管理费和托管费水平存在差异，即使是同一类别的基金，计提管理费的方式也可能不同。（   ）

A. 正确   B. 错误

12. 真实、准确、完整、及时的基金信息披露是树立整个基金行业公信力的基石。（   ）

A. 正确   B. 错误

13. 以客观事实为基础，以没有扭曲和不加粉饰的方式反映真实状态，是基金信息披露最根本、最重要的原则。（   ）

A. 正确   B. 错误

14. 信息披露义务人可以有选择地披露可能影响投资人决策的各种不利风险因素。（   ）

A. 正确   B. 错误

15. 信息披露义务人可以向大型机构投资者先行披露有关投资信息。（   ）

A. 正确   B. 错误

16. 基金信息披露义务人将不存在的事实在基金信息披露文件中予以记载属于严重的违法犯罪行为。（   ）

A. 正确   B. 错误

17. 致使投资人对其投资行为发生错误判断并产生重大影响的陈述是基金信息披露中严格禁止的行为。（   ）

A. 正确   B. 错误

18. 基金销售时，基金管理人可以对基金产品的未来收益率进行预测，以帮助投资人的正确选择。（   ）

A. 正确   B. 错误

19. 基金投资人应根据自己的收益偏好和风险承受能力，对基金品种做出审慎选择。（   ）

A. 正确   B. 错误

20. 当基金将验资报告提交中国证监会办理基金备案手续后，基金不必披露基金合同生效公告。（   ）

A. 正确   B. 错误

21. 开放式基金在基金合同生效后每 3 个月披露一次更新的招募说明书。（   ）

A. 正确   B. 错误

22. 基金份额上市交易公告书是基金募集阶段需要披露的文件。（   ）

A. 正确   B. 错误

23. 在基金募集和运作过程中，基金管理人是信息披露义务的唯一当事人。（　　）
   A. 正确　　　　　　　　　　　　B. 错误

24. 基金管理人办理的信息披露事项具体涉及基金募集、上市交易、投资运作、净值披露等各环节。（　　）
   A. 正确　　　　　　　　　　　　B. 错误

25. 在基金份额发售的 3 日前基金管理人应该将招募说明书、基金合同摘要登载在指定报刊和管理人网站上，同时将基金合同、托管协议登载在管理人网站上。（　　）
   A. 正确　　　　　　　　　　　　B. 错误

26. 基金管理人至少每周公告 1 次封闭式基金的资产净值和份额净值。（　　）
   A. 正确　　　　　　　　　　　　B. 错误

27. 开放式基金在开始办理申购或者赎回前，至少每周公告 3 次资产净值和份额净值。（　　）
   A. 正确　　　　　　　　　　　　B. 错误

28. 开放式基金放开申购、赎回后，会披露每个开放日的份额净值和份额累计净值。（　　）
   A. 正确　　　　　　　　　　　　B. 错误

29. 基金托管人要编制基金资产净值、份额净值、申购赎回价格，对管理人的基金定期报告和定期更新的招募说明书等进行复核、审查。（　　）
   A. 正确　　　　　　　　　　　　B. 错误

30. 基金托管人的信息披露事项具体涉及基金资产保管、代理清算交割、会计核算、净值复核、投资运作监督等环节。（　　）
   A. 正确　　　　　　　　　　　　B. 错误

参考答案

一、单项选择题

1. B	2. D	3. D	4. A	5. D
6. B	7. A	8. D	9. B	10. D
11. A	12. C	13. B	14. B	15. C
16. A	17. C	18. D	19. D	20. B
21. D	22. C	23. D	24. C	25. B
26. D	27. A	28. C	29. C	30. B
31. B	32. D	33. C	34. A	35. B
36. B	37. C	38. A	39. C	40. B
41. A	42. B	43. D	44. C	45. A

二、多项选择题

1. CD	2. ABCD	3. ABCD	4. AD	5. ABCD
6. ACD	7. ABD	8. ABCD	9. BC	10. ABD

11. ABC	12. BCD	13. ACD	14. ACD	15. ABCD
16. ACD	17. AC	18. ABCD	19. ABD	20. ABD
21. ABCD	22. ABC	23. ABCD	24. ABC	25. ABCD
26. ABC	27. ABC	28. ABC	29. ABCD	30. ABCD
31. ACD	32. ABCD	33. ABCD	34. ACD	35. ABCD

三、判断题

1. B	2. A	3. A	4. A	5. B
6. A	7. A	8. A	9. B	10. A
11. A	12. A	13. A	14. B	15. B
16. A	17. A	18. B	19. A	20. B
21. B	22. B	23. B	24. A	25. A
26. A	27. B	28. A	29. B	30. A

第十章 基金监管

一、本章考纲

了解基金监管的含义与作用，熟悉基金监管的目标，掌握基金监管的原则，了解我国基金行业监管的法规体系。

熟悉基金监管机构对基金市场的监管，了解行业协会、证券交易所对基金行业的自律管理。

掌握对基金管理公司市场准入监管与日常监管的内容；了解对基金托管银行的监管；掌握对基金代销机构的监管；了解对基金登记机构的监管。

掌握基金募集申请核准的主要程序和内容；掌握基金销售活动监管的内容；熟悉基金信息披露监管的内容；掌握基金投资与交易行为监管的内容。

了解加强对基金行业高级管理人员监管的重要性；了解基金行业高级管理人员的任职资格条件；掌握对基金行业高级管理人员的基本行为规范；掌握对投资管理人员的基本行为规范；了解对基金管理公司督察长的监督管理。

二、本章知识体系

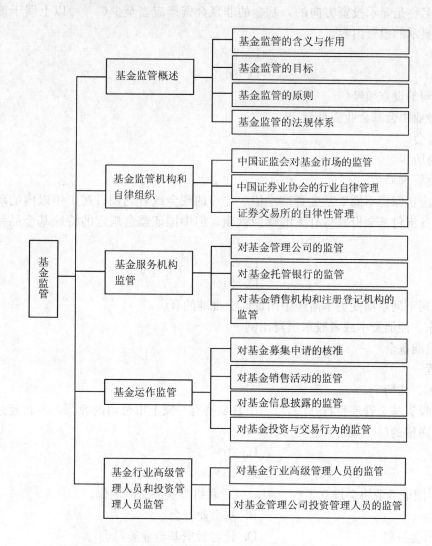

三、同步强化练习题及参考答案

同步强化练习题

一、单项选择题

1. 基金监管在内容上主要涉及的三个方面不包括(　　)。
   A. 对基金份额持有人的监管　　B. 对基金服务机构的监管
   C. 对基金运作的监管　　D. 对基金高级管理人员的监管

2. 基金管理人应当自基金合同生效之日起(　　)个月内使基金的投资组合比例符合基金合同的有关约定。

A. 12   B. 9

C. 6   D. 3

3. 开放式基金名称是显示投资方向的,基金的非现金资产应当至少(   )以上属于该基金名称所显示的投资内容。

A. 65%   B. 70%

C. 75%   D. 80%

4. 基金管理公司的设立须经(   )批准。

A. 中国证券业协会基金业委员会

B. 中国证监会

C. 证券交易所

D. 国家工商管理局

5. 开放式基金应当保持不低于基金资产净值(   )的现金或者到期日在1年以内的政府债券,以备支付基金份额持有人的赎回款项,但中国证监会规定的特殊基金品种除外。

A. 5%   B. 30%

C. 15%   D. 10%

6. 基金管理公司下列事项变更不需经中国证监会批准的有(   )。

A. 变更股东、注册资本或者股东出资比例

B. 计提风险准备金

C. 修改章程

D. 变更名称、住所

7. 根据《证券投资基金管理暂行办法》,一个基金持有一家上市公司的股票,不得超过该基金资产净值的(   )。

A. 10%   B. 20%

C. 30%   D. 15%

8. 2007年,中国证券业协会设立了(   ),负责联络与业务交流工作。

A. 基金公会   B. 基金业行会

C. 基金公司会员部   D. 证券投资基金业委员会

9. 基金管理公司的高级管理人员在非经营性机构兼职的,应当报(   )备案。

A. 所任职的非经营性机构   B. 聘任单位

C. 证券交易所   D. 中国证监会

10. 以下不属于基金募集申请材料的是(   )。

A. 申请报告   B. 基金合同草案

C. 招募说明书草案   D. 上市公告书

11. 封闭式基金的登记业务由(   )办理。

A. 中国证券业协会   B. 中国证监会

C. 中国结算公司   D. 中国银监会

12. 目前大多数开放式基金采用的模式是由(   )办理开放式基金的登记结算业务。

A. 基金管理公司　　　　　　　　B. 中国证监会

C. 中国结算公司　　　　　　　　D. 中国银监会

13. (　　)是基金运作的首要业务环节。

A. 基金募集申请的核准　　　　　B. 基金销售活动的监管

C. 基金信息披露的监管　　　　　D. 基金投资与交易行为的监管

14. 我国对基金募集申请实行的是(　　)。

A. 注册制　　　　　　　　　　　B. 核准制

C. 批准制　　　　　　　　　　　D. 投票制

15. (　　)对拟任基金管理人提出的申请依法审查，对符合条件的准予其从事基金募集、管理业务活动。

A. 中国证券业协会　　　　　　　B. 中国证监会

C. 中国结算公司　　　　　　　　D. 中国银监会

16. 中国证监会自受理基金募集申请之日起(　　)个月内做出核准或者不予核准的决定。

A. 1　　　　　　　　　　　　　B. 2

C. 5　　　　　　　　　　　　　D. 6

17. 关于基金销售活动的监管下列说法不正确的是(　　)。

A. 基金管理人委托其他机构办理基金销售业务的，被委托的机构应当取得基金销售业务资格

B. 未经基金管理人或者代销机构聘任，任何人员不得从事基金销售活动

C. 从事宣传推介基金活动的人员还应当取得基金从业资格

D. 代销机构可以委托其他机构代为办理基金的销售

18. 对于基金宣传推介材料的监管，法规规定，销售机构应在分发或公布基金宣传推介材料之日起(　　)个工作日内向其主要办公场所所在地证监局报送相关材料。

A. 1　　　　　　　　　　　　　B. 2

C. 5　　　　　　　　　　　　　D. 6

19. 按现行法规规定，基金管理人的督察长应当检查基金募集期间基金销售活动的合法合规情况，并自基金募集行为结束之日起(　　)日内编制专项报告，予以存档备查。

A. 2　　　　　　　　　　　　　B. 3

C. 5　　　　　　　　　　　　　D. 10

20. 申请基金行业高级管理人员任职资格应当具备的条件正确的是(　　)。

A. 取得基金从业资格

B. 通过证券交易所或者其授权机构组织的高级管理人员证券投资法律知识考试

C. 具有1年以上基金、证券、银行等金融相关领域的工作经历及与拟任职务相适应的管理经历

D. 最近5年没有受到证券、银行、工商和税务等行政管理部门的行政处罚

21. 中国证监会自受理基金管理公司设立申请之日起(　　)个月内，以审慎监管原则依

法审查，做出批准或不予批准的决定。

    A. 1   B. 2

    C. 3   D. 6

22. 中国证监会自受理基金管理公司设立申请之日起（　　）个月内现场检查基金管理公司设立准备情况。

    A. 1   B. 2

    C. 5   D. 6

23. 基金管理公司变更经营范围，包括通过变更经营范围开展特定资产管理业务，需自董事会或股东会做出决议之日起（　　）日内，报中国证监会批准。

    A. 10   B. 15

    C. 20   D. 30

24. 自（　　）起，基金管理公司经中国证监会批准，可以根据自身业务发展需要到香港地区设立机构，从事资产管理类相关业务。

    A. 2001 年 8 月   B. 2003 年 12 月

    C. 2004 年 12 月   D. 2008 年 4 月

25. 在股权出让或受让方面，持有基金管理公司股权未满（　　）年的股东，不得将所持股权出让。

    A. 1   B. 2

    C. 3   D. 5

26. 出让基金管理公司股权未满（　　）年的机构，中国证监会不受理其设立基金管理公司或受让基金管理公司股权的申请。

    A. 1   B. 2

    C. 3   D. 5

27. 基金管理公司股东的实际控制人发生变化的，该股东应在 10 个工作日内报告（　　）。

    A. 中国证券业协会   B. 中国证监会

    C. 中国人民银行   D. 中国银监会

28. 根据相关法规规定，只有获得基金托管资格的（　　），才可以承接 QDII 基金和基金管理公司特定资产管理业务的托管。

    A. 基金管理公司   B. 保险公司

    C. 商业银行   D. 证券交易所

29. 按现行法规规定，开放式基金的销售业务由（　　）负责。

    A. 基金管理人   B. 基金托管人

    C. 基金发行人   D. 证券交易所

30. 机构拟开办基金销售业务应当首先经（　　）审核和批准，取得基金代销资格。

    A. 中国证券业协会   B. 中国证监会

    C. 中国结算公司   D. 中国银监会

31. 对履行基金托管职责的监督不包括（　　）。

A. 在监督基金投资运作中，是否在基金托管协议中事先与基金管理公司订明相关权责，是否建立并及时维护相关监督系统，是否在发现问题时及时提醒基金管理公司并报告中国证监会

B. 是否建立科学合理、控制严密、运行高效的内部控制体系

C. 在办理基金的清算交割事宜中，是否能保证清算的及时高效，同时又保证基金财产的安全与独立

D. 在办理与基金托管业务相关的信息披露事项中，是否及时、真实、准确、完整地履行信息披露业务，是否在基金年度报告中的托管人报告中独立、客观地发表意见

32. （　　）中国证券业协会证券投资基金业委员会（以下简称"基金业委员会"）成立，承接了原基金公会的职能和任务，在中国证券业协会的领导下开展工作。

A. 2002 年 7 月 4 日　　　　　　　B. 2002 年 12 月 4 日

C. 2004 年 12 月 4 日　　　　　　　D. 2002 年 8 月 4 日

33. 申请高级管理人员任职资格，应当具备（　　）以上基金、证券、银行等金融相关领域的工作经历及与拟任职务相适应的管理经历。

A. 1 年　　　　　　　　　　　　　B. 2 年

C. 3 年　　　　　　　　　　　　　D. 5 年

34. （　　）是为适应我国证券市场和基金业发展新形势、新情况的需要成立的，是中国证券业协会内设的由专业人士组成的议事机构。

A. 证券业协会　　　　　　　　　　B. 中国证监会

C. 中国银监会　　　　　　　　　　D. 基金业委员会

35. （　　）全面负责组织指导基金管理公司日常的监察稽核工作。

A. 董事会　　　　　　　　　　　　B. 监事会

C. 总经理　　　　　　　　　　　　D. 督察长

36. 基金监管的首要目标是（　　）。

A. 保护投资者利益　　　　　　　　B. 保证市场的公平、效率和透明

C. 降低系统风险　　　　　　　　　D. 推动基金业的规范发展

37. （　　）在对我国基金的监管上负有最主要的责任。

A. 中国证券业协会　　　　　　　　B. 中国证监会

C. 中国人民银行　　　　　　　　　D. 中国银监会

38. 我国基金业经过 10 余年时间的规范发展，已经初步形成一套以（　　）为核心、各类部门规章和规范性文件为配套、自律规则为补充的完善的基金监管法律制度体系。

A.《证券投资基金信息披露指引》　　B.《证券投资基金法》

C.《证券投资基金运作管理办法》　　D.《证券投资基金管理公司管理办法》

39. （　　）是我国基金市场的监管主体，其依法对基金市场参与者的行为进行监督管理。

A. 中国证券业协会　　　　　　　　B. 中国证监会

C. 基金管理公司　　　　　　　　D. 证券交易所

40.（　　）作为我国证券业的自律性组织，对基金业实施行业自律管理。
　　A. 中国证券业协会　　　　　　B. 中国证监会
　　C. 基金管理公司　　　　　　　D. 证券交易所

41.（　　）负责组织和监督基金的上市交易，并对上市交易基金的信息披露进行监督。
　　A. 中国证券业协会　　　　　　B. 中国证监会
　　C. 基金管理公司　　　　　　　D. 证券交易所

42. 中国证券业协会基金公会的成立时间为（　　）。
　　A. 1999 年 12 月　　　　　　　B. 2000 年 5 月
　　C. 2001 年 8 月　　　　　　　D. 2001 年 12 月

43. 中国证券业协会证券投资基金业委员会成立的时间是（　　）。
　　A. 2000 年 12 月　　　　　　　B. 2001 年 8 月
　　C. 2003 年 12 月　　　　　　　D. 2004 年 12 月

44. 证券交易所在日常监控中发现基金异常交易行为时，将视情况采取电话提示、书面
　　警告、约见谈话、公开谴责等措施，并在采取相关措施的同时报告（　　）。
　　A. 中国证券业协会　　　　　　B. 中国证监会
　　C. 基金管理公司　　　　　　　D. 中国银监会

45. 在基金市场上，从事基金活动、为基金提供服务的所有组织和机构，包括基金管理
　　公司、基金托管银行、基金销售机构、基金注册登记机构、基金评价机构等，都由
　　（　　）依法实施监管。
　　A. 中国证券业协会　　　　　　B. 中国证监会
　　C. 中国人民银行　　　　　　　D. 中国银监会

二、多项选择题

1. 在下列基金信息披露制度框架体系中，属于部门规章的是（　　）。
　　A.《基金管理公司治理准则》　　B.《基金运作管理办法》
　　C.《基金信息披露管理办法》　　D.《基金行业高级管理人员任职管理办法》

2. 基金托管人资格由（　　）核准。
　　A. 中国证券业协会　　　　　　B. 中国证监会
　　C. 中国人民银行　　　　　　　D. 中国银监会

3. 中国证监会基金监管部主要通过（　　）方式实现基金监管。
　　A. 市场准入监管　　　　　　　B. 市场退出监管
　　C. 日常持续监管　　　　　　　D. 基金管理人员监管

4. 申请基金行业高级管理人员任职资格，应当具备的条件有（　　）。
　　A. 取得基金从业资格
　　B. 通过中国证监会或者其授权机构组织的高级管理人员证券投资法律知识考试
　　C. 具有 3 年以上基金、证券、银行等金融相关领域的工作经历及与拟任职务相适应
　　　的管理经历
　　D. 最近 2 年没有受到证券、银行、工商和税务等行政管理部门的行政处罚

5. 基金行业自律管理的方式主要包括( )。

   A. 通过制定切实可行的工作计划，大力开展基金业宣传活动，树立行业形象，正确引导社会公众对基金市场的认识

   B. 建立行业教育培训体系，全面提高基金从业人员素质

   C. 加大研究力度，对关系基金业发展的重点、难点、热点问题进行深入研究，促进基金业的健康发展

   D. 直接从事基金投资管理业务

6. 证券交易所自律管理的内容包括( )。

   A. 基金公司人员的聘任

   B. 对基金上市交易的监控和管理

   C. 对投资者买卖基金交易行为的合法、合规性进行监控和管理

   D. 对证券投资基金在证券市场的投资行为进行监控和管理

7. 基金管理公司需经中国证监会批准的重大事项变更有( )。

   A. 变更股东、注册资本或者股东出资比例

   B. 变更基金经理人

   C. 变更名称、住所

   D. 修改章程

8. 对违规或存在较大经营风险的基金管理公司，中国证监会可以采取的处罚措施有( )。

   A. 依法责令整改，暂停办理相关业务

   B. 对直接负责的主管人员和其他直接责任人员监管谈话

   C. 出具警示函

   D. 暂停履行职务

9. 从开放式基金实践的情况来看，目前具备办理开放式基金登记业务资格的机构主要包括( )。

   A. 基金管理公司   B. 中国证监会

   C. 中国结算公司   D. 中国银监会

10. 督察长的执业素质和行为规范有( )。

   A. 3 年以上监察稽核、风险管理或者证券、法律、会计、审计等方面的业务工作经历

   B. 诚实信用，具有良好的品行和职业操守记录

   C. 应保持充分的独立性对基金及公司运作的合法、合规情况以及公司内部风险控制情况做出独立、客观、公正的判断

   D. 对与督察长本人有利益冲突的事项应当回避

11. 我国基金监管的目标包括( )。

   A. 保护投资者利益   B. 保证市场的公平、效率和透明

   C. 降低系统风险   D. 推动基金业的规范发展

12. 基金监管主要涉及的内容是( )。

A. 对基金持有人的监管　　　　　B. 对基金服务机构的监管

C. 对基金运作的监管　　　　　　D. 对基金高级管理人员的监管

13. 基金监管是指监管部门运用(　　)手段,对基金市场参与者行为进行的监督与管理。

A. 自律的　　　　　　　　　　　B. 法律的

C. 经济的　　　　　　　　　　　D. 行政的

14. 基金监管的原则包括(　　)。

A. 依法监管原则　　　　　　　　B. 监管与自律并重原则

C. 监管的连续性和有效性原则　　D. 审慎监管原则

15. 关于基金监管的"三公"原则,下列说法正确的是(　　)。

A. 基金是证券市场的重要参与者之一,证券市场公开、公平、公正的原则同样适用于基金市场

B. 公开原则要求基金市场具有充分的透明度,要实现市场信息的公开化

C. 公平原则要求监管部门在公开、公平原则的基础上,对被监管对象给予公正待遇

D. 公正原则是指市场中不存在歧视,参与市场的主体具有完全平等的权利

16. 中国证监会基金监管部的主要职能包括(　　)。

A. 负责基金管理公司和基金托管银行特别会员的自律管理

B. 教育组织基金管理公司会员遵守证券法律、行政法规

C. 对有关基金的行政许可项目进行审核

D. 全面负责对基金管理公司、基金托管人及基金代销机构的监管

17. 中国证监会基金监管部主要通过(　　)方式实现基金监管。

A. 市场准入监管　　　　　　　　B. 日常持续监管

C. 市场退出监管　　　　　　　　D. 市场交易监管

18. 我国基金监管的层次可以分为(　　)。

A. 国务院证券监督管理机构的监管　B. 中国证券业协会的自律性管理

C. 中国人民银行对托管银行的监管　D. 证券交易所的一线监管

19. 中国证监会对证券投资基金的监管内容包括(　　)。

A. 基金管理公司设立申请的核准及日常监管

B. 基金托管人设立申请的核准及日常监管

C. 基金代销机构设立申请的核准及日常监管

D. 证券投资基金设立申请的核准及日常监管

20. 中国证券业协会证券投资基金业委员会的主要职责有(　　)。

A. 调查、收集、反映业内意见和建议

B. 研究、论证业内相关政策与方案

C. 草拟或审议证券投资基金业务有关规则、执业标准、工作指引和自律公约

D. 协助开展业内教育培训、国际交流与合作

21. 当(　　)情况出现的时候,证监会需要对基金高管人员出具警示函和进行监管

谈话。

  A. 违反诚信、审慎、勤勉、忠实义务

  B. 擅离职守

  C. 基金管理公司的治理结构、内控制度不健全，执行不力

  D. 基金高管人员的业务活动可能严重损害基金财产

22. 根据有关规定，我国基金高级管理人员包括( )。

  A. 基金管理公司总经理

  B. 基金管理公司董事长

  C. 商业银行基金托管部总经理、副总经理

  D. 基金管理公司副总经理

23. 基金信息披露监管的主要内容有( )。

  A. 建立健全基金信息披露制度规范 B. 基金募集信息披露监管

  C. 基金存续期信息披露监管 D. 信息披露违规处罚

24. 证券交易所对基金的一线监管表现为( )。

  A. 对基金交易的监管 B. 对基金募集的监管

  C. 对基金上市的管理 D. 对基金投资的监管

25. 基金管理公司变更经营范围，中国证监会将对基金管理公司的( )等相关内容进行审查和评议，做出相关决定。

  A. 投资决策与研究分析体系的建立与执行

  B. 公平交易与防范利益输送相关制度的建立与执行

  C. 公司监察稽核与内部风险控制体系的建立与执行

  D. 人员队伍及人力资源管理状况

26. 基金监管模式可分为( )。

  A. 基金行业自律模式 B. 法律约束下的公司自律模式

  C. 政府严格管理模式 D. 政府管理和行业自律结合模式

27. 内部控制体现的原则有( )。

  A. 健全性 B. 有效性

  C. 独立性 D. 相互制约性

28. 中国证监会对基金管理公司进行现场检查的内容包括( )。

  A. 进入基金管理公司及其分支机构进行检查

  B. 要求基金管理公司提供与检查事项有关的文件会议记录报表、凭证和其他资料

  C. 询问基金管理公司的工作人员，要求其对有关检查事项做出说明

  D. 查阅、复制基金管理公司与检查事项有关的文件、资料，对可能被转移、隐匿或者毁损的文件资料予以封存

29. 中国证监会对基金托管部门内部控制的监督包括( )。

  A. 各机构部门和岗位职责是否保持相对独立

  B. 基金资产、托管银行自有资产、其他资产的保管是否严格分离

  C. 基金资产、托管银行自有资产、其他资产的运作是否严格分离

D. 托管银行、托管业务部门的岗位设置应当权责分明、相互制衡等

30. 在基金销售过程中，基金管理公司、基金代销机构及其工作人员的下列（　　）行为属于禁止行为。

A. 向投资人做虚假陈述、欺骗性宣传、误导投资人买卖基金

B. 向投资人收取额外费用

C. 向任何个人或者机构以强制抽奖等不正当方式销售基金

D. 通过基金销售从投资人处获取或者给予投资人与基金销售无关的利益

31. 基金经理的任职应具备的条件有（　　）。

A. 通过中国证监会或者其授权机构组织的证券投资法律知识考试

B. 具有 3 年以上证券投资管理经历

C. 没有《公司法》、《证券投资基金法》等法律、行政法规规定的不得担任公司董事、监事、经理和基金从业人员的情形

D. 最近 5 年没有受到证券、银行、工商和税务等行政管理部门的行政处罚

32. 关于基金管理公司独立董事的任职资格，下列说法错误的有（　　）。

A. 具有 3 年以上金融、法律或者财务的工作经历

B. 有履行职责所需要的时间

C. 最近 5 年没有在拟任职的基金管理公司及其股东单位、与拟任职的基金管理公司存在业务联系或者利益关系的机构任职

D. 直系亲属不在拟任职的基金管理公司任职

33. 下列关于风险准备金的说法正确的是（　　）。

A. 提取风险准备金的主要目的是提高基金管理公司的收益

B. 2007 年之后按照不低于基金管理费收入的 5‰ 计提风险准备金

C. 风险准备金余额达到基金资产净值的 1‰ 时可不再提取

D. 风险准备金制度已成为保护基金份额持有人利益的重要措施

34. 下列属于基金业委员会主要职责的有（　　）。

A. 调查、收集、反映业内意见和建议

B. 草拟或审议证券投资基金业务有关规则

C. 负责基金业务数据统计分析

D. 研究、论证业内相关政策与方案

35. 下列关于基金投资范围的说法正确的是（　　）。

A. 股票基金应有 60％ 以上的资产投资于股票

B. 基金不得投资有锁定期但锁定期不明确的证券

C. 货币市场基金可投资于股票、可转债、剩余期限超过 397 天的债券等

D. 货币市场基金仅投资于货币市场工具

36. 基金管理公司的法人治理结构确定（　　）等相关利益主体间的关系。

A. 基金管理公司股东会
B. 基金管理公司董事会
C. 基金管理公司管理层
D. 监管机构

37. 中国证监会于 2006 年 8 月和 2007 年 9 月先后发布通知规范基金管理公司提取风险

准备金。风险准备金主要用于赔偿因公司( )等给基金财产或基金份额持有人造成的损失。

A. 违法违规   B. 违反基金合同

C. 技术故障   D. 操作失误

38. 基金管理公司在股权出让或受让方面,有关法规要求包括( )。

    A. 持有基金管理公司股权未满 2 年的股东,不得将所持股权出让

    B. 股东持有的基金管理公司股权被出质期间,中国证监会不受理其设立基金管理公司或受让基金管理公司股权的申请

    C. 股东持有的基金管理公司股权被人民法院采取财产保全或者执行措施期间,中国证监会不受理其设立基金管理公司或受让基金管理公司股权的申请

    D. 出让基金管理公司股权未满 3 年的机构,中国证监会不受理其设立基金管理公司或受让基金管理公司股权的申请

39. 当基金管理公司、基金托管银行、基金托管部门或者其高级管理人员有以下( )情形时,中国证监会依法对相关高级管理人员出具警示函、进行监管谈话。

    A. 业务活动可能严重损害基金财产或者基金份额持有人的利益

    B. 基金管理公司的治理结构、内部控制制度不健全、执行不力,导致出现或者可能出现重大隐患,可能影响其正常履行基金管理人、基金托管人职责

    C. 高级管理人员直系亲属拟移居境外或者已在境外定居

    D. 违反诚信、审慎、勤勉、忠实义务

40. 基金监管目标中,降低系统风险是指( )。

    A. 基金管理机构及其他相关机构出现财务危机时,监管者应当尽量减轻危机对整个市场造成的冲击

    B. 要求基金管理机构满足资本充足率和一定的运营条件以及其他谨慎要求

    C. 要求投资者将风险承担限制在能力范围之内,并且监控过度的风险行为

    D. 基金管理机构倒闭时客户可以免遭损失或者整个系统免受牵连

41. 中国证监会对基金管理公司设立申请采取的审查方式包括( )。

    A. 征求相关机构和部门关于股东条件等方面的意见

    B. 采取专家评审对申请材料的内容进行审查

    C. 采取调查核实方式对申请材料的内容进行审查

    D. 自受理之日起 5 个月内现场检查基金管理公司设立准备情况

42. 在对基金管理公司治理实施监管时,主要关注的内容是( )。

    A. 公司是否按照有关法律法规的要求建立起了组织机构健全、职责划分清晰、制衡监督有效、激励约束合理的法人治理结构

    B. 公司是否明确股东会的职权范围和议事规则,股东是否严格履行义务

    C. 公司是否明确董事会的职权范围和议事规则

    D. 公司董事是否具有履行职责所必需的素质、能力和时间,独立董事是否独立并有效履行职权

43. 中国证监会各地方证监局主要负责( )。

A. 负责辖区内基金管理公司管理基金存续期间的信息披露监管工作

B. 负责核查辖区内拟任基金管理公司股东情况并出具意见

C. 负责辖区内基金管理公司开业申请和分支机构设立申请的现场检查工作

D. 协助中国证监会基金监管部对有关基金的违规违法行为的核查

三、判断题

1. 开放式基金应当保持不低于基金资产净值5％的现金或者到期日在1年以内的政府债券，以备支付基金份额持有人的赎回款项。（ ）

    A. 正确　　　　　　　　　　　　　B. 错误

2. 股票基金应有80％以上的资产投资于股票。（ ）

    A. 正确　　　　　　　　　　　　　B. 错误

3. 基金发行审核专家评议会对基金设立申报材料做出批准或者不予批准的决定。（ ）

    A. 正确　　　　　　　　　　　　　B. 错误

4. 商业银行开办开放式基金单位的认购、申购和赎回业务、应当经中国证监会和中国人民银行审查批准。（ ）

    A. 正确　　　　　　　　　　　　　B. 错误

5. 证券公司代理销售证券投资基金，应当经中国证监会和中国人民银行审查批准。（ ）

    A. 正确　　　　　　　　　　　　　B. 错误

6. 2009年，中国证监会发布《开放式证券投资基金销售费用管理规定》，自2010年1月1日起实施。（ ）

    A. 正确　　　　　　　　　　　　　B. 错误

7. 开放式基金的广告、宣传推介应当经中国证监会核准。（ ）

    A. 正确　　　　　　　　　　　　　B. 错误

8. 中国证监会负责审核基金设立申请材料，并对基金设立募集过程中的信息披露实施监管。（ ）

    A. 正确　　　　　　　　　　　　　B. 错误

9. 基金管理公司应当依照有关规定及时对拟离职投资管理人员进行离任审查，自其离职之日起60个工作日内为其出具工作经历证明及真实客观的离任审查报告或鉴定意见，并采取切实有效的措施，确保投资业务正常进行。（ ）

    A. 正确　　　　　　　　　　　　　B. 错误

10. 基金募集申请获得中国证监会核准前，基金管理人、代销机构可以提前向公众分发、公布基金宣传推介材料或者发售基金份额。（ ）

    A. 正确　　　　　　　　　　　　　B. 错误

11. 根据国际证监会组织制定的《证券监管目标与原则》，证券监管的目标主要是保护投资者，保证市场的公平、效率和透明，降低系统风险。（ ）

    A. 正确　　　　　　　　　　　　　B. 错误

12. 保证市场的公平、效率和透明是我国基金监管的首要目标。（ ）

A. 正确   B. 错误

13. 对基金监管可以采用行政手段。（　　）
 A. 正确   B. 错误

14. 中国证监会将现场验收结果作为批准管理公司开业的必要条件。（　　）
 A. 正确   B. 错误

15. 不定期检查侧重对基金运作、公司财务状况以及基金托管人和管理公司的监察稽核工作。（　　）
 A. 正确   B. 错误

16. 基金的发起人在基金存续期内不能持有自己发行的基金单位。（　　）
 A. 正确   B. 错误

17. 基金份额发售前 3 天，基金管理公司应在指定的报刊上登载招募说明书。（　　）
 A. 正确   B. 错误

18. 各地方证监局主要负责对经营所在地在本辖区内的基金管理公司进行日常监管，同时负责对辖区内异地基金管理公司的分支机构及基金代销机构进行日常监管。（　　）
 A. 正确   B. 错误

19. 中国证券业协会是具有独立法人地位的、由经营证券业务的金融机构自愿组成的行业性自律组织。（　　）
 A. 正确   B. 错误

20. 基金管理公司的分公司和办事处的法律责任由分支机构承担。（　　）
 A. 正确   B. 错误

21. 基金监管部主要通过市场准入监管与日常持续监管两种方式实现基金监管。（　　）
 A. 正确   B. 错误

22. 根据相关法规的规定，在我国销售基金的宣传推介材料中必须含有明确、醒目的风险提示和警示性文字，并且在阅读过程中不易被忽略。（　　）
 A. 正确   B. 错误

23. 基金经理不得直接向交易员下达投资指令或者直接进行交易。（　　）
 A. 正确   B. 错误

24. 基金管理人运用基金财产进行证券投资，同一基金管理人管理的全部基金可以持有一家公司发行的证券，但比例不能超过该证券的 30％。（　　）
 A. 正确   B. 错误

25. 基金高级管理人员和基金经理有直系亲属在基金监管部门工作的，其中的一方应当回避。（　　）
 A. 正确   B. 错误

26. 基金管理公司可以作为基金管理人办理开放式基金的登记结算业务。（　　）
 A. 正确   B. 错误

27. 保证市场的公平、透明和效率是我国基金监管的首要目标。（　　）
 A. 正确   B. 错误

28. 基金管理公司的发起人自公司成立 1 年内不得转让出资，公司原有股东的新增出资、新增股东的出资 1 年内不得转让。（　　）
   A. 正确　　　　　　　　　　　　B. 错误

29. 单只基金持有的全部权证市值占基金资产净值的比例不得超过 2%。（　　）
   A. 正确　　　　　　　　　　　　B. 错误

30. 中国证监会对基金设立申报材料中应报送的申请报告、发起人协议、基金契约、托管协议和招募说明书等必要文件是否齐备进行审查。（　　）
   A. 正确　　　　　　　　　　　　B. 错误

31. 考虑到我国资本市场正处于转型时期的新兴市场以及我国基金业自身所具有的特点，我国基金监管还担负着推动基金业发展的使命。（　　）
   A. 正确　　　　　　　　　　　　B. 错误

32. 只有获得基金托管资格的商业银行，也可以承接 QDII 基金和基金管理公司特定资产管理业务的托管。（　　）
   A. 正确　　　　　　　　　　　　B. 错误

33. 基金监管是指监管部门运用法律、经济以及必要的行政手段，对基金市场参与者行为进行的监督与管理。（　　）
   A. 正确　　　　　　　　　　　　B. 错误

34. 对于各销售机构信息管理平台的建设，中国证监会及其各地方证监局主要通过现场检查方式实施监督。（　　）
   A. 正确　　　　　　　　　　　　B. 错误

35. 现场检查就是通过报备制度，由基金从业机构向基金监管部定期或不定期报送各种书面报告，基金监管部通过审阅并分析这些报告，及时发现并处理有关违规事件，保证法规的有效执行。（　　）
   A. 正确　　　　　　　　　　　　B. 错误

参考答案

一、单项选择题

1. A	2. C	3. C	4. B	5. A
6. B	7. A	8. C	9. D	10. D
11. C	12. A	13. A	14. B	15. B
16. D	17. D	18. C	19. A	20. A
21. D	22. C	23. B	24. D	25. A
26. C	27. B	28. C	29. A	30. B
31. B	32. B	33. C	34. D	35. D
36. A	37. B	38. B	39. B	40. A
41. D	42. C	43. D	44. B	45. B

二、多项选择题

1. BCD	2. BD	3. ACD	4. ABC	5. ABC
6. BCD	7. ACD	8. ABCD	9. AC	10. ABCD
11. ABCD	12. BCD	13. BCD	14. ABCD	15. AB
16. CD	17. AB	18. BCD	19. ABC	20. ABCD
21. ACD	22. ACD	23. ABCD	24. AD	25. ABCD
26. ABC	27. ABCD	28. ABCD	29. ABCD	30. ABCD
31. ABC	32. AC	33. CD	34. ABD	35. ABD
36. ABC	37. ABC	38. BCD	39. ABD	40. ABCD
41. ABCD	42. ABCD	43. ABCD		

三、判断题

1. A	2. B	3. A	4. A	5. A
6. B	7. A	8. A	9. B	10. B
11. A	12. B	13. A	14. A	15. B
16. B	17. B	18. A	19. A	20. B
21. A	22. A	23. A	24. B	25. A
26. A	27. B	28. A	29. B	30. A
31. A	32. B	33. A	34. A	35. B

第十一章 证券组合管理理论

一、本章考纲

熟悉证券组合的含义、类型、划分标准及其特点；熟悉证券组合管理的意义、特点、基本步骤；熟悉现代证券组合理论体系形成与发展进程；熟悉马柯威茨、夏普、罗斯对现代证券组合理论的主要贡献。

掌握单个证券和证券组合期望收益率、方差的计算以及相关系数的意义。熟悉证券组合可行域和有效边界的含义；熟悉证券组合可行域和有效边界的一般图形；掌握有效证券组合的含义和特征；熟悉投资者偏好特征；掌握无差异曲线的含义、作用和特征；熟悉最优证券组合的含义；掌握最优证券组合的选择原理。

熟悉资本资产定价模型的假设条件；熟悉无风险证券的含义；掌握最优风险证券组合与市场组合的含义及两者的关系；掌握资本市场线和证券市场线的定义、图形及其经济意义；掌握证券 β 系数的定义和经济意义。

熟悉资本资产定价模型的应用效果。

熟悉套利定价理论的基本原理，掌握套利组合的概念及计算，能够运用套利定价方程计算证券的期望收益率，熟悉套利定价模型的应用。

掌握有效市场的基本概念、形式以及运用。

了解行为金融理论的背景、理论模型及其运用。

二、本章知识体系

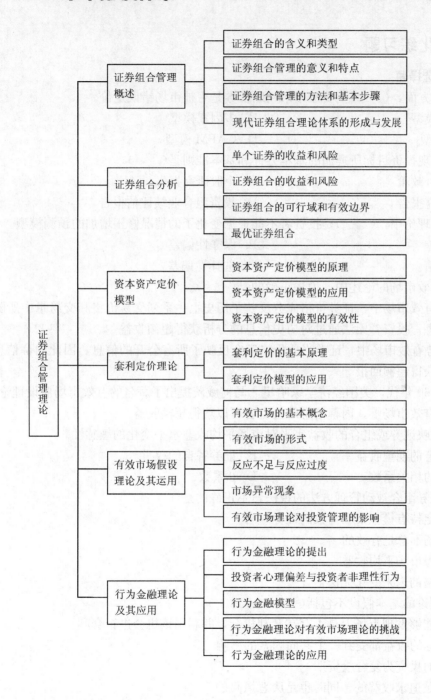

三、同步强化练习题及参考答案

同步强化练习题

一、单项选择题

1. 在资产估值方面，（   ）主要被用来判断证券是否被市场错误定价。
   A. 单因素模型
   B. 多因素模型
   C. APT 模型
   D. CAPM 模型

2. 投资者为实现投资目标所遵循的基本方针和基本准则是（   ）。
   A. 证券投资政策
   B. 个股研究报告
   C. 行业研究报告
   D. 投资组合业绩评估报告

3. 在行为金融理论中，（   ）是投资者不能根据变化了的情况修正增加的预测模型。
   A. 心理偏差
   B. 保守性偏差
   C. 过度自信
   D. 选择性偏差

4. 下列关于有效市场的论述中，说法正确的是（   ）。
   A. 在弱势有效市场中，证券价格充分反映了历史上一系列交易价格和交易量中所隐含的信息，投资者无法通过对历史信息的分析获得超额收益
   B. 在半强势有效市场中，证券当前价格完全反映了所有公开的信息，因此内幕信息者无法获得超额回报
   C. 20 世纪 60 年代，美国经济学家哈里·马柯威茨提出了著名的有效市场假设理论
   D. 在强势有效市场上，内幕信息的持有者可以获得超额收益

5. （   ）是反映证券或组合的收益水平对市场平均收益水平变化的敏感性。
   A. 证券组合的期望收益率
   B. 证券各自的权重
   C. 证券间的相关系数
   D. β 系数

6. 以下有关证券组合被动管理方法的说法，不正确的是（   ）。
   A. 长期稳定持有模拟市场指数的证券组合
   B. 证券市场不总是有效的
   C. 期望获得市场平均收益
   D. 证券价格的未来变化无法估计

7. 套利定价理论的基本假设不包括（   ）。
   A. 投资者能够发现市场上是否存在套利机会，并利用该机会进行套利
   B. 所有证券的收益都受到一个共同因素的影响
   C. 投资者的投资为复合投资期
   D. 投资者是追求收益的，同时也是厌恶风险的

8. 证券组合理论认为，证券组合的风险随着组合所包含证券数量的增加而（   ），尤其是证券间关联性极低的多元化证券组合可以有效地降低非系统风险，使证券组合的投资风险趋向于市场平均风险水平。

A. 降低   B. 增加

C. 不变   D. 都有可能

9. 以下不属于无差异曲线特点的是(　　)。

  A. 每个投资者的无差异曲线形成密布整个平面又相交的曲线簇

  B. 无差异曲线是由左至右向上弯曲的曲线

  C. 同一条无差异曲线上的组合给投资者带来的满意程度相同

  D. 不同无差异曲线上的组合给投资者带来的满意程度不同

10. (　　)是指对证券组合管理第一步所确定的金融资产类型中个别证券或证券组合的具体特征进行的考察分析。

  A. 证券投资政策   B. 证券投资分析

  C. 组建证券投资组合   D. 投资组合的修正

11. 分析家推荐,指推荐购买某种股票的分析家越多,这种股票价格越有可能下跌;入选成份股,指股票入选成份股,引起股票价格上涨等。这类现象属于(　　)。

  A. 日历异常   B. 事件异常

  C. 公司异常   D. 会计异常

12. (　　)是由公司本身或投资者对公司的认同程度引起的异常现象。

  A. 日历异常   B. 事件异常

  C. 公司异常   D. 会计异常

13. 实际盈余大于预期盈余的股票在宣布盈余后价格仍会上涨,这类现象属于(　　)。

  A. 日历异常   B. 事件异常

  C. 公司异常   D. 会计异常

14. (　　)兴起于20世纪80年代,并在90年代得到较为迅速的发展,它是在对现代投资理论的挑战和质疑的背景下形成的。

  A. 行为金融理论   B. 资本资产定价模型

  C. 套利定价模型   D. 效市场假设理论

15. (　　)认为,人们在进行投资决策时会存在两种心理认知偏差。

  A. 套利定价模型   B. 资本资产定价模型

  C. BSV 模型   D. DHS 模型

16. (　　)认为,投资者由于受信息处理能力的限制、信息不完全的限制、时间不足的限制以及心理偏差的限制,将不可能立即对全部公开信息做出反应。

  A. 行为金融理论   B. 资本资产定价模型

  C. 套利定价模型   D. 效市场假设理论

17. β 系数作为衡量系统风险的指标,其与收益水平的关系是(　　)。

  A. 正相关   B. 负相关

  C. 线性   D. 凸性

18. 不同投资者的无差异曲线簇可获得各自的最佳证券组合,一个只关心风险的投资者将选取(　　)作为最佳组合。

  A. 最大方差组合   B. 最小方差组合

C. 最高收益率组合　　　　　　　D. 适合自己风险承受能力的组合

19. 给定证券 A、B 的期望收益率和方差，证券 A 与证券 B 的不同的(　　)将决定 A、B 的不同形状的组合线。

　　A. 收益性　　　　　　　　　　　B. 风险性

　　C. 流动性　　　　　　　　　　　D. 关联性

20. 上边界和下边界的交汇点所代表的组合在所有可行组合中方差最小，因而被称作(　　)。

　　A. 最小风险组合　　　　　　　　B. 最小方差组合

　　C. 最佳资产组合　　　　　　　　D. 最高收益组合

21. 从组合线的形状来看，相关系数越小，在不卖空的情况下，证券组合的风险(　　)。

　　A. 不变　　　　　　　　　　　　B. 越大

　　C. 越小　　　　　　　　　　　　D. 不能确定

22. 对于追求收益又厌恶风险的投资者而言，他们的无差异曲线都具有的特点不正确的是(　　)。

　　A. 无差异曲线是由左至右向上弯曲的曲线

　　B. 每个投资者的无差异曲线形成密布整个平面又互不相交的曲线簇

　　C. 同一条无差异曲线上的组合给投资者带来的满意程度相同

　　D. 无差异曲线的位置越高，其上的投资组合给投资者带来的满意程度就越低

23. 资本资产定价模型表明：β 系数作为衡量系统风险的指标，风险越大，收益(　　)。

　　A. 越高　　　　　　　　　　　　B. 越低

　　C. 不变　　　　　　　　　　　　D. 不能确定

24. 套利定价理论（APT）由(　　)于 20 世纪 70 年代中期建立，是描述资产合理定价但又有别于 CAPM 的均衡模型。

　　A. 约翰·林特耐　　　　　　　　B. 威廉·夏普

　　C. 罗斯　　　　　　　　　　　　D. 罗尔

25. 从经济学的角度讲，(　　)是指人们利用同一资产在不同市场间定价不一致，通过资金的转移而实现无风险收益的行为。

　　A. 套利　　　　　　　　　　　　B. 投机

　　C. 投资　　　　　　　　　　　　D. 储蓄

26. (　　)表明，市场均衡状态下，证券或组合的期望收益率完全由它所承担的因素风险所决定，承担相同因素风险的证券或证券组合都应该具有相同期望收益率，期望收益率与因素风险的关系可由期望收益率的因素敏感性的线性函数反映。

　　A. 证券组合模型　　　　　　　　B. 资本资产定价模型

　　C. 套利定价模型　　　　　　　　D. 有效市场假设理论

27. 有效市场理论下的有效市场概念指的是(　　)。

　　A. 资源有效配置　　　　　　　　B. 信息有效

　　C. 组合均值方差有效　　　　　　D. 资金有效

28. （　　）假设认为，当前的股票价格已经充分反映了全部历史价格信息和交易信息。
   A. 有效市场　　　　　　　　　　B. 弱势有效市场
   C. 半强势有效市场　　　　　　　D. 强势有效市场

29. （　　）假设认为，当前的股票价格已经充分反映了与公司前景有关的全部公开信息。
   A. 有效市场　　　　　　　　　　B. 弱势有效市场
   C. 半强势有效市场　　　　　　　D. 强势有效市场

30. （　　）假设认为，当前的股票价格反映了全部信息的影响，全部信息不但包括历史价格信息、全部公开信息，而且还包括私人信息以及未公开的内幕信息等。
   A. 有效市场　　　　　　　　　　B. 弱势有效市场
   C. 半强势有效市场　　　　　　　D. 强势有效市场

31. （　　）证券组合通常投资于市政债券，这种债券免缴联邦税，也常常免缴州税和地方税。
   A. 避税型　　　　　　　　　　　B. 收入型
   C. 增长型　　　　　　　　　　　D. 收入和增长混合型

32. （　　）证券组合追求基本收益（即利息、股息收益）的最大化。
   A. 避税型　　　　　　　　　　　B. 收入型
   C. 增长型　　　　　　　　　　　D. 收入和增长混合型

33. （　　）证券组合以资本升值（即未来价格上升带来的价差收益）为目标。
   A. 避税型　　　　　　　　　　　B. 收入型
   C. 增长型　　　　　　　　　　　D. 收入和增长混合型

34. （　　）证券组合试图在基本收入与资本增长之间达到某种均衡，因此也称为均衡组合。
   A. 避税型　　　　　　　　　　　B. 收入型
   C. 增长型　　　　　　　　　　　D. 收入和增长混合型

35. 国库券、高信用等级的商业票据等，属于（　　）证券组合。
   A. 避税型　　　　　　　　　　　B. 收入和增长混合型
   C. 货币市场型　　　　　　　　　D. 国际型及指数化型

36. （　　）是证券组合管理的第一步，它反映了证券组合管理者的投资风格，并最终反映在投资组合中所包含的金融资产类型特征上。
   A. 确定证券投资政策　　　　　　B. 进行证券投资分析
   C. 构建证券投资组合　　　　　　D. 投资组合的修正

37. （　　）是证券组合管理的第二步。
   A. 确定证券投资政策　　　　　　B. 进行证券投资分析
   C. 构建证券投资组合　　　　　　D. 投资组合的修正

38. 根据组合管理者对（　　）的不同看法，其采用的管理方法可大致分为被动管理和主动管理两种类型。
   A. 风险意识　　　　　　　　　　B. 资金的拥有量

C. 投资业绩   D. 市场效率

39. 投资于( )证券组合的投资者很少会购买分红的普通股，投资风险较大。

    A. 避税型   B. 收入型

    C. 增长型   D. 收入和增长混合型

40. 1952年，( )发表了一篇题为《证券组合选择》的论文。这篇著名的论文标志着现代证券组合理论的开端。

    A. 约翰·林特耐   B. 威廉·夏普

    C. 简·摩辛   D. 哈里·马柯威茨

二、多项选择题

1. 在构建证券投资组合时，投资者需要注意( )。

    A. 收益最大化   B. 投资时机选择

    C. 个别证券的选择   D. 多元化

2. 收入和增长混合型证券组合试图在基本收入与资本增长之间达到某种均衡，二者的均衡可以通过两种组合方式获得( )。

    A. 使组合中的收入型证券和增长型证券达到均衡

    B. 选择那些既能带来收益，又具有增长潜力的证券进行组合

    C. 使组合中的价值型证券和增长型证券达到均衡

    D. 选择那些能带来收益证券进行组合

3. 关于无差异曲线，下列表述正确的有( )。

    A. 无差异曲线是由左至右向下弯曲的曲线

    B. 同一条无差异曲线上的组合给投资者带来的满意程度相同

    C. 不同无差异曲线上的组合给投资者带来的满意程度不同

    D. 无差异曲线的位置越低，其上的投资组合带来的满意程度就越高

4. BSV模型认为，人们在进行投资决策时会存在两种心理认知偏差，包括( )。

    A. 反应性偏差   B. 估计性偏差

    C. 选择性偏差   D. 保守性偏差

5. 投资者心理偏差与投资者非风险行为包括( )。

    A. 过分自信   B. 重视当前和熟悉的事物

    C. 承担损失和"心理"会计   D. 避免"后悔"心理

6. 行为金融理论认为，投资者由于受( )的限制，将不可能立即对全部公开信息做出反应。

    A. 信息处理能力   B. 信息不完全

    C. 金钱不足   D. 心理偏差

7. 强势有效市场假设认为，当前的股票价格反映了全部信息的影响，全部信息包括( )。

    A. 历史价格信息   B. 全部公开信息

    C. 私人信息   D. 未公开的内幕信息

8. 采用被动管理的管理者认为( )。

A. 证券市场是有效率的市场，凡是能够影响证券价格的信息均已在当前证券价格中得到反映

B. 坚持"买入并长期持有"的投资策略

C. 市场不总是有效的，加工和分析某些信息可以预测市场行情趋势和发现定价过高或过低的证券，进而对买卖证券的时机和种类做出选择，以实现尽可能高的收益

D. 经常预测市场行情或寻找定价错误证券，并借此频繁调整证券组合

9. 公司异常可以表现为( )。

A. 小公司的收益通常高于大公司的收益

B. 小公司的收益通常低于大公司的收益

C. 折价交易的封闭式基金收益率较高

D. 折价交易的封闭式基金收益率较低

10. 采用主动管理的管理者认为( )。

A. 证券市场是有效率的市场，凡是能够影响证券价格的信息均已在当前证券价格中得到反映

B. 坚持"买入并长期持有"的投资策略

C. 市场不总是有效的，加工和分析某些信息可以预测市场行情趋势和发现定价过高或过低的证券，进而对买卖证券的时机和种类做出选择，以实现尽可能高的收益

D. 经常预测市场行情或寻找定价错误证券，并借此频繁调整证券组合

11. 根据资本资产定价模型在资源配置方面的应用，以下正确的是( )。

A. 牛市到来时，应选择那些低 β 系数的证券或组合

B. 牛市到来时，应选择那些高 β 系数的证券或组合

C. 熊市到来之际，应选择那些低 β 系数的证券或组合

D. 熊市到来之际，应选择那些高 β 系数的证券或组合

12. 适合入选收入型组合的证券有( )。

A. 附息债券　　　　　　　B. 低派息低风险普通股

C. 优先股　　　　　　　　D. 避税债券

13. 无差异曲线满足下列( )特征。

A. 无差异曲线向左上方倾斜

B. 无差异曲线向右上方倾斜

C. 无差异曲线的位置越高，其上的投资组合带来的满意程度就越高

D. 无差异曲线之间互不相交

14. 下列对弱势有效市场描述正确的有( )。

A. 股票价格已经充分反映了全部历史价格信息

B. 股票价格已经充分反映了全部历史交易信息

C. 期望从过去价格数据中获益将是徒劳的

D. 投资分析中的技术分析方法将不再有效

15. 资本资产定价模型的主要假设有( )。

A. 投资者都依据期望收益率评价证券组合的收益水平

B. 投资者依据方差（或标准差）评价证券组合的风险水平

C. 投资者对证券的收益、风险及证券间的关联性具有完全相同的预期

D. 资本市场没有摩擦

16. 半强势有效市场假设认为，公开信息除包括历史价格信息外，还包括（　　）。

　　A. 公司的公开信息 　　　　　　B. 竞争对手的公开信息

　　C. 经济方面的公开信息 　　　　D. 行业的公开信息

17. 强势有效市场假设认为，当前的股票价格反映了（　　）。

　　A. 历史价格信息 　　　　　　　B. 私人信息

　　C. 全部公开信息 　　　　　　　D. 未公开的内幕信息

18. 会计异常体现在（　　）。

　　A. 小公司效应 　　　　　　　　B. 盈余意外效应

　　C. 市净率效应 　　　　　　　　D. 市盈率效应

19. （　　）导致投资者产生两种错误决策：反应不足或反应过度。

　　A. "后悔"心理 　　　　　　　　B. 相互影响

　　C. 选择性偏差 　　　　　　　　D. 保守性偏差

20. 行为金融模型有（　　）。

　　A. BSV 模型 　　　　　　　　　B. DHS 模型

　　C. 特雷诺模型 　　　　　　　　D. 詹森模型

21. 在实践中，APT 模型相关风险因素的选择是以（　　）为基础的。

　　A. 是否可分散 　　　　　　　　B. 是否过去对证券收益产生影响

　　C. 是否具有预测性 　　　　　　D. 是否与系统风险相关

22. 下列关于 DHS 模型的说法错误的是（　　）。

　　A. DHS 模型将投资者分为有信息和无信息两类

　　B. 证券价格由有信息的投资者和无信息的投资者共同决定

　　C. 有信息的投资者不存在判断偏差

　　D. 无信息的投资者容易出现过度自信和对自己所掌握信息过分偏爱两种判断偏差

23. 在 DHS 模型中，投资者分为有信息的投资者和无信息的投资者两类，其中有信息的投资者存在着（　　）偏差。

　　A. 过度自信 　　　　　　　　　B. 对自己掌握的信息反应过度

　　C. 心理预期偏差 　　　　　　　D. 保守性偏差

24. 关于有效市场理论对投资管理的影响，下列说法正确的是（　　）。

　　A. 如果认为市场是有效的，就应该采取积极的投资管理策略

　　B. 如果认为市场是有效的，就应该采取消极的投资管理策略

　　C. 如果认为市场是无效的，就应该采取积极的投资管理策略

　　D. 如果认为市场是无效的，就应该采取消极的投资管理策略

25. 下述异常因素中可以划入市场异常的是（　　）。

　　A. 日历异常 　　　　　　　　　B. 事件异常

C. 公司异常　　　　　　　　　　D. 会计异常

26. 半强势有效市场假设认为，当前股票价格反映了（　　）信息的影响。

A. 全部公开信息　　　　　　　　B. 未公开的内幕信息

C. 私人信息　　　　　　　　　　D. 历史价格信息

27. 证券市场的有效性可以分为（　　）。

A. 强势有效　　　　　　　　　　B. 半强势有效

C. 弱势有效　　　　　　　　　　D. 半弱势有效

28. 只有满足（　　）条件，套利组合才存在可能性。

A. 套利组合必须是一个零投资、零因素风险的组合

B. 资产价格存在稳定性

C. 套利组合表现为能够产生正的收益率

D. 套利组合可以为零收益

29. 下列关于 APT 模型说法正确的是（　　）。

A. APT 模型方程的斜率实际上就是系统因素的单位风险溢价

B. APT 模型对 CAPM 模型作出了简化

C. APT 模型无法确定对风险资产均衡价格的影响因素是什么及其可能数量

D. APT 模型建立在资产组合的无风险套利上

30. 下列关于资本市场线（CML）说法正确的是（　　）。

A. 资本市场线是无风险资产与市场组合的连线形成的有效前沿

B. 资本市场线以无风险收益率为截距

C. 资本市场线的利率反映了市场指数的涨跌对证券收益率的影响程度

D. 资本市场线说明了无效投资组合及单个证券的相应情况

31. 证券组合按不同的投资目标可以分为（　　）等。

A. 避税型、收入型、增长型　　　B. 收入和增长混合型

C. 货币市场型　　　　　　　　　D. 国际型及指数化型

32. 证券组合管理特点主要表现在（　　）。

A. 投资的分散性　　　　　　　　B. 投资的集中性

C. 风险与收益的匹配性　　　　　D. 风险的最小化

33. 基金的投资组合管理过程主要由（　　）构成。

A. 设定投资政策　　　　　　　　B. 进行证券分析

C. 投资组合业绩评估　　　　　　D. 修正投资组合

34. 根据有效市场假设理论，通过内幕信息在下列（　　）中仍可获得超额收益。

A. 弱势有效市场　　　　　　　　B. 半强势有效市场

C. 强势有效市场　　　　　　　　D. 我国证券市场

35. 进行证券投资分析的目的包括（　　）。

A. 明确这些证券的价格形成机制　　B. 明确影响证券价格波动的诸因素

C. 发现那些价格偏离价值的证券　　D. 明确影响证券价格波动的作用机制

36. 用（　　）的证券构建多样化的证券组合，组合的总体方差就会得到改善，并导致

　　　　风险的分散。

　　　　A. 完全正相关　　　　　　　　B. 不相关

　　　　C. 相关程度较低　　　　　　　D. 负相关

37. 证券组合方差（或风险）的大小实际上取决于（　　）。

　　　　A. 单个证券的方差　　　　　　B. 投资比例

　　　　C. 证券之间的相关系数（协方差）　D. 离散标准差

38. 以下有关 β 系数的描述，正确的是（　　）。

　　　　A. β 系数是衡量证券承担系统风险水平的指数

　　　　B. β 系数的绝对值越小，表明证券承担的系统风险越大

　　　　C. β 系数的绝对值越大，表明证券承担的系统风险越大

　　　　D. β 系数反映了证券或组合的收益水平对市场平均收益水平变化的敏感性

39. 证券投资政策是投资者为实现投资目标应遵循的基本方针和基本准则，主要包括（　　）等内容。

　　　　A. 确定投资目标　　　　　　　B. 确定投资规模

　　　　C. 确定投资时间　　　　　　　D. 确定投资对象

40. 套利定价理论的假设条件包括（　　）。

　　　　A. 投资者是追求收益的，同时也是厌恶风险的

　　　　B. 所有证券的收益都受到一个共同因素的影响

　　　　C. 投资者具有单一投资期

　　　　D. 投资者能够发现市场上是否存在套利机会，并利用该机会进行套利

　　三、判断题

1. 根据模拟指数的不同，指数化型证券组合可以分为两类：一类是模拟内涵广大的市场指数；另一类是模拟某种专业化的指数。（　　）

　　A. 正确　　　　　　　　　　　　B. 错误

2. 证券组合管理的意义在于采用适当的方法选择多种证券作为投资对象，以达到在保证预定收益的前提下使投资风险最大或在控制风险的前提下使投资收益最小化的目标，避免投资过程的随意性。（　　）

　　A. 正确　　　　　　　　　　　　B. 错误

3. 证券组合理论认为，证券组合的风险随着组合所包含证券数量的增加而降低，尤其是证券间关联性极低的多元化证券组合可以有效地降低非系统风险，使证券组合的投资风险趋向于市场平均风险水平。（　　）

　　A. 正确　　　　　　　　　　　　B. 错误

4. 证券组合理论认为，投资收益是对承担风险的补偿。承担风险越小，收益越高；承担风险越大，收益越低。因此，组合管理强调投资的收益目标应与风险的承受能力相适应。（　　）

　　A. 正确　　　　　　　　　　　　B. 错误

5. 多种证券组合可行域的左边界必然向外凸或呈线性，也就是说不会出现凹陷。（　　）

A. 正确　　　　　　　　　　　　B. 错误

6. 依照目前较为一致性的看法，行为金融理论已经形成一个完整的理论体系，可以取代现代金融理论。（　　）

A. 正确　　　　　　　　　　　　B. 错误

7. 周末异常是指证券价格在星期五趋于上升，而在星期一趋于下降。（　　）

A. 正确　　　　　　　　　　　　B. 错误

8. 弱势有效市场假设认为，当前的股票价格已经充分反映了与公司前景有关的全部公开信息。（　　）

A. 正确　　　　　　　　　　　　B. 错误

9. 证券组合管理的控制过程通常包括以下四个基本步骤：确定证券投资政策、进行证券投资分析、组建证券投资组合、证券组合业绩评估。（　　）

A. 正确　　　　　　　　　　　　B. 错误

10. 套利定价模型表明，在市场均衡状态下，证券或组合的期望收益率与它所承担的因素风险无关。（　　）

A. 正确　　　　　　　　　　　　B. 错误

11. 证券组合管理主动管理方法坚持"买入并长期持有"的投资策略。（　　）

A. 正确　　　　　　　　　　　　B. 错误

12. 无差异曲线的位置越高，其上的投资组合带来的满意程度就越高。（　　）

A. 正确　　　　　　　　　　　　B. 错误

13. 采用主动管理方法的管理者认为，市场不总是有效的，加工和分析某些信息可以预测市场行情趋势和发现定价过高或过低的证券。（　　）

A. 正确　　　　　　　　　　　　B. 错误

14. 证券组合管理的目标是使组合的风险和收益特征能够给投资者带来最大满足。（　　）

A. 正确　　　　　　　　　　　　B. 错误

15. 证券组合管理投资目标的确定应包括风险和收益两项内容。（　　）

A. 正确　　　　　　　　　　　　B. 错误

16. 投资于某证券或投资组合的期望收益率等于无风险利率加上该投资所承担的市场风险的补偿。（　　）

A. 正确　　　　　　　　　　　　B. 错误

17. 资本定价模型不能用来评价证券的定价是否合理。（　　）

A. 正确　　　　　　　　　　　　B. 错误

18. 证券组合的收益率和风险也可用期望收益率和协方差来计量。（　　）

A. 正确　　　　　　　　　　　　B. 错误

19. 行为金融理论兴起于 20 世纪 80 年代，并在 21 世纪初期得到较为迅速的发展，它是在对现代投资理论的挑战和质疑的背景下形成的。（　　）

A. 正确　　　　　　　　　　　　B. 错误

20. 证券风险的大小可由它的未来可能收益率与期望收益率的偏离程度来反映。（　　）

A. 正确　　　　　　　　　　B. 错误

21. 如果市场是严格有效的，一旦有新信息出现，证券价格就应立即做出"一步到位"式的正确反应。（　　）

A. 正确　　　　　　　　　　B. 错误

22. 相关系数反映了两个证券收益率的走向关系，其值介于−1 和＋1 之间。（　　）

A. 正确　　　　　　　　　　B. 错误

23. 收益率的标准差越大，说明证券的收益率的波动性越大，风险也越大。（　　）

A. 正确　　　　　　　　　　B. 错误

24. 用期望收益率和标准差两个指标对证券的相关信息进行描述是马科维兹的一大贡献。（　　）

A. 正确　　　　　　　　　　B. 错误

25. 在存在无风险资产情况下，最优组合将包括两部分投资：一部分是对无风险资产的投资，其余部分是对切点组合的投资。（　　）

A. 正确　　　　　　　　　　B. 错误

26. 资本资产定价模型不能用来评价证券的定价是否合理。（　　）

A. 正确　　　　　　　　　　B. 错误

27. 在确知投资者偏好之后，就可以确定风险资产最优组合的特性被称为分离定理。（　　）

A. 正确　　　　　　　　　　B. 错误

28. 有关有效市场假设理论（Efficient Market Hypothesis，EMH）的论述可以追溯到马柯威茨的研究。（　　）

A. 正确　　　　　　　　　　B. 错误

29. 行为金融理论认为，可以利用人们的心理及行为特点获利。由于人类的心理及行为基本上是稳定的，因此，投资者可以利用人们的行为偏差而长期获利。（　　）

A. 正确　　　　　　　　　　B. 错误

30. 给定风险水平下具有最高期望回报率的组合被称为"有效组合"。（　　）

A. 正确　　　　　　　　　　B. 错误

31. 证券组合管理理论最早由美国著名经济学家哈里·马柯威茨于 1952 年系统提出。（　　）

A. 正确　　　　　　　　　　B. 错误

32. 组合管理的目标是实现投资收益的最大化，也就是使组合的风险和收益特征能够给投资者带来最大满足。（　　）

A. 正确　　　　　　　　　　B. 错误

33. 进行证券投资分析是证券组合管理的第一步。（　　）

A. 正确　　　　　　　　　　B. 错误

34. 根据组合管理者对市场效率的不同看法，其采用的管理方法可大致分为自动管理和主动管理两种类型。（　　）

A. 正确　　　　　　　　　　B. 错误

35. 构建证券投资组合是证券组合管理的第一步，主要是确定具体的证券投资品种和在各证券上的投资比例。（　　）

A. 正确　　　　　　　　　　B. 错误

36. 证券组合管理的第五步是通过定期对投资组合进行业绩评估，来评价投资的表现。（　　）

A. 正确　　　　　　　　　　B. 错误

37. 信奉有效市场理论的机构投资者通常采用指数化型证券组合。（　　）

A. 正确　　　　　　　　　　B. 错误

38. 证券组合理论认为，投资收益是对承担风险的补偿。（　　）

A. 正确　　　　　　　　　　B. 错误

39. 1963 年，威廉·夏普的学生马柯威茨提出了一种简化的计算方法，这一方法通过建立单因素模型来实现。（　　）

A. 正确　　　　　　　　　　B. 错误

40. 证券组合管理被动管理方法是指长期稳定持有模拟市场指数的证券组合以获得市场平均收益的管理方法。（　　）

A. 正确　　　　　　　　　　B. 错误

参考答案

一、单项选择题

1. D	2. A	3. B	4. A	5. D
6. B	7. C	8. A	9. A	10. B
11. B	12. C	13. D	14. A	15. C
16. A	17. A	18. B	19. D	20. B
21. C	22. D	23. A	24. C	25. A
26. C	27. B	28. B	29. C	30. D
31. A	32. B	33. C	34. D	35. C
36. A	37. B	38. D	39. C	40. D

二、多项选择题

1. BCD	2. AB	3. BC	4. CD	5. ABD
6. ABD	7. ABCD	8. AB	9. AC	10. CD
11. BC	12. ACD	13. BCD	14. ABCD	15. ABCD
16. ABCD	17. ABCD	18. BCD	19. CD	20. AB
21. BC	22. BCD	23. AB	24. BC	25. ABCD
26. AD	27. ABC	28. AC	29. AC	30. AB
31. ABCD	32. AC	33. ABCD	34. ABD	35. ABCD
36. BCD	37. ABC	38. ACD	39. ABD	40. ABD

三、判断题

1. A	2. B	3. A	4. B	5. A
6. B	7. A	8. B	9. B	10. B
11. B	12. A	13. A	14. A	15. A
16. A	17. B	18. B	19. B	20. A
21. A	22. B	23. A	24. A	25. A
26. B	27. B	28. B	29. A	30. A
31. A	32. A	33. B	34. B	35. B
36. A	37. A	38. A	39. B	40. A

第十二章　资产配置管理

一、本章考纲

熟悉资产配置的含义和主要考虑因素；了解资产配置管理的原因及目标；熟悉资产配置的基本步骤。

了解资产配置的基本方法；熟悉历史数据法和情景综合分析法的主要特点及其在资产配置过程中的运用；熟悉有效市场前沿的确定过程和方法。

了解资产配置的主要分类方法和类型；熟悉各类资产配置策略的一般特征以及在资产配置中的具体运用；熟悉战略性资产配置与战术性资产配置之间的异同。

二、本章知识体系

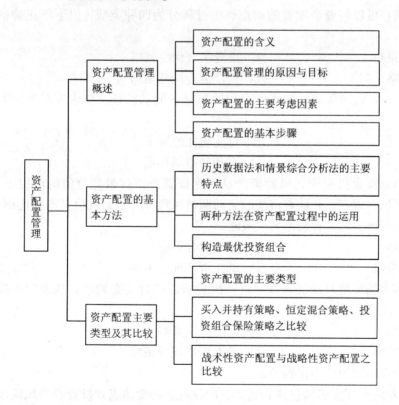

三、同步强化练习题及参考答案

同步强化练习题

一、单项选择题

1. （   ）是投资过程中最重要的环节之一，也是决定投资组合相对业绩的主要因素。
   A. 基金绩效衡量
   B. 资产配置
   C. 债券投资组合管理
   D. 股票投资组合管理

2. 在同一风险水平下能够令期望投资收益率（   ）的资产组合，或者是在同一期望投资收益率下风险（   ）的资产组合形成了有效市场前沿线。
   A. 最小、最大
   B. 最大，最大
   C. 最大，最小
   D. 最小，最小

3. 动态资产配置策略的目标在于，在不提高系统性风险或投资组合波动性的前提下提高（   ）报酬。
   A. 短期
   B. 长期
   C. 中期
   D. 不确定

4. 根据配置策略不同，可以将资产配置的动态调整过程分为四种类型，以下不正确的是（   ）。
   A. 动态资产配置策略
   B. 投资组合保险策略
   C. 买入并持有策略
   D. 资产混合配置策略

5. 买入并持有策略、恒定混合策略、投资组合保险策略不同的特征主要表现在三个方面，其中不包括（   ）。
   A. 风险情况
   B. 对流动性的要求
   C. 支付模式
   D. 有利的市场环境

6. （   ）是在将一部分资金投资于无风险资产从而保证资产组合最低价值的前提下，将其余资金投资于风险资产，并随着市场的变动调整风险资产和无风险资产的比例，同时不放弃资产升值潜力的一种动态调整策略。
   A. 买入并持有策略
   B. 恒定混合策略
   C. 投资组合保险策略
   D. 动态资产配置策略

7. （   ）是根据资本市场环境及经济条件对资产配置状态进行动态调整，从而增加投资组合价值的积极战略。
   A. 买入并持有策略
   B. 恒定混合策略
   C. 投资组合保险策略
   D. 动态资产配置策略

8. 下列关于恒定混合策略的说法不正确的是（   ）。
   A. 恒定混合策略对资产配置的调整并非基于资产收益率的变动或者投资者的风险承受能力变动
   B. 恒定混合策略假定资产的收益情况和投资者偏好没有大的改变，因而最优投资组

合的配置比例不变

    C. 恒定混合策略适用于风险承受能力较差的投资者

    D. 如果股票市场价格处于震荡、波动状态之中，恒定混合策略就可能优于买入并持有策略

9. (　　)在股票市场上涨时提高股票投资比例，而在股票市场下跌时降低股票投资比例，从而既保证资产组合的总价值不低于某个最低价值，同时又不放弃资产升值潜力。

    A. 买入并持有策略　　　　　　　　B. 恒定混合策略

    C. 投资组合保险策略　　　　　　　D. 动态资产配置策略

10. (　　)实质上假定投资者的风险承受能力与效用函数是较为稳定的，在新形势下没有发生大的改变，于是只需要考虑各类资产的收益情况变化。

    A. 买入并持有策略　　　　　　　　B. 恒定混合策略

    C. 投资组合保险策略　　　　　　　D. 动态资产配置策略

11. (　　)的时间最短，一般根据季度周期或行业波动特征进行调整。

    A. 全球资产配置　　　　　　　　　B. 股票资产配置

    C. 行业资产配置　　　　　　　　　D. 债券资产配置

12. (　　)属于消极型的长期再平衡策略。

    A. 恒定混合策略　　　　　　　　　B. 投资组合保险策略

    C. 动态资产配置策略　　　　　　　D. 买入并持有策略

13. 从实际操作经验看，资产管理者多以(　　)为基础，结合投资范围确定具体的资产配置策略。

    A. 范围　　　　　　　　　　　　　B. 时间跨度和风格类别

    C. 配置策略　　　　　　　　　　　D. 资产性质

14. (　　)是指按确定的恰当的资产配置比例构造了某个投资组合后，在诸如3～5年的适当持有期间内不改变资产配置状态，保持这种组合。

    A. 买入并持有策略　　　　　　　　B. 恒定混合策略

    C. 投资组合保险策略　　　　　　　D. 动态资产配置策略

15. (　　)是指保持投资组合中各类资产的比例固定。

    A. 买入并持有策略　　　　　　　　B. 恒定混合策略

    C. 投资组合保险策略　　　　　　　D. 动态资产配置策略

16. 资产配置是指根据投资需求将投资资金在不同资产类别之间进行分配，通常是将资产在(　　)之间进行分配。

    A. 高风险、低收益证券与低风险、高收益证券

    B. 低风险、低收益证券与低风险、高收益证券

    C. 低风险、低收益证券与高风险、高收益证券

    D. 低风险、高收益证券与高风险、低收益证券

17. (　　)是资产组合管理决策制定步骤中最重要的环节。

    A. 签约　　　　　　　　　　　　　B. 投资规划

C. 投资实施   D. 优化管理

18. 据有关研究显示，资产配置对投资组合业绩的贡献率达到(　　)以上。
    A. 60%   B. 70%
    C. 80%   D. 90%

19. 资产配置作为投资管理中的核心环节，其目标在于(　　)。
    A. 消除投资风险
    B. 吸引投资者
    C. 协调提高收益与降低风险之间的关系
    D. 增强资金的流动性

20. 对于个人投资者而言，(　　)是影响资产配置的最主要因素。
    A. 个人的生命周期   B. 资产负债状况
    C. 财务变动状况与趋势   D. 财富净值和风险偏好

21. 一般而言，划分系统风险和非系统风险采用的是(　　)。
    A. 历史数据法   B. 情景综合分析法
    C. 风险收益法   D. 成本收益法

22. (　　)是最常见、最简便的风险度量方法。
    A. 风险评测法   B. 方差度量法
    C. 收益预期范围度量法   D. 下跌概率法

23. 以下属于确定资产类别收益预期的主要方法的是(　　)。
    A. 收益预期范围度量法   B. 情景综合分析法
    C. 风险收益法   D. 成本收益法

24. 从(　　)上看，资产配置可分为全球资产配置，股票、债券资产配置和行业风格资产配置等。
    A. 范围   B. 时间跨度
    C. 配置策略   D. 风格类别

25. 从(　　)上看，可分为战略性资产配置、战术性资产配置和资产混合配置等。
    A. 范围   B. 时间跨度和风格类别
    C. 配置策略   D. 资产性质

26. 个人投资者在最初的工作累积期，考虑到流动性需求和为个人长远发展目标进行积累的需要，投资应偏向(　　)的产品。
    A. 风险低、收益低   B. 风险高、收益高
    C. 风险适中   D. 风险低、收益高

27. 确定有效资产组合的边界这一步骤是指找出在既定风险水平下可获得(　　)的资产组合，确定风险修正条件下投资的指导性目标。
    A. 最大预期收益   B. 最大预期风险
    C. 满足其风险收益目标   D. 最小预期风险

28. 情景综合分析法的预测期间在(　　)年左右。
    A. 2~4   B. 3~5

C. 2～5　　　　　　　　　　　　D. 3～4

29. 情景综合分析法更有效地着眼于社会政治变化趋势及其对股票价格和利率的影响，也为短期投资组合决策提供了适当的视角，为（　　）资产配置提供了运行空间。

A. 混合　　　　　　　　　　　　B. 变动组合

C. 战术性　　　　　　　　　　　D. 战略性

30. 下列对运用情景综合分析法进行预测的基本步骤的说法不正确的是（　　）。

A. 分析目前与未来的经济环境，确认经济环境可能存在的状态范围

B. 预测在各种情景下，各类资产可能的收益与风险，各类资产之间的相关性

C. 确定各情景发生的概率

D. 以资产的规模为权重，通过加权平均的方法估计各类资产的收益与风险

31. 从（　　）上可分为买入并持有策略、恒定混合策略、投资组合保险策略和动态资产配置策略等。

A. 范围　　　　　　　　　　　　B. 时间跨度和风格类别

C. 配置策略　　　　　　　　　　D. 资产性质

32. （　　）是在战略资产配置的基础上根据市场的短期变化，对具体的资产比例进行微调。

A. 资产混合配置　　　　　　　　B. 恒定混合策略

C. 投资组合保险策略　　　　　　D. 战术性资产配置

33. 资产配置的（　　）策略以不同资产类别的收益情况与投资者的风险偏好、实际需求为基础，构造一定风险水平上的资产比例，并保持长期不变。

A. 资产混合配置　　　　　　　　B. 恒定混合策略

C. 战略性资产配置　　　　　　　D. 战术性资产配置

34. 一般而言，全球资产配置的期限在（　　）年以上。

A. 半　　　　　　　　　　　　　B. 1

C. 2　　　　　　　　　　　　　D. 3

35. 股票、债券资产配置的期限为（　　）年。

A. 半　　　　　　　　　　　　　B. 1

C. 2　　　　　　　　　　　　　D. 3

二、多项选择题

1. 风险资产（　　）时，投资组合保险策略优于买入并持有策略。

A. 先上升后下降　　　　　　　　B. 先下降后上升

C. 持续下降　　　　　　　　　　D. 持续上升

2. 投资组合保险策略在市场变动时的行动方向为（　　）。

A. 下降时卖出　　　　　　　　　B. 上升时买入

C. 下降时买入　　　　　　　　　D. 上升时卖出

3. 资产配置从范围上看，可以分为（　　）。

A. 全球资产配置　　　　　　　　B. 资产混合配置

C. 行业风格资产配置　　　　　　D. 股票债券资产配置

4. 恒定混合策略在市场变动时的行动方向为(　　)。
    A. 上升时买入　　　　　　　　　B. 下降时卖出
    C. 上升时卖出　　　　　　　　　D. 下降时买入

5. 资产管理者确定方差的主要方法是(　　)。
    A. 收益预期范围度量法　　　　　B. 下跌概率法
    C. 历史数据法　　　　　　　　　D. 情景综合分析法

6. 影响投资者风险承受能力和收益需求的各项因素有(　　)。
    A. 投资者的年龄或投资周期　　　B. 资产负债状况
    C. 财务变动状况与趋势　　　　　D. 财富净值和风险偏好等因素

7. 影响各类资产的风险收益状况以及相关关系的资本市场环境因素有(　　)。
    A. 国际经济形势
    B. 国内经济状况与发展动向
    C. 通货膨胀、利率变化、经济周期波动和监管等
    D. 投资者的年龄或投资周期

8. 对于恒定混合策略,以下表述正确的是(　　)。
    A. 恒定混合策略市场变动时的行动方向是下降时买入,上升时卖出
    B. 恒定混合策略支付模式呈凸型
    C. 恒定混合策略有利的市场环境是易变、波动性大的市场环境
    D. 恒定混合策略支付模式呈凹型

9. 对于投资组合保险策略,以下表述正确的是(　　)。
    A. 投资组合保险策略市场变动时的行动方向是下降时买入,上升时卖出
    B. 投资组合保险策略支付模式呈凸型
    C. 投资组合保险策略有利的市场环境是强趋势的市场环境
    D. 投资组合保险策略要求的市场流动性较小

10. 下列属于相对较为积极的长期再平衡策略的是(　　)。
    A. 买入并持有策略　　　　　　　B. 恒定混合策略
    C. 投资组合保险策略　　　　　　D. 动态资产配置策略

11. 关于资产配置与个人生命周期的关系说法正确的有(　　)。
    A. 在最初的工作累积期,考虑到流动性需求和为个人长远发展目标进行积累的需
       要,可适当选择风险适中的产品以降低长期投资的风险
    B. 进入工作稳固期以后,收入相对而言高于需求,投资应偏向风险高、收益高的
       产品
    C. 当进入退休期以后,支出高于收入,对长远资金来源的需求也开始降低,可选
       择风险较低但收益稳定的产品
    D. 随着投资者年龄的日益增加,投资应该逐渐向节税产品倾斜

12. 采用历史数据分析方法,一般将投资者分为(　　)型。
    A. 风险厌恶　　　　　　　　　　B. 风险中性
    C. 风险偏好　　　　　　　　　　D. 流动性偏好

13. 下列关于买入并持有策略的说法错误的有(   )。
    A. 买入并持有策略是消极型的长期再平衡方式，适用于有长期计划水平并满足于战略性资产配置的投资者
    B. 买入并持有策略具有交易成本和管理费用较小的优势
    C. 买入并持有策略适用于资本市场环境和投资者的偏好变化较大，或者改变资产配置状态的成本大于收益时的状态
    D. 买入并持有策略的投资组合价值与股票市场价值保持反方向、反比例的变动，并最终取决于最初的战略性资产配置所决定的资产构成

14. 影响各类资产的风险收益状况以及相关关系的资本市场环境因素包括(   )。
    A. 国际经济形势、国内经济状况与发展动向
    B. 通货膨胀、利率变化
    C. 投资者的财富净值和风险偏好
    D. 经济周期波动和监管

15. 在现代投资管理体制下，投资一般分为下列哪几个阶段？(   )
    A. 签约   B. 规划
    C. 实施   D. 优化管理

16. 从实际的投资需求看，资产配置的目标在于以资产类别的历史表现与投资者的风险偏好为基础，决定不同资产类别在投资组合中所占比重，从而(   )。
    A. 降低投资风险
    B. 提高投资收益
    C. 增强资金的流动性
    D. 消除投资者对收益所承担的不必要的额外风险

17. 进行资产配置主要考虑的因素包括(   )。
    A. 影响投资者风险承受能力和收益要求的各项因素
    B. 影响各类资产的风险收益状况以及相关关系的资本市场环境因素
    C. 资产的流动性特征与投资者的流动性要求相匹配的问题
    D. 投资期限、税收考虑

18. 关于资产配置的说法正确的是(   )。
    A. 资产配置通常是将资产在低风险、低收益证券与高风险、高收益证券之间进行分配
    B. 资产管理可以利用期货、期权等衍生金融产品来改善资产配置的效果
    C. 资产配置以资产类别的历史表现与投资者的风险偏好为基础
    D. 资产配置包括基金公司对基金投资方向和时机的选择

19. 一般情况下，资产配置的过程包括的步骤有(   )。
    A. 明确投资目标和限制因素   B. 明确资本市场的期望值
    C. 明确资产组合中包括哪几类资产 D. 确定有效资产组合的边界

20. 资产配置的基本方法有(   )。
    A. 历史数据法   B. 预测数据法

C. 系列数据法　　　　　　　　D. 情景综合分析法

21. 对于买入并持有策略，下列说法正确的是（　　　）。
    A. 买入并持有策略在市场变动时的行动方向是不行动
    B. 买入并持有策略的支付模式呈直线
    C. 买入并持有策略的有利市场环境是牛市
    D. 买入并持有策略要求的市场流动性较高

22. 运用情景综合分析法进行预测的基本步骤包括（　　　）。
    A. 分析目前与未来的经济环境，确认经济环境可能存在的状态范围
    B. 预测在各种情景下，各类资产可能的收益与风险以及各类资产之间的相关性
    C. 确定各情景发生的概率
    D. 以情景的发生概率为权重，通过加权平均的方法估计各类资产的收益与风险

23. 影响投资者风险承受能力和收益要求的各项因素包括（　　　）。
    A. 投资者的种族或投资周期　　　B. 资产负债状况
    C. 财务变动状况与趋势　　　　　D. 财富净值和风险偏好

24. 进行资产配置时构造最优组合的内容有（　　　）。
    A. 确定不同资产投资之间的相关程度
    B. 确定不同资产投资之间的投资收益率相关程度
    C. 计算组合的期望收益率
    D. 计算资产配置的风险

25. 各资产配置策略对于流动性的要求如下（　　　）。
    A. 买入并持有策略只在构造投资组合时要求市场具有一定的流动性
    B. 固定混合策略要求对资产配置进行实时调整，但调整方向与市场运动方向相反
    C. 固定混合策略对市场流动性有一定的要求但要求不高
    D. 对市场流动性要求最高的是投资组合保险策略

26. 当股票价格保持单方向持续运动时，各资产配置策略的表现为（　　　）。
    A. 恒定混合策略的表现优于买入并持有策略
    B. 恒定混合策略的表现劣于买入并持有策略
    C. 投资组合保险策略的表现优于买入并持有策略
    D. 投资组合保险策略的表现劣于买入并持有策略

27. 资产配置在不同层面有不同含义。从时间跨度和风格类别上看，可分为（　　　）。
    A. 战略性资产配置　　　　　　B. 股票债券资产配置
    C. 战术性资产配置　　　　　　D. 资产混合配置

28. 采用历史数据分析方法，一般将投资者分为（　　　）等几种类型。
    A. 风险厌恶　　　　　　　　　B. 风险中性
    C. 风险忽视　　　　　　　　　D. 风险偏好

29. 大多数动态资产配置具有的共同特征是（　　　）。
    A. 一般是一种建立在一些分析工具基础之上的客观、量化的过程
    B. 资产配置主要受某种资产类别预期收益率客观测度的驱使，因此属于以价值为

导向调整的过程

C. 能够客观地测度出哪种资产类别已经失去市场的注意力，并引导投资者进入不受人关注的资产类别

D. 资产配置一般遵循"线性均衡"的原则，这是战术性资产配置中的主要利润机制

30. 资产配置的目标在于以(   )和(   )为基础，决定不同资产类别在投资组合中所占比重，从而降低风险，提高投资收益，消除投资人对收益所承担的不必要的额外风险。

    A. 资产类别的历史表现   B. 资产类别的表现

    C. 投资人的风险偏好   D. 投资人的风险规避

三、判断题

1. 运用动态资产配置是根据资本市场环境及经济条件对资产配置状况进行动态调整，从而增加投资组合价值的积极战略。(   )

    A. 正确   B. 错误

2. 恒定混合策略和投资组合保险策略是消极型资产配置策略。(   )

    A. 正确   B. 错误

3. 一般情况下，划分系统风险和非系统性风险采用的是情景综合分析法。(   )

    A. 正确   B. 错误

4. 如果股票市场价格处于震荡、波动状态之中，恒定混合策略就可能优于买入并持有策略。(   )

    A. 正确   B. 错误

5. 资产配置一般遵循"回归均衡"的原则，这是动态资产配置中的主要利润机制。(   )

    A. 正确   B. 错误

6. 在考虑投资者的风险承受能力之后，投资者就可以确定能够带来最优风险与收益的投资组合。(   )

    A. 正确   B. 错误

7. 战略性资产配置则是在战术资产配置的基础上根据市场的短期变化，对具体的资产比例进行微调。(   )

    A. 正确   B. 错误

8. 不同范围资产配置在时间跨度上相同。(   )

    A. 正确   B. 错误

9. 一般而言，股票、债券资产配置的期限为半年。(   )

    A. 正确   B. 错误

10. 买入并持有策略是积极型的长期再平衡方式，适用于有长期计划水平并满足于战略性资产配置的投资者。(   )

    A. 正确   B. 错误

11. 在恒定混合策略下，投资组合完全暴露于市场风险之下，它具有交易成本和管理费

用较小的优势。（　　）

  A. 正确　 B. 错误

12. 投资组合保险策略适用于资本市场环境和投资者的偏好变化不大，或者改变资产配置状态的成本大于收益时的状态。（　　）

  A. 正确　 B. 错误

13. 一般而言，采取买入并持有策略的投资者通常忽略市场的短期波动，而着眼于长期投资。（　　）

  A. 正确　 B. 错误

14. 买入并持有策略适用于风险承受能力较稳定的投资者，在风险资产市场下跌时，他们的风险承受能力不像一般投资者那样下降，而是保持不变。（　　）

  A. 正确　 B. 错误

15. 当投资组合价值因风险资产收益率的提高而上升时，风险资产的投资比例随之降低；反之则提高。（　　）

  A. 正确　 B. 错误

16. 投资组合保险的一种简化形式是固定比例投资组合保险。（　　）

  A. 正确　 B. 错误

17. 与恒定混合策略相反，投资组合保险策略在股票市场上涨时提高股票投资比例，而在股票市场下跌时降低股票投资比例，从而既保证资产组合的总价值不低于某个最低价值，同时又不放弃资产升值潜力。（　　）

  A. 正确　 B. 错误

18. 对资产配置的理解，必须建立在对机构投资者资产和收益问题的本质、对普通股票和固定收入证券的投资特征等多方面问题的深刻理解基础之上。（　　）

  A. 正确　 B. 错误

19. 资产配置是投资过程中最重要的环节之一，也是决定投资组合相对业绩的主要因素。（　　）

  A. 正确　 B. 错误

20. 个人投资者当进入退休期以后，可适当选择风险高、收益高的产品。（　　）

  A. 正确　 B. 错误

21. 投资者在有不同到期日的资产（如债券等）之间进行选择时，需要考虑投资期限的安排问题。（　　）

  A. 正确　 B. 错误

22. 寻找最佳的资产组合这一步骤是指在满足投资者面对的限制因素的条件下，选择最大预期收益的资产组合，确定实际的资产配置战略。（　　）

  A. 正确　 B. 错误

23. 情景综合分析法假定未来与过去相似，以长期历史数据为基础，根据过去的经历推测未来的资产类别收益。（　　）

  A. 正确　 B. 错误

24. 风险可以被定义为投资过程中任何不利后果的可能性。（　　）

A. 正确　　　　　　　　　B. 错误

25. 资产管理中最重要的一条规则就是在投资者的风险承受能力范围内运作。（　　）
A. 正确　　　　　　　　　B. 错误

26. 一般情况下假设投资者是风险厌恶者，则投资的风险和收益之间存在的负相关关系，形成无差异曲线。（　　）
A. 正确　　　　　　　　　B. 错误

27. 能够容忍投资组合的波动，或者愿意承担盈余波动的投资者将有机会选择更高收益的资产类别，从而提高长期收益，降低长期商业成本。（　　）
A. 正确　　　　　　　　　B. 错误

28. 确定资产类别收益预期的主要方法包括风险收益法和情景综合分析法两类。（　　）
A. 正确　　　　　　　　　B. 错误

29. 在确定资产类别收益预期的基础上，可以计算不同资产类别之间的相关程度以及不同资产之间投资收益率的相关程度。（　　）
A. 正确　　　　　　　　　B. 错误

30. 动态资产配置的目标在于，在不提高系统性风险或投资组合波动性的前提下提高长期报酬。（　　）
A. 正确　　　　　　　　　B. 错误

参考答案

一、单项选择题

1. B	2. C	3. B	4. D	5. A
6. C	7. D	8. C	9. C	10. D
11. C	12. D	13. B	14. A	15. B
16. C	17. B	18. D	19. C	20. A
21. A	22. B	23. B	24. A	25.
26. B	27. A	28. B	29. C	30. D
31. C	32. D	33. C	34. B	35. A

二、多项选择题

1. CD	2. AB	3. ACD	4. CD	5. CD
6. ABCD	7. ABC	8. ACD	9. BC	10. BCD
11. CD	12. ABC	13. CD	14. ABD	15. BCD
16. ABD	17. ABCD	18. ABC	19. ABCD	20. AD
21. ABC	22. ABCD	23. BCD	24. ABCD	25. ABCD
26. ABD	27. ACD	28. ABD	29. ABC	30. AC

三、判断题

1. A	2. B	3. B	4. A	5. A
6. B	7. B	8. B	9. A	10. B

11. B	12. B	13. A	14. B	15. B
16. A	17. A	18. B	19. A	20. B
21. A	22. B	23. B	24. A	25. A
26. B	27. A	28. B	29. A	30. A

第十三章 股票投资组合管理

一、本章考纲

了解股票投资组合的目的。

熟悉股票投资组合管理基本策略。

熟悉股票投资风格分类体系、股票投资风格指数及股票风格管理。

了解积极型股票投资策略的分析基础；了解技术分析的基本理论；了解基本分析的主要指标和理论模型；熟悉技术分析和基本分析的主要区别。

了解消极型股票投资的策略；熟悉指数型投资策略的理论和实践基础、跟踪误差的问题和加强指数法。

二、本章知识体系

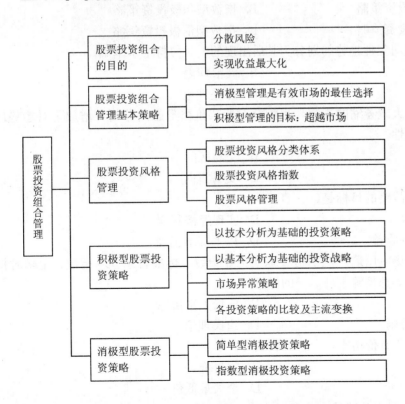

三、同步强化练习题及参考答案

同步强化练习题

一、单项选择题

1. 从长期来看，小型资本股票回报率和大型资本股票回报率相比（　　）。
   A. 更低
   B. 更高
   C. 一样
   D. 二者回报率没有可比性

2. （　　）就是在净现值等于 0 时的折现率，它反映了股票投资的内在收益情况。
   A. 低市盈率
   B. 股利贴现模型
   C. 内含报酬率
   D. 权益资本比率

3. 简单型消极投资策略一般是在确定了恰当的股票投资组合之后，在（　　）年的持有期内不再发生积极的股票买入或卖出行为，而进出场时机也不是投资者关注的重点。
   A. 1～3
   B. 2～4
   C. 2～5
   D. 3～5

4. （　　）的核心思想是相信市场是有效的，任何积极的股票投资策略都不能取得超过市场的投资收益。
   A. 简单型积极投资策略
   B. 指数型积极投资策略
   C. 简单型消极投资策略
   D. 指数型消极投资策略

5. 道氏理论市场波动三种趋势的划分为其后出现的（　　）打下了基础。
   A. K 线理论
   B. 波浪理论
   C. 指数理论
   D. 方差理论

6. 通过对（　　）放大或萎缩的观察，再配合对股票价格形态的分析，增加了对趋势反转点判断的准确性。
   A. 股票价格
   B. 交易区间
   C. 交易量
   D. 交易方向

7. 积极型股票投资战略的目标是（　　）。
   A. 实现平均收益
   B. 实现经济利润
   C. 获取市场超额收益
   D. 以上都不正确

8. 目前世界资本市场应用最广泛的道—琼斯工业指数、标准普尔 500 指数、金融时报指数、日经指数等都是源于（　　）的思想。
   A. 移动平均法
   B. 价量关系指标
   C. 简单过滤器规则
   D. 道氏理论

9. 道氏理论认为在所有价格中，（　　）最重要。
   A. 开盘价
   B. 收盘价
   C. 全天最高价
   D. 全天最低价

10. （　　）是以某一时点的股价作为参考基准，预先设定一个股价上涨或下跌的百分比作为买入和卖出股票的标准。

A. 简单过滤器规则   B. 移动平均法

C. 上涨和下跌线   D. 相对强弱理论

11. ( )是以一段时期内的股票价格移动平均值为参考基础,考察股票价格与该平均价之间的差额,并在股票价格超过平均价的某一百分比时买入该股票,在股票价格低于平均价的一定百分比时卖出该股票。

A. 简单过滤器规则   B. 移动平均法

C. 上涨和下跌线   D. 相对强弱理论

12. 基本分析是在否定( )的前提下,以公司基本面状况为基础进行的分析。

A. 有效市场   B. 弱势有效市场

C. 强势有效市场   D. 半强势有效市场

13. 对于集中投资于某一种风格股票的基金经理人而言( )。

A. 消极的股票风格管理有意义   B. 消极的和积极的股票风格管理均有意义

C. 积极的股票风格管理有意义   D. 消极的和积极的股票风格管理均无意义

14. 除去各股票完全正相关的情况,组合资产的标准差将( )各股票标准差的加权平均。

A. 大于   B. 小于

C. 等于   D. 不确定

15. 在无效的市场条件下,基金管理人通过( )获取超出市场平均水平的收益率,或者在获得同等收益的情况下承担较低的风险水平。

A. 买入价值低估的股票、卖出价值高估的股票

B. 买入价值低估的股票和价值高估的股票

C. 卖出价值低估的股票和价值高估的股票

D. 卖出价值低估的股票、买入价值高估的股票

16. 从实践经验来看,人们通常用公司股票的( )所表示的公司规模作为流动性的近似衡量标准。

A. 面值   B. 市场价值

C. 净值   D. 价格

17. 按( )划分的股票投资风格通常包括:小型资本股票、大型资本股票和混合型资本股票三种类型。

A. 股票价格行为   B. 公司成长性

C. 公司规模   D. 股票发行规模

18. 按( )所表现出来的行业特征,可以将股票分为增长类、周期类、稳定类和能源类等类型。

A. 股票价格行为   B. 公司成长性

C. 公司规模   D. 股票发行规模

19. 积极的股票风格管理,若股票前景不妙则应该( ),若前景良好则( )。

A. 增加权重 增加权重   B. 增加权重 降低权重

C. 降低权重　降低权重　　　　　　D. 降低权重　增加权重

20. 按照(　　)可以将股票分为增长类股票和非增长类（收益类）股票。
    A. 股票价格行为　　　　　　　　B. 公司成长性
    C. 公司规模　　　　　　　　　　D. 股票发行规模

21. (　　)是对一家公司增长能力非常直接而且客观的度量。
    A. 资本权益比率　　　　　　　　B. 持续增长率
    C. 红利收益率　　　　　　　　　D. 杠杆收益率

22. 下列关于股票风格管理的说法不正确的是(　　)。
    A. 消极的股票风格管理，是指选定一种投资风格后，不论市场发生何种变化均不改变这一选定的投资风格
    B. 选择消极的股票风格管理，既节省了投资的交易成本、研究成本、人力成本，也避免了不同风格股票收益之间相互抵消的问题
    C. 积极的股票风格管理，则是通过对不同类型股票的收益状况作出的预测和判断，主动改变投资组合中增长类、周期类、稳定类和能源类股票权重的股票风格管理方式
    D. 选择积极的股票风格管理，既节省了投资的交易成本、研究成本、人力成本，也避免了不同风格股票收益之间相互抵消的问题

23. 道氏理论、移动平均法、价格与交易量的关系等理论，属于(　　)。
    A. 个人投资策略　　　　　　　　B. 集体投资策略
    C. 积极型股票投资策略　　　　　D. 消极型股票投资策略

24. 积极型股票投资策略包括在否定(　　)前提下的以技术分析为基础的投资策略。
    A. 有效市场　　　　　　　　　　B. 弱势有效市场
    C. 强势有效市场　　　　　　　　D. 半强势有效市场

25. 指数型消极投资策略认为在有效市场中(　　)。
    A. 少数积极型股票投资战略可能取得高于其风险承担水平的超额收益
    B. 多数积极型股票投资战略都不可能取得高于其风险承担水平的超额收益
    C. 任何积极型股票投资战略都不可能取得高于其风险承担水平的超额收益
    D. 只要投资战略合适就能取得高于其风险承担水平的超额收益

26. 积极型股票投资策略包括在否定(　　)前提下的以基本分析为基础的投资策略。
    A. 有效市场　　　　　　　　　　B. 弱势有效市场
    C. 强势有效市场　　　　　　　　D. 半强势有效市场

27. 低市盈率法和股利贴现模型等，属于在否定(　　)前提下的投资策略。
    A. 有效市场　　　　　　　　　　B. 弱势有效市场
    C. 强势有效市场　　　　　　　　D. 半强势有效市场

28. 以(　　)为基础的投资策略是在否定弱势有效市场的前提下，以历史交易数据为基础，预测单只股票或市场总体未来变化趋势的一种投资策略。
    A. 技术分析　　　　　　　　　　B. 基本分析
    C. 市场分析　　　　　　　　　　D. 风险分析

29. （　　）是技术分析的鼻祖。
    A. 移动平均法　　　　　　　　B. 价量关系指标
    C. 简单过滤器规则　　　　　　D. 道氏理论
30. 道氏理论的核心思想是（　　）。
    A. 市场价格指数可以解释和反映市场的大部分行为
    B. 市场波动具有三种趋势
    C. 交易量在确定趋势中的作用
    D. 收盘价是最重要的价格

　　二、多项选择题
1. 道氏理论认为价格的波动尽管表现形式不同，但最终可以将它们分为（　　）。
    A. 次要趋势　　　　　　　　　B. 长期趋势
    C. 主要趋势　　　　　　　　　D. 短暂趋势
2. 移动平均法中采用的股票的平均价可以是（　　）。
    A. 一段时期内的简单移动平均价
    B. 一段时期内的每日开盘价的移动平均价
    C. 一段时期内的每日收盘价的移动平均价
    D. 一段时期内的对各区间价格赋予不同权重的移动平均价
3. 如果股票价格中仅包含了影响价格的部分信息，通常根据信息反映的程度将股票市场分为（　　）。
    A. 弱势有效市场　　　　　　　B. 半强势有效市场
    C. 半弱势有效市场　　　　　　D. 强势有效市场
4. 按公司成长性可以将股票分为（　　）。
    A. 投机类股票　　　　　　　　B. 收益类股票
    C. 增长类股票　　　　　　　　D. 非增长类股票
5. 按照对未来股利支付的不同假设，股利贴现模型可演化为（　　）。
    A. 固定增长模型　　　　　　　B. 变动比率增长贴现模型
    C. 三阶段股利贴现模型　　　　D. 随机股利贴现模型
6. 有关指数型消极投资策略，以下说法正确的是（　　）。
    A. 创立指数基金的理论基础是有效市场学说基础上的随机漫步理论
    B. 复制的投资组合波动不可能与选定的股票价格指教的波动完全一致
    C. 复制的组合包括的股票数越少，跟踪误差越大
    D. 如果复制的投资组合的股票数小于目标股票价格指数的成分股数目，可以使用市值法或分层法来构造具体的投资组合
7. 关于股票投资组合管理基本策略，以下说法正确的是（　　）。
    A. 在有效市场中，消极型管理是最佳选择
    B. 如果股票市场是个有效的市场，投资者不可能通过寻找错误定价的股票获取超出市场平均的收益水平
    C. 如果股票市场是一个无效的市场，投资者不可能通过寻找错误定价的股票获取超

出市场平均的收益水平

    D. 积极型管理的目标是获取超出市场平均的收益水平

8. 根据选定的参考基准和计算方法的差异出现的理论有(　　)。

    A. 简单过滤器规则   B. 移动平均法

    C. 上涨和下跌线   D. 相对强弱理论

9. 关于价量关系指标的说法正确的有(　　)。

    A. 技术分析就是利用过去和现在的成交量、成交价资料,以图形分析和指标分析为工具,来解释预测未来的市场走势

    B. 在某一点上的价和量反映的是买卖双方在这一时点上共同的市场行为,是双方的暂时均势点

    C. 价、量是技术分析的基本要素,一切技术分析方法都是以价、量关系为研究对象的

    D. 成交量是推动股价上涨的原动力,是测量股市行情变化的温度计,通过其增加或减少的速度可以推断出多空之间的力量对比和股价涨跌的幅度

10. 目前国际应用较多的基本分析方法主要有(　　)。

    A. 低市盈率   B. 股利贴现模型

    C. 内含报酬率   D. 权益资本比率

11. 常见的市场异常策略包括(　　)。

    A. 小公司效应

    B. 低市盈率效应

    C. 被忽略的公司效应以及其他的日历效应

    D. 遵循公司内部人交易

12. 关于消极型股票投资策略的说法正确的有(　　)。

    A. 消极型股票投资策略以有效市场假说为理论基础,可以分为简单型和指数型两类策略

    B. 简单型消极投资策略一般是在确定了恰当的股票投资组合之后,在3～5年的持有期内不再发生积极的股票买入或卖出行为,而进出场时机也不是投资者关注的重点

    C. 指数型消极投资策略的核心思想是相信市场是有效的,任何积极的股票投资策略都不能取得超过市场的投资收益

    D. 基金管理人在实际进行资产管理时,会构造股票投资组合来复制某个选定的股票价格指数的波动

13. 从国外证券市场的实践来看,指数投资基金收益水平总体上超过了非指数基金收益水平的原因在于(　　)。

    A. 市场的高效性   B. 上市公司质量较高

    C. 成本较低   D. 投资者较理性

14. 关于指数型投资策略的说法正确的有(　　)。

    A. 复制的投资组合的波动不可能与选定的股票价格指数的波动完全一致

    B. 如果基金管理人希望复制的投资组合的股票数小于目标股票价格指数的成分股数目，其可以使用市值法或分层法来构造具体的投资组合

    C. 市值法是指选择指数成分股中市值最大的部分股票，按照其在股价指数所占比例购买，将剩余资金平均分配在剩下的成分股中

    D. 分层法是将指数的成分股按照某个因素（如行业、风险水平 β 值）分类，然后按照各类股票在股价指数中的比例构造投资组合

15. 组合管理的基本目标是( )。

    A. 消除风险   B. 保证固定收益

    C. 分散风险   D. 最大化投资收益

16. 通常股票投资组合的方差是由( )组成。

    A. 股票的 β 值   B. 组合中各股票的方差

    C. 组合在各基金的方差   D. 股票之间的协方差

17. 关于股票投资组合的目的，下列说法正确的是( )。

    A. 股票投资组合管理的目标之一就是在投资者可接受的风险水平内，通过多样化的股票投资使投资者获得最大收益

    B. 从市场经验来看，单只股票受行业政策和基本面的影响较大，相应的收益波动往往也很大

    C. 在公司业绩快速增长时期可能给投资者带来可观的收益，但是如果因投资者未观察到的信息而导致股票价格大幅下跌，则可能给投资者造成很大的损失

    D. 在给定的风险水平下，通过多样化的股票选择，可以在一定程度上减轻股票价格的过度波动，从而在一个较长的时期内获得最大收益

18. 我们通常选取描述公司的成长性的指标有( )。

    A. 持续增长率   B. 通货膨胀率

    C. 红利收益率   D. 风险概率

19. 积极的股票风格管理( )。

    A. 主动改变投资组合中增长类、周期类、稳定类和能源类股票权重

    B. 只改变投资组合中增长类股票在组合中的比重

    C. 若股票前景不妙，降低权重

    D. 若股票前景良好，增加权重

20. 积极型股票投资战略主要包括( )。

    A. 以技术分析为基础的投资策略   B. 以基本分析为基础的投资策略

    C. 以价格分析为基础的投资策略   D. 市场异常投资策略

21. 道氏理论的主要观点有( )。

    A. 市场价格指数可以解释和反映市场的大部分行为

    B. 市场波动具有三种趋势

    C. 交易量在确定趋势中的作用

    D. 收盘价是最重要的价格

22. 以下是对弱势和半强势效率市场进行挑战的现象是( )。

A. 小公司效应   B. 低市盈率效应

C. 日历效应   D. 遵循内部人的交易活动

23. 按公司规模划分的股票投资风格通常包括（   ）。

     A. 小型资本股票   B. 中型资本股票

     C. 大型资本股票   D. 混合型资本股票

24. 对公司基本面状况分析，其内容包括（   ）。

     A. 资本结构   B. 资产运作效率

     C. 偿债能力   D. 盈利能力

25. 消极型股票投资战略包括（   ）。

     A. 简单型消极股票投资战略   B. 资本型消极股票投资战略

     C. 货币型消极股票投资战略   D. 组合型消极股票投资战略

26. 以技术分析为基础的投资策略与以基本分析为基础的投资策略的区别包括（   ）。

     A. 在实际操作中，技术分析为主，基本分析为辅

     B. 技术分析和基本分析对市场有效性的判定不同

     C. 技术分析和基本分析的分析基础不同

     D. 技术分析和基本分析使用的分析工具不同

27. 在无效的市场条件下，基金管理人可以实现的投资组合管理策略包括（   ）。

     A. 获得与大盘同样的收益水平，减少交易成本

     B. 获得市场平均收益的情况下，承担低于市场平均水平的风险

     C. 买入价值低估的股票，获取超出市场平均水平的收益率

     D. 卖出价值高估的股票，获取超出市场平均水平的收益率

28. 下面哪些情况，不应在强势有效市场上出现（   ）。

     A. 股票价值低估   B. 股票价值高估

     C. 获得与大盘同样的收益水平   D. 获得超出市场平均的收益水平

29. 积极型股票投资策略大致包括（   ）。

     A. 在否定弱势有效市场前提下的以技术分析为基础的投资策略，如道氏理论、移动平均法、价格与交易量的关系等理论

     B. 在否定半强势市场前提下的以基本分析为基础的投资策略，如低市盈率法和股利贴现模型等

     C. 结合对弱势有效市场和半强势有效市场的挑战，人们提出的市场异常策略如小公司效应、日历效应等

     D. 选定一种投资风格后，不论市场发生何种变化均不改变这一风格

30. 关于以技术分析为基础的投资策略的说法正确的有（   ）。

     A. 以技术分析为基础的投资策略是在否定弱势有效市场的前提下，以历史交易数据为基础，预测单只股票或市场总体未来变化趋势的一种投资策略

     B. 所谓弱势有效市场就是证券价格充分反映了历史上一系列交易价格和交易量中所隐含的信息从而投资者不可能通过对以往价格进行的分析获得超额利润

     C. 要想获得超额回报，就必须寻求历史交易数据以外的信息

D. 正是对弱势有效市场的否定才产生出以技术分析为基础的多种股票投资策略

三、判断题

1. 在给定的风险水平下，通过多样化的股票选择，可以在一定程度上减轻股票价格的过度波动，从而在一个较长的时期内获得最大收益。（ ）

A. 正确　　　　　　　　　　　B. 错误

2. 红利收益率则更多地受到会计数据不足的制约，较少受到市场力量的影响。（ ）

A. 正确　　　　　　　　　　　B. 错误

3. 股票投资风格指数就是对股票投资风格进行业绩评价的指数。（ ）

A. 正确　　　　　　　　　　　B. 错误

4. 结合对弱势有效市场和半强势有效市场的挑战，人们提出的市场异常策略，如小公司效应、日历效应等。（ ）

A. 正确　　　　　　　　　　　B. 错误

5. 英国人查尔斯·道是道氏理论的创始人。（ ）

A. 正确　　　　　　　　　　　B. 错误

6. 只要对基于市场交易数据建立的市场价格指数进行分析就可以观察市场的大部分行为。（ ）

A. 正确　　　　　　　　　　　B. 错误

7. 在对股票价格未来走势进行预测时，交易量指标是做出判断的一个重要参考指标。（ ）

A. 正确　　　　　　　　　　　B. 错误

8. 选择低市盈率、高市净率股票作为自己的目标投资对象是目前机构投资者普遍运用的投资策略。（ ）

A. 正确　　　　　　　　　　　B. 错误

9. 从操作效果来看，道氏理论对短期波动的预测有较大的作用，对大的趋势判断则显得无能为力。（ ）

A. 正确　　　　　　　　　　　B. 错误

10. "过滤器"将股价上涨或下跌幅度达到标准的股票筛选出来作为投资组合的选择对象。（ ）

A. 正确　　　　　　　　　　　B. 错误

11. 根据计算方式和选择参数的不同，计算平均价的方式可以是算术平均，也可以是对某一区间的价格赋予更大权重从而计算出综合的移动平均价。（ ）

A. 正确　　　　　　　　　　　B. 错误

12. 用技术分析预测股票的价格走势时，价量关系是一个重要的参考指标。（ ）

A. 正确　　　　　　　　　　　B. 错误

13. 市净率是股票价格与每股净利润的比值，市盈率则是股票价格与每股净资产的比值。（ ）

A. 正确　　　　　　　　　　　B. 错误

14. 低市盈率效应是指由低市盈率股票组成的投资组合的表现要优于由高市盈率股票组

成的投资组合的表现。（　　　）

　　A. 正确　　　　　　　　　　　　B. 错误

15. 所谓的小公司效应是指以市场资本总额衡量的小型资本股票，它们的投资组合收益通常优于股票市场的整体表现。（　　　）

　　A. 正确　　　　　　　　　　　　B. 错误

16. 技术分析是以宏观经济、行业和公司的基本经济数据为研究基础，通过对公司业绩的判断确定其投资价值。（　　　）

　　A. 正确　　　　　　　　　　　　B. 错误

17. 随着上市公司运作的逐步规范和投资理念的理性回归，基本分析越来越受到投资者的关注，股利贴现模型和低市盈率等指标都得到了更为广泛的应用。（　　　）

　　A. 正确　　　　　　　　　　　　B. 错误

18. 在实际操作中，一般用股票价格指数来代表市场投资组合。（　　　）

　　A. 正确　　　　　　　　　　　　B. 错误

19. 基金管理人在实际进行资产管理时，会构造股票投资组合来复制某个选定的股票价格指数的波动，这就是通常所说的指数化策略。（　　　）

　　A. 正确　　　　　　　　　　　　B. 错误

20. 从国外证券市场的实践来看，非指数投资基金的收益水平总体上超过了指数基金的收益水平。（　　　）

　　A. 正确　　　　　　　　　　　　B. 错误

21. 复制的投资组合的波动有可能与选定的股票价格指数的波动完全一致。（　　　）

　　A. 正确　　　　　　　　　　　　B. 错误

22. 加强指数法的核心思想是将指数化投资管理与积极型股票投资策略相结合，所以加强指数法与积极型股票投资策略之间没有显著的区别。（　　　）

　　A. 正确　　　　　　　　　　　　B. 错误

23. 通常股票投资组合的方差是由组合中各股票的方差和股票之间的协方差两部分组成，组合的期望收益率是各股票的期望收益率的算术平均。（　　　）

　　A. 正确　　　　　　　　　　　　B. 错误

24. 当组合中的股票数目 N 增加时，单只股票的投资比例减少，方差项对组合资产风险的影响下降；当 N 趋向无穷大时，方差项将趋近 0，组合资产的风险仅由各股票之间的协方差所决定。（　　　）

　　A. 正确　　　　　　　　　　　　B. 错误

25. 如果股票市场不是有效的市场，股票的价格不能完全反映影响价格的信息，那么市场中存在着错误定价的股票。（　　　）

　　A. 正确　　　　　　　　　　　　B. 错误

26. 股票投资风格的划分关键是对股票所属行业的把握和分类标准的选取。（　　　）

　　A. 正确　　　　　　　　　　　　B. 错误

27. 通常小型资本股票的流动性较高，而大型资本股票的流动性则相对较低。（　　　）

　　A. 正确　　　　　　　　　　　　B. 错误

28. 混合型战略的收益和风险都介于中小型资本股票战略和大型资本股票战略之间。（　　）

　　A. 正确　　　　　　　　　　　　B. 错误

29. 增长类股票有较高的盈余保留率和高的盈利性；非增长类股票有较低的盈余保留率和低的盈利性，但有较高的红利收益率。（　　）

　　A. 正确　　　　　　　　　　　　B. 错误

30. 股票投资组合管理的目标是实现效用最大化，也就是使股票投资组合的风险和收益特征能够给投资者带来最大的满足。（　　）

　　A. 正确　　　　　　　　　　　　B. 错误

31. 组合管理理论最早由马柯威茨于 1962 年系统地提出，他开创了对投资进行整体管理的先河。（　　）

　　A. 正确　　　　　　　　　　　　B. 错误

32. 目前，在西方国家大约有 1/2 的投资管理者利用数量化方法进行组合管理。（　　）

　　A. 正确　　　　　　　　　　　　B. 错误

33. 构建投资组合并分析其特性是职业投资组合经理的基本活动。（　　）

　　A. 正确　　　　　　　　　　　　B. 错误

34. 资产组合理论表明，证券组合的风险随着组合所包含的证券数量的增加而消失，资产间关联性低的多元化证券组合可以有效地降低个别风险。（　　）

　　A. 正确　　　　　　　　　　　　B. 错误

35. 我们一般用股票投资收益率的方差或者股票的 β 值来衡量一只股票或股票组合的风险。（　　）

　　A. 正确　　　　　　　　　　　　B. 错误

参考答案

一、单项选择题

1. B	2. C	3. D	4. D	5. B
6. C	7. C	8. D	9. B	10. A
11. B	12. D	13. A	14. B	15. A
16. B	17. C	18. A	19. D	20. B
21. B	22. D	23. C	24. B	25. C
26. D	27. D	28. A	29. D	30. A

二、多项选择题

1. ACD	2. AD	3. AB	4. CD	5. ACD
6. ABCD	7. ABD	8. ABCD	9. ABCD	10. ABC
11. ABCD	12. ABCD	13. AC	14. ABCD	15. CD
16. BD	17. ABCD	18. AC	19. ACD	20. ABD
21. ABCD	22. ABCD	23. ACD	24. ABCD	25. AD

26. BCD   27. BCD   28. ABD   29. ABC   30. ABCD

三、判断题

1. A   2. B   3. A   4. A   5. B
6. A   7. B   8. B   9. B   10. A
11. B   12. B   13. B   14. A   15. A
16. B   17. A   18. A   19. A   20. B
21. B   22. B   23. B   24. A   25. A
26. B   27. B   28. A   29. A   30. A
31. B   32. B   33. A   34. B   35. A

第十四章 债券投资组合管理

一、本章考纲

　　了解单一债券收益率的衡量方法；熟悉债券投资组合收益率的衡量方法；了解影响债券收益率的主要因素；了解收益率曲线的概念；熟悉几种主要的期限结构理论。

　　了解债券风险种类；熟悉测算债券价格波动性的方法；熟悉债券流通性价值的衡量。

　　了解积极债券组合管理和消极债券组合管理的理论基础和多种策略。

二、本章知识体系

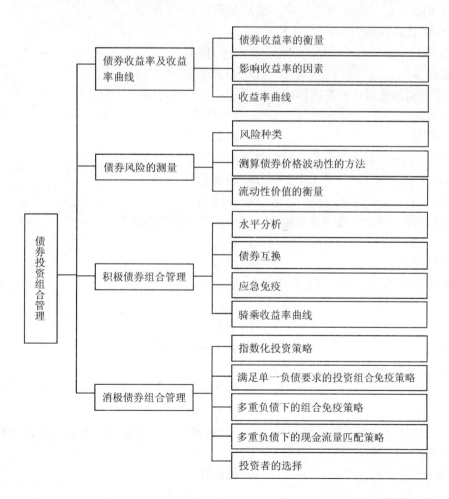

三、同步强化练习题及参考答案

同步强化练习题

一、单项选择题

1. 大多数债券价格与收益率的关系都可以用一条（   ）弯曲的曲线来表示，而且（   ）的凸性有利于投资者提高债券投资收益。

   A. 向下，较低　　　　　　　　　B. 向下，较高

   C. 向上，较低　　　　　　　　　D. 向上，较高

2. （   ）主要用于衡量投资者持有债券的变现难易程度。

   A. 利率风险　　　　　　　　　　B. 再投资风险

   C. 流动性风险　　　　　　　　　D. 经营风险

3. （   ）与公司经营活动引起的收入现金流的不确定性有关。

   A. 利率风险　　　　　　　　　　B. 再投资风险

   C. 流动性风险　　　　　　　　　D. 经营风险

4. 下列不存在经营风险的债券是（   ）。

   A. 政府债券　　　　　　　　　　B. 金融债券

   C. 公司债券　　　　　　　　　　D. 企业债券

5. 优先股易于受到加速通货膨胀的影响，这属于（   ）的影响。

   A. 购买力风险　　　　　　　　　B. 汇率风险

   C. 流动性风险　　　　　　　　　D. 经营风险

6. 应计收益率每下降或上升 1 个基点时的价格波动性是（   ）。

   A. 递增的　　　　　　　　　　　B. 递减的

   C. 相同的　　　　　　　　　　　D. 不同的

7. 其他条件相同时，债券价格收益率越小，说明债券的价格波动性（   ）。

   A. 越小　　　　　　　　　　　　B. 越大

   C. 围绕原值波动　　　　　　　　D. 不变

8. 完全预期理论认为，下降的收益率曲线意味着市场预期短期利率水平会在未来（   ）。

   A. 下降　　　　　　　　　　　　B. 上升

   C. 保持不变　　　　　　　　　　D. 先上升后下降

9. 附息债券的麦考莱久期和修正的麦考莱久期（   ）其到期期限。

   A. 大于　　　　　　　　　　　　B. 小于

   C. 等于　　　　　　　　　　　　D. 关系不确定

10. （   ）是一种基于对未来利率预期的债券组合管理策略，其中一种主要的形式为利率预期策略。

    A. 水平分析　　　　　　　　　　B. 债券互换

C. 应急免疫 D. 骑乘收益率曲线

11. （　　）是指在债券出现暂时的市场定价偏差时，将一种债券替换成另一种完全可替代的债券，以期获取超额收益。

A. 债券互换 B. 替代互换

C. 市场间利差互换 D. 税差激发互换

12. 投资者进行（　　）操作的动机是由于投资者认为不同市场间债券的利差偏离了正常水平并以某种趋势继续运行。

A. 债券互换 B. 替代互换

C. 市场间利差互换 D. 税差激发互换

13. （　　）的目的就在于通过债券互换来减少年度的应付税款，从而提高债券投资者的税后收益率。

A. 债券互换 B. 替代互换

C. 市场间利差互换 D. 税差激发互换

14. 当投资者持有债券的利息及本金以外币偿还，或者以外币计算但换算成本币偿还的时候投资者就面临着（　　）。

A. 利率风险 B. 流动性风险

C. 经营风险 D. 汇率风险

15. 有偏预期理论认为远期利率应该是预期的未来利率（　　）。

A. 与购买力风险补偿的差额 B. 与购买力风险补偿的累加

C. 与流动性风险补偿的累加 D. 与流动性风险补偿的差额

16. （　　）的目标是使债券投资组合达到与某个特定指数相同的收益，它以市场充分有效的假设为基础，属于消极型债券投资策略之一。

A. 指数化投资策略 B. 免疫投资策略

C. 市场异常策略 D. 保本投资策略

17. （　　）是指将指数的特征排列组合后分为若干个部分，在构成该指数的所有债券中选出能代表每一个部分的债券，以不同特征债券在指数中的比例为权重建立组合。

A. 分层抽样法 B. 优化法

C. 方差最小化法 D. 方差最大化法

18. 在限定修正期限与曲度的同时使到期收益最大化属于（　　）。

A. 分层抽样法 B. 优化法

C. 方差最小化法 D. 方差最大化法

19. 指数化的方法中（　　）适合于证券数目较小的情况。

A. 分层抽样法 B. 优化法

C. 方差最小化法 D. 方差最大化法

20. 当最为基准的债券数目较大时，（　　）比较适用，但要求采用大量的历史数据。

A. 分层抽样法 B. 优化法

C. 方差最小化法 D. 方差最大化法

21. （　　）的规避风险为零，是债券组合的理想产品。

A. 可转换债券　　　　　　　　　B. 可转换可分析债券
C. 付息债券　　　　　　　　　　D. 零息债券

22. 在进行(　　)时使用债券互换的主要目的是通过债券互换提高组合的收益率。
　　A. 消极债券分散管理　　　　　B. 积极债券分散管理
　　C. 积极债券组合管理　　　　　D. 消极债券组合管理

23. (　　)认为债券期限结构反映了未来利率走势与风险补贴，但并不承认风险补贴也一定随期限增长而增加，而是取决于不同期限范围内资金的供求平衡。
　　A. 完全预期理论　　　　　　　B. 有偏预期理论
　　C. 流动性偏好理论　　　　　　D. 集中偏好理论

24. 完全预期理论认为，上升的收益率曲线意味着市场预期短期利率水平会在未来(　　)。
　　A. 上升　　　　　　　　　　　B. 下降
　　C. 不变　　　　　　　　　　　D. 不确定

25. 有偏预期理论的基础是，投资者在收益率相同的情况下更愿意持有(　　)。
　　A. 优先股票　　　　　　　　　B. 长期债券
　　C. 短期债券　　　　　　　　　D. 银行存款

26. (　　)是债券投资者所面临的主要风险。
　　A. 利率风险　　　　　　　　　B. 再投资风险
　　C. 流动性风险　　　　　　　　D. 经营风险

27. 由于市场利率是用以计算债券现值折现率的一个组成部分，所有债券价格趋于与利率水平变化(　　)运动。
　　A. 正向　　　　　　　　　　　B. 反向
　　C. 水平　　　　　　　　　　　D. 垂直

28. 在利率水平变化时，长期债券价格的变化幅度与短期债券价格的变化幅度的关系是(　　)。
　　A. 两者相等　　　　　　　　　B. 前者大于后者
　　C. 前者小于后者　　　　　　　D. 没有直接关系

29. 一般而言，只有在存在(　　)的收益级差和(　　)的过渡期时，债券投资者才会进行互换操作。
　　A. 较高　较长　　　　　　　　B. 较高　较短
　　C. 较低　较长　　　　　　　　D. 较低　较高

30. 在对单一债券收益率的衡量上，可以采用多种方法。其中，(　　)是被普遍采用的计算方法。
　　A. 基础利率　　　　　　　　　B. 债券到期收益率
　　C. 风险溢价　　　　　　　　　D. 标准利率

31. (　　)是计算债券投资组合收益率最通用的方法。
　　A. 复利收益率　　　　　　　　B. 投资组合内部收益率
　　C. 债券到期收益率　　　　　　D. 加权平均投资组合收益率

32. ( )是通过计算投资组合在不同时期的所有现金流，然后计算使现金流的现值等
于投资组合市场价值的利率。
   A. 复利收益率　　　　　　　　　B. 投资组合内部收益率
   C. 债券到期收益率　　　　　　　D. 加权平均投资组合收益率
33. ( )是投资者所要求的最低利率。
   A. 息票利率　　　　　　　　　　B. 再投资利率
   C. 未来到期收益率　　　　　　　D. 基础利率
34. 债券收益率与( )之间的利差反映了投资者投资于非国债的债券时面临的额外风
险，因此也称为风险溢价。
   A. 息票利率　　　　　　　　　　B. 再投资利率
   C. 未来到期收益率　　　　　　　D. 基础利率
35. 有偏预期理论中，最被广泛接受的是( )。
   A. 完全预期理论　　　　　　　　B. 有偏预期理论
   C. 流动性偏好理论　　　　　　　D. 集中偏好理论

二、多项选择题

1. 流通性较强的债券( )。
   A. 折让的大小和凸性有关
   B. 折让的幅度反映了债券流通性的价值
   C. 在收益率上往往有一定折让
   D. 比流通性一般的债券在收益率上折让的幅度小
2. 一般而言，( )的再投资风险相对较大。
   A. 期限较短的债券　　　　　　　B. 期限较长的债券
   C. 息票率较低的债券　　　　　　D. 息票率较高的债券
3. 债券的经营风险被分为( )。
   A. 外部经营风险　　　　　　　　B. 宏观经营风险
   C. 内部经营风险　　　　　　　　D. 微观经营风险
4. 下列关于汇率风险的说法正确的是( )。
   A. 当投资者持有债券的利息及本金以外币偿还，或者以外币计算但换算成本币偿还
的时候，若外币相对于本币升值，债券投资带来的现金流可以兑换到更多的本
币，从而有利于债券投资者提高其收益率
   B. 当投资者持有债券的利息及本金以外币偿还，或者以外币计算但换算成本币偿还
的时候，若外币相对于本币升值，债券投资带来的现金流可以兑换到更少的本
币，从而有利于债券投资者提高其收益率
   C. 当投资者持有债券的利息及本金以外币偿还，或者以外币计算但换算成本币偿还
的时候，当外币相对于本币贬值时，债券投资带来的现金流可以兑换的本币就会
增加，这样将会降低债券投资者的收益率
   D. 当投资者持有债券的利息及本金以外币偿还，或者以外币计算但换算成本币偿还
的时候，当外币相对于本币贬值时，债券投资带来的现金流可以兑换的本币就会

减少，这样将会降低债券投资者的收益率

5. 赎回风险来源于（　　）。

A. 可赎回债券的利息收入具有很大的不确定性

B. 可赎回债券的利息收入具有很大的确定性

C. 债券发行人往往在利率走低时行使赎回权，从而加大了债券投资者的再投资风险

D. 由于存在发行者可能行使赎回权的价位，限制了可赎回债券的上涨空间，使得债券投资者的资本增值潜力受到限制

6. 债券投资者需要对债券价格波动性和债券价格利率风险进行计算。通常使用的计量指标有（　　）。

A. 基点价格值

B. 价格变动收益率值

C. 现实复利收益率

D. 久期

7. 关于麦考莱久期，下列说法正确的是（　　）。

A. 对于普通债券而言，当其他因素不变时，票面利率越低，麦考莱久期及修正的麦考莱久期就越大（这一特点不适用于长期贴现债券）

B. 对于普通债券而言，当其他因素不变时，票面利率越低，麦考莱久期及修正的麦考莱久期就越小（这一特点不适用于长期贴现债券）

C. 对于普通债券而言，其他因素不变，久期越大，债券的价格波动性就越小

D. 对于普通债券而言，其他因素不变，久期越大，债券的价格波动性就越大

8. 债券指数化投资的动机包括（　　）。

A. 经验证据表明积极型的债券投资组合的业绩并不好

B. 与积极型的债券组合管理相比，指数化组合管理所收取的管理费用更低

C. 有助于基金发起人增强对基金经理的控制力

D. 经验证据表明积极型的债券投资组合的业绩比较好

9. 下列关于凸性的说法正确的是（　　）。

A. 凸性对于投资者是有利的，在其他情况相同时，投资者应当选择凸性更小的债券进行投资

B. 凸性对于投资者是有利的，在其他情况相同时，投资者应当选择凸性更大的债券进行投资

C. 尤其当预期利率波动较大时，较高的凸性有利于投资者提高债券投资收益

D. 尤其当预期利率波动较大时，较低的凸性有利于投资者提高债券投资收益

10. 投资期分析法把债券互换各个方面的回报率分解为几个组成成分，包括（　　）。

A. 源于时间成分所引起的收益率变化

B. 源于票息因素所引起的收益率变化

C. 由于到期收益率变化所带来的资本增值或损失（收益成分）

D. 票息的再投资收益

11. 以投资期分析为基础，债券互换可分为（　　）。

A. 替代互换

B. 市场间利差互换

C. 互补互换

D. 税差激发互换

12. 不同债券品种在(　　)等方面的差别，决定了债券互换的可行性和潜在获利可能。
   A. 利息
   B. 违约风险
   C. 流动性
   D. 税收特性

13. 替代互换也存在风险，其风险主要来自于(　　)。
   A. 纠正市场定价偏差的过渡期比预期的更长
   B. 纠正市场定价偏差的过渡期比预期的更短
   C. 价格走向与预期相反
   D. 全部利率反向变化

14. 进行市场间利差互换时投资者会面临风险，包括(　　)。
   A. 过渡期会延长
   B. 过渡期会缩短
   C. 新买入债券的价格及到期收益率走势和预期的趋势不同
   D. 新买入债券的价格及到期收益率走势和预期的趋势相同

15. 以下关于债券风险的说法正确的是(　　)。
   A. 在利率走低时，再投资收益率就会降低，再投资的风险加大
   B. 内部经营风险通过公司的运营效率得到体现
   C. 未预期的通货膨胀使债券投资的收益率产生波动，在通货膨胀加速的情况下，将使债券投资者的实际收益率降低
   D. 由于市场利率是用以计算债券现值折现率的一个组成部分，所有证券价格趋于与利率水平变化正向运动

16. 税收对债券投资收益具有明显影响，其影响的主要途径有(　　)。
   A. 债券收入现金流本身的税收特性不同
   B. 现金流的形式
   C. 债券收入现金流本身的税收特性相同
   D. 现金流的时间特征

17. 经验显示，收益率曲线的变化方式有(　　)。
   A. 垂直移动
   B. 非垂直移动
   C. 平行移动
   D. 非平行移动

18. 非平行移动分为(　　)。
   A. 收益率曲线的斜度变化
   B. 收益率曲线的谷峰变动
   C. 收益率曲线的曲度变化
   D. 收益率曲线的谷底变动

19. 常用的收益率曲线策略包括(　　)。
   A. 子弹式策略
   B. 两极式策略
   C. 跨式策略
   D. 梯式策略

20. 在债券投资组合管理过程中，通常使用哪些消极管理策略(　　)。
   A. 指数策略，目的是使所管理的资产组合尽量接近于某个债券市场指数的表现
   B. 指数策略，这是被许多债券投资者所广泛采用的策略，目的是使所管理的资产组合免予市场利率波动的风险

    C. 免疫策略，目的是使所管理的资产组合尽量接近于某个债券市场指数的表现

    D. 免疫策略，这是被许多债券投资者所广泛采用的策略，目的是使所管理的资产组合免予市场利率波动的风险

21. 指数化的方法包括(　　)。

    A. 分层抽样法　　　　　　　　B. 优化法

    C. 方差最小化法　　　　　　　D. 方差最大化法

22. 以下关于测算债券价格波动性的方法说法正确的是(　　)。

    A. 基点价格值是指应计收益率每变化1个基点所引起的债券价格的绝对变动额

    B. 久期是测量债券价格相对于收益率变动的敏感性的指标

    C. 在所有其他因素不变的情况下，到期期限越长，债券价格的波动性越大

    D. 麦考莱久期表示的是每笔现金流量的期限按其现值占总现金流量的比重计算出的加权平均数

23. 根据是否承认还存在其他可能影响远期利率的因素，可以将预期理论划分为(　　)。

    A. 完全预期理论　　　　　　　B. 不完全预期理论

    C. 无偏预期理论　　　　　　　D. 有偏预期理论

24. 下列关于凸性的描述正确的是(　　)。

    A. 凸性可以描述大多数债券价格与收益率的关系

    B. 凸性对投资者是有利的

    C. 凸性无法弥补债券价格计算的误差

    D. 其他条件不变时，较大的凸性更有利于投资者

25. 根据集中偏好理论，风险补偿将引导投资者改变他们原有的对期限的喜好，而收益率曲线的(　　)都是有可能的。

    A. 上倾　　　　　　　　　　　B. 下降

    C. 平稳　　　　　　　　　　　D. 上凸

26. 市场分割理论认为，(　　)债券被分割在不同的市场上，各自有独立的市场均衡状态。

    A. 长期　　　　　　　　　　　B. 中期

    C. 久期　　　　　　　　　　　D. 短期

27. 债券风险的种类包括(　　)。

    A. 利率风险　　　　　　　　　B. 再投资风险

    C. 流动性风险　　　　　　　　D. 经营风险

28. 下列关于再投资风险的说法不正确的是(　　)。

    A. 在利率走低时，再投资收益率就会降低，再投资的风险加大

    B. 在利率走低时，再投资收益率就会降低，再投资的风险减小

    C. 当利率上升时，债券价格会下降，但是利息的再投资收益会上升

    D. 当利率上升时，债券价格会下降，但是利息的再投资收益会减小

29. 关于积极债券组合管理的说法正确的是(　　)。

A. 水平分析是一种基于对未来利率预期的债券组合管理策略

B. 久期是衡量利率变动敏感性的重要指标

C. 对于以债券指数作为评价基准的资产管理人来说，预期利率上升时，将增加投资组合的持续期

D. 一般而言，只有在存在较高的收益级差和较短的过渡期时，债券投资者才会进行互换操作

30. 付息式债券的投资回报主要由（   ）组成。

    A. 本金   B. 利息

    C. 利息的再投资收益   D. 负债

31. 债券投资收益可能来自于（   ）。

    A. 息票利息

    B. 利息收入的再投资收益

    C. 储蓄利息

    D. 债券到期或被提前赎回或卖出时所得到的资本利得

32. 可能影响风险溢价的因素包括（   ）。

    A. 发行人种类   B. 发行人的信用度

    C. 税收负担   D. 债券的预期流动性

33. 债券投资者的税收状况也将影响其税后收益率，其中包括（   ）两个方面。

    A. 营业税   B. 利息税

    C. 所得税   D. 资本利得税

34. 下列关于债券到期期限的说法不正确的是（   ）。

    A. 债券期限越短，市场利率变动时其价格波动幅度也越大，债券的利率风险也越大

    B. 债券期限越短，市场利率变动时其价格波动幅度也越小，债券的利率风险也越大

    C. 债券期限越长，市场利率变动时其价格波动幅度也越小，债券的利率风险也越大

    D. 债券期限越长，市场利率变动时其价格波动幅度也越大，债券的利率风险也越大

35. 收益率曲线反映了市场的利率期限结构，对于收益率曲线不同形状的解释产生了不同的期限结构理论，主要包括（   ）。

    A. 预期理论   B. 市场分割理论

    C. 市场有效理论   D. 优先置产理论

三、判断题

1. 债券到期收益率被定义为使债券的支付现值与债券价格相等的贴现率，即内部收益率。（   ）

    A. 正确   B. 错误

2. 债券的到期收益率被看做是债券到期日当日的收益率。（   ）

A. 正确 B. 错误

3. 已知债券价格、债券利息、到期年数，可以通过试算法计算债券的到期收益率。（ ）

A. 正确 B. 错误

4. 到期收益率的含义是将未来的现金流按照即期利率折现，使之等于当前的价格，这个即期利率就是到期收益率。（ ）

A. 正确 B. 错误

5. 在到期收益率的计算中，利息的再投资收益率被假设为固定不变的当前到期收益率。（ ）

A. 正确 B. 错误

6. 现实收益率来源于投资者自己对未来市场收益率的预期和再投资的计划。（ ）

A. 正确 B. 错误

7. 一般用两种常规性方法来计算投资组合的收益率，即算术平均投资组合收益率与投资组合内部收益率。（ ）

A. 正确 B. 错误

8. 一般使用无风险的金融债收益率作为基础利率的代表，并应针对不同期限的债券选择相应的基础利率基准。（ ）

A. 正确 B. 错误

9. 债券发行人自身的违约风险是影响债券收益率的重要因素。（ ）

A. 正确 B. 错误

10. 国债利息一般不需要支付所得税。（ ）

A. 正确 B. 错误

11. 一般来说，债券流动性越大，投资者要求的收益率越高；反之，则要求的收益率越低。（ ）

A. 正确 B. 错误

12. 根据完全预期理论水平的收益率曲线意味着预期短期利率会在未来上升。（ ）

A. 正确 B. 错误

13. 流动性偏好理论认为市场是由短期投资者所控制的，一般来说，远期利率超过未来短期利率的预期，即远期利率包括了预期的未来利率与流动溢价。（ ）

A. 正确 B. 错误

14. 流动性偏好理论的基础是，投资者在收益率相同的情况下更愿意持有短期债券，以保持资金较好的流动性，那么长期债券的收益率必然要在预期的利率基础上增加对流动性的补偿，而且期限越短，补偿也就越高。（ ）

A. 正确 B. 错误

15. 有偏预期理论认为债券期限结构反映了未来利率走势与风险补贴，但并不承认风险补贴也一定随期限增长而增加，而是取决于不同期限范围内资金的供求平衡。（ ）

A. 正确 B. 错误

16. 根据市场分割理论，长期借贷活动决定短期债券的利率，而短期交易决定了长期债券利率。（   ）

    A. 正确   B. 错误

17. 最重要的一种久期是 1938 年弗雷德里克·麦考莱首先提出的麦考莱久期，其次是修正的麦考莱久期。（   ）

    A. 正确   B. 错误

18. 在实践中，可以根据某种债券的买卖差价来判断其流动性风险的大小。一般来说，买卖差价越大，流动性风险就越小。（   ）

    A. 正确   B. 错误

19. 再投资风险是由于利率水平变化而引起的债券报酬的变化，它是债券投资者所面临的主要风险。（   ）

    A. 正确   B. 错误

20. 由于市场利率是用以计算债券现值折现率的一个组成部分，所有债券价格趋于与利率水平变化同向运动。（   ）

    A. 正确   B. 错误

21. 对于那些打算将债券长期持有至到期日为止的投资者来说，流动性风险就不再重要。（   ）

    A. 正确   B. 错误

22. 外部经营风险通过公司的运营效率得到体现。（   ）

    A. 正确   B. 错误

23. 内部经营风险与那些超出公司控制的环境因素（如公司所处的政治环境和经济环境）相联系。（   ）

    A. 正确   B. 错误

24. 对于风险较高的长期债券，流动性或变现能力是投资者规避投资风险的充分条件。（   ）

    A. 正确   B. 错误

25. 债券和其他固定收益证券如优先股，易于受到通货膨胀加速的影响，即购买力风险的影响。（   ）

    A. 正确   B. 错误

26. 当投资者持有债券的利息及本金以外币偿还，或者以外币计算但换算成本币偿还的时候，当外币相对于本币升值时，债券投资带来的现金流可以兑换的本币就会减少，这样将会降低债券投资者的收益率。（   ）

    A. 正确   B. 错误

27. 对于收益率的微小变动，不论是上升还是下降，特定债券的价格将大致呈相同幅度的百分比变动。因此，应计收益率每下降或上升 1 个基点时的价格波动性是相同的。（   ）

    A. 正确   B. 错误

28. 凸性的作用在于可以消除债券价格计算的误差，更准确地衡量债券价格对收益率变

化的敏感程度。（　　）

A. 正确　　　　　　　　　　　　B. 错误

29. 其他条件相同时，债券价格收益率值越小说明债券的价格波动性越小。（　　）

A. 正确　　　　　　　　　　　　B. 错误

参考答案

一、单项选择题

1. B	2. C	3. D	4. A	5. A
6. C	7. B	8. A	9. B	10. A
11. B	12. C	13. D	14. D	15. C
16. A	17. A	18. B	19. A	20. C
21. D	22. C	23. D	24. A	25. C
26. A	27. B	28. B	29. B	30. B
31. D	32. B	33. D	34. D	35. C

二、多项选择题

1. BC	2. BD	3. AC	4. AD	5. ACD
6. ABD	7. AD	8. ABC	9. BC	10. ABCD
11. ABD	12. ABCD	13. ACD	14. AC	15. ABC
16. ABD	17. CD	18. AB	19. ABD	20. AD
21. ABC	22. ABCD	23. AD	24. ABD	25. ABCD
26. ABD	27. ABCD	28. BD	29. ABD	30. ABC
31. ABD	32. ABCD	33. CD	34. ABC	35. ABD

三、判断题

1. A	2. B	3. A	4. B	5. B
6. B	7. A	8. B	9. A	10. A
11. B	12. A	13. B	14. B	15. A
16. B	17. A	18. B	19. A	20. A
21. B	22. B	23. A	24. A	25. B
26. A	27. B	28. B	29. B	

第十五章 基金业绩衡量与评价

一、本章考纲

了解基金绩效衡量的目的与意义；熟悉衡量基金绩效需要考虑的因素，掌握绩效衡量问题的不同视角。

熟悉基金净值收益率的几种计算方法。

了解基金绩效收益率的衡量方法。

熟悉风险调整绩效衡量的方法。

了解择时能力衡量的方法。

熟悉绩效贡献的分析方法。

二、本章知识体系

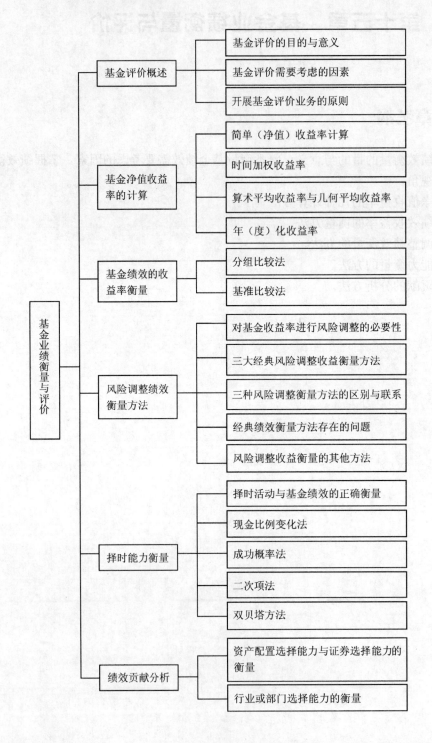

三、同步强化练习题及参考答案

同步强化练习题

一、单项选择题

1.（ ）一般可以用作对平均收益率的无偏估计，因此它更多地被用来对将来收益率的估计。
   A. 简单（净值）收益率计算
   B. 时间加权收益率
   C. 算术平均收益率
   D. 几何平均收益率

2. 第一个风险调整衡量方法是（ ）。
   A. 特雷诺指数
   B. 夏普指数
   C. 詹森指数
   D. 标准普尔指数

3.（ ）以标准差作为基金风险的度量，给出了基金份额标准差的超额收益率。
   A. 特雷诺指数
   B. 夏普指数
   C. 詹森指数
   D. 标准普尔指数

4. 特雷诺指数用的是（ ），因此，当一项资产只是资产组合中的一部分时，特雷诺指数就可以作为衡量绩效表现的恰当指标加以应用。
   A. 部分风险
   B. 全部风险
   C. 系统风险
   D. 经济风险

5. 夏普指数调整的是（ ），因此，当某基金就是投资者的全部投资时，可以用夏普指数作为绩效衡量的适宜指标。
   A. 部分风险
   B. 全部风险
   C. 系统风险
   D. 市场风险

6.（ ）的基本思想就是通过无风险利率下的借贷，将被评价组合（基金）的标准差调整到与基准指数相同的水平下，进而对基金相对基准指数的表现做出考察。
   A. 特雷诺指数
   B. 夏普指数
   C. 詹森指数
   D. M^2 测度

7.（ ）就是一种较为直观的、通过分析基金在不同市场环境下现金比例的变化情况来评价基金经理择时能力的一种方法。
   A. 现金比例变化法
   B. 成功概率法
   C. 二次项法
   D. 双 β 方法

8.（ ）是根据对市场走势的预测而正确改变现金比例的百分比来对基金择时能力进行衡量的方法。
   A. 现金比例变化法
   B. 成功概率法
   C. 二次项法
   D. 双 β 方法

9. 具有择时能力的基金经理能够正确地估计市场的走势，因而可以在（ ）。
   A. 牛市时，提高现金头寸或基金组合的 β 值；在熊市时，也提高现金头寸或基金组

合的 β 值

    B. 牛市时，降低现金头寸或基金组合的 β 值；在熊市时，也降低现金头寸或基金组合的 β 值

    C. 牛市时，提高现金头寸或降低基金组合的 β 值；在熊市时，降低现金头寸或提高基金组合的 β 值

    D. 牛市时，降低现金头寸或提高基金组合的 β 值；在熊市时，提高现金头寸或降低基金组合的 β 值

10. 从几何上看，在收益率与系统风险所构成的坐标系中，（   ）实际上是无风险收益率与基金组合连线的斜率。

    A. 特雷诺指数   B. 夏普指数

    C. 詹森指数   D. 标准普尔指数

11. 基金绩效衡量是对基金经理（   ）的衡量。

    A. 投资能力   B. 管理能力

    C. 风险偏好   D. 稳健性

12. 对个别基金绩效的衡量属于（   ）。

    A. 绝对衡量   B. 内部衡量

    C. 微观衡量   D. 实务衡量

13. 正确的计算择时能力的公式是（   ）。

    A. 择时损益＝股票实际配置比例－正常配置比例＋（现金实际配置比例－正常配置比例）×现金收益率

    B. 择时损益＝股票实际配置比例×股票指数收益率＋（现金实际配置比例－正常配置比例）×现金收益率

    C. 择时损益＝（股票实际配置比例－正常配置比例）×股票指数收益率＋现金实际配置比例－正常配置比例

    D. 择时损益＝（股票实际配置比例－正常配置比例）×股票指数收益率＋（现金实际配置比例－正常配置比例）×现金收益率

14. 成功概率法是根据对市场走势的预测而正确改变（   ）对基金择时能力进行衡量的方法。

    A. 现金比例的百分比   B. 各种证券持有量

    C. 预期收益率   D. 组合风险

15. 用公式 $R=(1+R_1)(1+R_2)\cdots(1+R_n)-1$ 计算的收益率为（   ）。

    A. 几何平均收益率   B. 时间加权收益率

    C. 简单净值收益率   D. 算术平均收益率

16. （   ）要求用样本期内所有变量的样本数据进行回归计算。

    A. 詹森指数   B. 夏普指数

    C. 标准普尔指数   D. 特雷诺指数

17. 对表现好坏的基金衡量会涉及到（   ）的选择问题。

    A. 风险水平   B. 比较基准

C. 操作策略   D. 业绩计算时期

18. 对基金绩效做出有效的衡量，不需要考虑( )。

    A. 基金的风险水平   B. 比较基准

    C. 基金的投资目标   D. 基金经理的能力

19. 绩效衡量的一个隐含假设是( )。

    A. 组合收益是可测的   B. 基金本身的情况是不稳定的

    C. 基金本身的情况是稳定的   D. 组合风险是可测的

20. 绩效评价（Performance Evaluation）侧重于( )。

    A. 回答"是"什么的问题   B. 回答业绩"好坏"的问题

    C. 探寻业绩"好坏"的原因   D. 探寻风险"大小"的问题

21. 基金评价的基础在于假设基金经理比普通投资大众具有( )优势。

    A. 技术   B. 资源

    C. 信息   D. 专业

22. 基金评价就是依据科学的方法，通过对基金绩效的衡量，对基金经理或基金公司的( )做出评价，目的就是要将具有优秀投资能力的基金经理（基金管理人）甄别出来。

    A. 投资能力   B. 管理能力

    C. 风险控制能力   D. 稳健性

23. 对绩效表现好坏的评价涉及( )的选择问题。

    A. 操作策略   B. 业绩计算时期

    C. 管理能力   D. 比较基准

24. 基金评价的一个隐含假设是( )。

    A. 基金本身的情况是稳定的   B. 基金本身的情况是不稳定的

    C. 组合风险是可测的   D. 组合收益是可测的

25. 以下不属于狭义的基金评价涉及的方面的是( )。

    A. 对基金公司的评价   B. 业绩衡量

    C. 业绩评价   D. 业绩归因分析

26. 为规范基金评价业务，中国证监会于 2009 年 11 月颁布了( )。

    A.《证券投资基金管理暂行办法》

    B.《证券投资基金法》

    C.《证券投资基金评价业务管理暂行办法》

    D.《证券投资基金管理公司管理办法》

27. 假设某基金在 2008 年 12 月 3 日的份额净值为 1.4848 元，2009 年 9 月 1 日的份额净值为 1.7886 元，其间基金曾经在 2009 年 2 月 28 日每 10 份派息 2.75 元，那么这一阶段该基金的简单收益率则为( )。

    A. 20.46%   B. 18.52%

    C. 32.36%   D. 38.98%

28. ( )的假设前提是红利以除息前一日的单位净值减去每份基金分红后的份额净值

立即进行了再投资。

    A. 简单（净值）收益率计算　　　　　　B. 时间加权收益率

    C. 算术平均收益率　　　　　　　　　　D. 几何平均收益率

29. （　　）已成为衡量基金收益率的标准方法。

    A. 简单（净值）收益率计算　　　　　　B. 时间加权收益率

    C. 算术平均收益率　　　　　　　　　　D. 几何平均收益率

30. （　　）可以准确地衡量基金表现的实际收益情况，因此，常用于对基金过去收益率的衡量上。

    A. 简单（净值）收益率计算　　　　　　B. 时间加权收益率

    C. 算术平均收益率　　　　　　　　　　D. 几何平均收益率

二、多项选择题

1. 影响基金组合稳定性的因素有（　　）。

    A. 基金操作策略的改变　　　　　　　　B. 基金经理的更换

    C. 证券市场状况的变换　　　　　　　　D. 资产配置比例的重新设置

2. 比较资本资产定价模型（CAPM）和套利定价模型（APM）对风险来源的定义，下列说法中正确的是（　　）。

    A. 资本资产定价模型（CAPM）的定义是具体的

    B. 资本资产定价模型（CAPM）的定义是抽象的

    C. 套利定价模型（APM）的定义是具体的

    D. 套利定价模型（APM）的定义是抽象的

3. 假定在样本期内无风险收益率为 6%，基金甲的平均收益率为 24%，残差的标准差为 30%，β 值为 1.5；基金乙的平均收益率为 12%，残差的标准差为 10%，β 值为 0.5；基金丙的平均收益率为 22%，残差的标准差为 20%，β 值为 1.0。以下说法不正确的是（　　）。

    A. 基金甲夏普测度最高　　　　　　　　B. 基金乙夏普测度最高

    C. 基金丙夏普测度最高　　　　　　　　D. 三种基金夏普测度同样

4. 风险调整绩效衡量方法中，经典绩效衡量方法存在的问题包括（　　）。

    A. SML 误定可能引致的绩效衡量误差

    B. 基金组合的风险水平保持一成不变

    C. 以单一市场组合为基准的衡量指标会使绩效评价有失偏颇

    D. CAPM 模型的有效性问题

5. 关于基金绩效衡量的说法不正确的有（　　）。

    A. 基金的投资目标不同，其投资范围、操作策略及其所受的投资约束也就不同

    B. 债券基金与股票基金在基金绩效衡量上可以进行比较

    C. 投资收益是由投资风险驱动的，而投资组合的风险水平深深地影响着组合的投资表现，表现较好的基金可能仅仅是由于其所承担的风险较高所致

    D. 在基金绩效比较中，计算的开始时间和所选择的计算时期不同，衡量结果也会不同

6. 以资产组合的资金加权收益率与下列不同的（　　）。
   A. 时间加权收益率
   B. 算术加权收益率
   C. 资产组合的内在收益率
   D. 几何加权收益率
7. 基金业绩衡量存在不同的视角，其中实务衡量对基金业绩的考察主要采取的方法有（　　）。
   A. 将选定的基金表现与行业指数的表现加以比较
   B. 将选定的基金表现与不同投资类型的一组基金的表现进行相对比较
   C. 将选定的基金表现与市场指数的表现加以比较
   D. 将选定的基金表现与该基金相似的一组基金的表现进行相对比较
8. 基金绩效收益率衡量的主要方法有（　　）。
   A. 个体分析法
   B. 整体分析法
   C. 分组比较法
   D. 基准比较法
9. 使用成功概率法对择时能力进行评价的一个重要步骤是需要将市场划分为（　　）两个不同的阶段。
   A. 熊市
   B. 牛市
   C. 波动大
   D. 波动小
10. 关于绩效衡量问题的视角，下列说法正确的有（　　）。
    A. 与实务方法不同，理论上对基金绩效表现的衡量以各种风险调整收益指标以及各种绩效评估模型为基础
    B. 短期衡量通常是对近两年表现的衡量，而长期衡量则通常将考察期设定在两年（含）以上
    C. 微观绩效衡量主要是对个别基金绩效的衡量，而宏观衡量则力求反映全部基金的整体表现
    D. 基金衡量侧重于对基金本身表现的数量分析，而公司衡量则更看重管理公司本身素质的衡量
11. 关于风险调整衡量方法的区别与联系的说法正确的是（　　）。
    A. 夏普指数与特雷诺指数尽管衡量的都是单位风险的收益率，但二者对风险的计量不同
    B. 夏普指数与特雷诺指数在对基金绩效的排序结论上有可能不一致
    C. 特雷诺指数与詹森指数只对绩效的深度加以了考虑，而夏普指数则同时考虑了绩效的深度与广度
    D. 詹森指数要求用样本期内所有变量的样本数据进行回归计算
12. 关于风险调整衡量方法的区别与联系，下列说法正确的是（　　）。
    A. 一般而言，当基金完全分散投资或高度分散，用夏普指数和特雷诺指数所进行的业绩排序是一致的
    B. 一个分散程度差的组合的特雷诺指数可能很好，但夏普指数可能很差
    C. 基金组合的绩效可以从深度与广度两个方面进行
    D. 夏普指数可以同时对组合的深度与广度加以考察，那些分散度不高的组合，其

夏普指数会较高

13. 择时能力的衡量方法有(　　)。
    A. 现金比例变化法
    B. 成功概率法
    C. 二次项法
    D. β方法

14. 关于择时能力衡量方法,下列说法正确的有(　　)。
    A. 在市场繁荣期,成功的择时能力表现为基金的现金比例或持有的债券比例应该较大;在市场萧条期,基金的现金比例或持有的债券比例应较小
    B. 使用成功概率法对择时能力进行评价的一个重要步骤是需要将市场划分为牛市和熊市两个不同的阶段
    C. 一个成功的市场选择者,能够在市场处于涨势时提高其组合的 β 值,而在市场处于下跌时降低其组合的 β 值
    D. T−M 模型和 H−M 模型只是对管理组合的 SML 的非线性处理有所不同

15. 分组比较法存在的问题有(　　)。
    A. 很多分组含义模糊,因此有时投资者并不清楚在与什么比较
    B. 分组比较隐含地假设了同组基金具有相同的风险水平
    C. 在如何分组上,要做到"公平"分组很困难,从而也就使比较的有效性受到质疑
    D. 公开的市场指数并不包含交易成本,而基金在投资中必定会有交易成本,常引起比较上的不公平

16. 狭义的基金评价涉及的方面包括(　　)。
    A. 对基金公司的评价
    B. 业绩衡量
    C. 业绩评价
    D. 业绩归因分析

17. 关于基金评价的意义,下列说法正确的是(　　)。
    A. 对投资者而言,基金评价可以为投资者提供选择基金的依据,帮助投资者监测基金表现
    B. 对基金管理公司而言,基金评价不但可以帮助其了解竞争对手、促进市场营销,而且还为其进行投资监控、改善投资表现提供了重要的反馈机制
    C. 对投资顾问而言,基金评价更成为其进行基金分析、推荐基金的有力武器
    D. 对基金监管机构而言,规范基金评价业务,对维护市场的公平竞争、保护投资者的利益具有重要的意义

18. 为了对基金绩效做出有效的评价,必须考虑的因素包括(　　)。
    A. 基金的投资目标
    B. 基金的风险水平
    C. 比较基准、时期选择
    D. 基金组合的稳定性

19. 能影响到基金组合的稳定性的有(　　)。
    A. 市场风险的改变
    B. 基金操作策略的改变
    C. 资产配置比例的重新设置
    D. 经理的更换

20. 以公开形式发布基金评价结果的机构在从事基金评价业务的过程中应遵循的原则包括(　　)。

A. 长期性原则   B. 全面性原则

C. 一致性原则   D. "三公"原则

21. 平均收益率的计算方法有（   ）。

    A. 年（度）化收益率   B. 时间加权收益率

    C. 算术平均收益率   D. 几何平均收益率

22. 基准比较法在实际应用中存在的问题有（   ）。

    A. 基准指数的风格可能由于其中股票性质的变化而发生变化

    B. 要从市场上已有的指数中选出一个与基金投资风格完全对应的指数非常困难

    C. 基金经理常有与基准组合比赛的念头

    D. 投资者更关心的是基金是否达到了其投资目的，如果仅关注基金在同组的相对比较，将会偏离绩效评价的根本目的

23. 分组比较目前在应用上存在的问题包括（   ）。

    A. 在如何分组上，要做到公平分组很困难，从而也就使比较的有效性受到质疑

    B. 很多分组含义模糊，因此有时投资者并不清楚在与什么比较

    C. 分组比较隐含地假设了同组基金具有相同的风险水平，但实际上同组基金之间的风险水平可能差异很大，未考虑风险调整因素的分组比较也就存在较大的问题

    D. 投资者更关心的是基金是否达到了其投资目的，如果仅关注基金在同组的相对比较，将会偏离绩效评价的根本目的

24. 一个良好的基准组合应具有的特征包括（   ）。

    A. 明确的组成成分，即构成组合的成份证券的名称、权重是非常清晰的

    B. 可实际投资的，即可以通过投资基准组合来跟踪积极管理的组合

    C. 可衡量的，即指基准组合的收益率具有可计算性

    D. 适当的，即与被评价基金具有相同的风格与风险特征

25. 三大经典风险调整收益衡量方法是（   ）。

    A. 特雷诺指数   B. 夏普指数

    C. 詹森指数   D. 标准普尔指数

26. 夏普指数和特雷诺指数的区别包括（   ）。

    A. 夏普指数考虑的是总风险，而特雷诺指数考虑的是市场风险

    B. 特雷诺指数考虑的是总风险，而夏普指数考虑的是市场风险

    C. 夏普指数与特雷诺指数在对基金绩效的排序结论上有可能不一致

    D. 夏普指数与特雷诺指数在对基金绩效的表现是否优于市场指数上的评判也可能不一致

27. 分组比较就是根据（   ）等，将具有可比性的相似基金放在一起进行业绩的相对比较。

    A. 资产配置的不同   B. 风格的不同

    C. 投资区域的不同   D. 投资人的不同

28. 基金绩效衡量的困难性在于（   ）。

A. 基金绩效表现的多面性

B. 基金之间绩效的不可比性

C. 比较基准的选择

D. 投资表现实质上反映了投资技巧与运气的综合影响

三、判断题

1. 当 $T_p > 0$ 时，说明基金经理在资产配置上具有良好的选择能力。（　　）

　A. 正确　　　　　　　　　　　　B. 错误

2. 詹森指数给出的是单位风险的超额收益率，因而是一种比率衡量指标。（　　）

　A. 正确　　　　　　　　　　　　B. 错误

3. 建立在 SML 之上的詹森指数和特雷诺指数都要求一个市场组合，但在实际应用过程中只能选择一个准市场组合作为市场组合的替代品。（　　）

　A. 正确　　　　　　　　　　　　B. 错误

4. 信息比率（IR）以马柯威茨的均异模型为基础，可以用以衡量基金的均异特性。（　　）

　A. 正确　　　　　　　　　　　　B. 错误

5. 信息比率越小，说明基金经理单位跟踪误差所获得的超额收益越高。（　　）

　A. 正确　　　　　　　　　　　　B. 错误

6. M_2 测度与夏普指数对基金绩效表现的排序是不一致的。（　　）

　A. 正确　　　　　　　　　　　　B. 错误

7. 现金比例变化法是根据对市场走势的预测而正确改变现金比例的百分比来对基金择时能力进行衡量的方法。（　　）

　A. 正确　　　　　　　　　　　　B. 错误

8. 在用特雷诺指数和詹森指数对基金绩效进行衡量时，存在一个隐含假设，即基金组合的 β 值是稳定不变的。（　　）

　A. 正确　　　　　　　　　　　　B. 错误

9. 二次项法是由特雷诺与莫顿于 1966 年提出的，因此通常又被称为"T－M模型"。（　　）

　A. 正确　　　　　　　　　　　　B. 错误

10. 基金在不同资产类别上的实际配置比例对正常比例的偏离，代表了基金经理在资产配置方面所进行的积极选择。（　　）

　A. 正确　　　　　　　　　　　　B. 错误

11. 不同类别资产实际权重与正常比例之和乘以相应资产类别的市场指数收益率的和，就可以作为资产配置选择能力的一个衡量指标。（　　）

　A. 正确　　　　　　　　　　　　B. 错误

12. 从基金股票投资收益率中减去股票指数收益率，再减去行业或部门选择贡献，就可以得到基金股票选择的贡献。（　　）

　A. 正确　　　　　　　　　　　　B. 错误

13. 具有择时能力的基金经理在牛市时降低现金头寸或提高基金组合的 β 值。（　　）

A. 正确   B. 错误

14. 基金评价有狭义与广义之分，狭义的基金评价只涉及基金产品本身表现的评价，而广义的基金评价则会包括对基金公司的评价。（　　）

A. 正确   B. 错误

15. 绩效衡量（Performance Measurement）侧重于回答业绩"好坏"的问题。（　　）

A. 正确   B. 错误

16. 基金评价的基础在于假设基金经理比普通投资大众具有信息优势。（　　）

A. 正确   B. 错误

17. 基金的投资表现实际上只反映了投资技巧的影响。（　　）

A. 正确   B. 错误

18. 现代投资理论表明，投资收益是由资本利得驱动的。（　　）

A. 正确   B. 错误

19. 简单收益率由于没有考虑分红的时间价值，因此只是一种近似计算；时间加权收益率由于考虑到了分红再投资，能更准确地对基金的真实投资表现做出衡量。（　　）

A. 正确   B. 错误

20. 评价基金的投资收益和风险或基金管理人的管理能力，将单一指标作为基金评级的唯一标准。（　　）

A. 正确   B. 错误

21. 开展基金评价可以使用未公开披露的评价标准、方法和程序。（　　）

A. 正确   B. 错误

22. 简单（净值）收益率的计算考虑分红再投资时间价值的影响。（　　）

A. 正确   B. 错误

23. 简单（净值）收益率由于没有考虑分红的时间价值，因此只能是一种基金收益率的近似计算。（　　）

A. 正确   B. 错误

24. 一般地，几何平均收益率要大于算术平均收益率，每期的收益率差距越大，两种平均方法的差距越大。（　　）

A. 正确   B. 错误

25. 基准组合可以是全市场指数、风格指数，也可以是由不同指数复合而成的复合指数。（　　）

A. 正确   B. 错误

26. 年化收益率有简单年化收益率与精确年化收益率之分。（　　）

A. 正确   B. 错误

27. 风险调整衡量指标的基本思路就是通过对收益加以风险调整，得到一个可以同时对收益与风险加以考虑的综合指标，以期能够排除风险因素对绩效评价的不利影响。（　　）

A. 正确   B. 错误

28. 特雷诺指数越大，基金的绩效表现越差。（　　）

A. 正确　　　　　　　　　　　　　B. 错误

29. 为便于比较，通常情况下夏普指数以年或年化数据进行计算，这时标准差也要进行相应的年化处理。（　　）

A. 正确　　　　　　　　　　　　　B. 错误

30. 可以根据夏普指数对基金绩效进行排序，夏普指数越小，绩效越好。（　　）

A. 正确　　　　　　　　　　　　　B. 错误

参考答案

一、单项选择题

1. C	2. A	3. B	4. C	5. B
6. D	7. A	8. B	9. D	10. A
11. A	12. C	13. D	14. A	15. B
16. A	17. B	18. D	19. C	20. B
21. C	22. A	23. D	24. A	25. A
26. C	27. D	28. B	29. B	30. D

二、多项选择题

1. ABD	2. AD	3. BCD	4. ACD	5. ABC
6. ABD	7. CD	8. CD	9. AB	10. ACD
11. ABCD	12. ABC	13. ABC	14. BCD	15. ABC
16. BCD	17. ABCD	18. ABCD	19. BCD	20. ABC
21. CD	22. ABC	23. ABCD	24. ABCD	25. ABC
26. ACD	27. ABC	28. ABCD		

三、判断题

1. A	2. B	3. A	4. A	5. B
6. B	7. B	8. A	9. B	10. A
11. B	12. A	13. A	14. A	15. B
16. A	17. B	18. B	19. A	20. B
21. B	22. A	23. A	24. B	25. A
26. A	27. A	28. B	29. A	30. B

第三篇 《证券投资基金》
模拟题及参考答案

模拟题及参考答案（一）

模拟题

一、单项选择题（共 60 题，每题 0.5 分，不答或答错不给分）

1. 在基金市场上，存在许多不同的参与主体。依据所承担的职责与作用的不同，可以将基金市场的参与主体分为（　　）、基金市场服务机构、基金监管机构和自律组织三大类。
   A. 基金托管人　　　　　　　　　B. 基金管理人
   C. 基金投资人　　　　　　　　　D. 基金当事人

2. 基金份额不固定，且可以在基金合同约定的时间和场所进行申购或者赎回的一种基金是（　　）。
   A. 契约型基金　　　　　　　　　B. 公司型基金
   C. 封闭式基金　　　　　　　　　D. 开放式基金

3. 基金管理人是基金产品的（　　），其最主要职责就是按照基金合同的约定，负责基金资产的投资运作，在有效控制风险的基础上为基金投资者争取最大的投资收益。
   A. 募集者和管理者　　　　　　　B. 受托者和受益者
   C. 管理者和托管者　　　　　　　D. 募集者和受托者

4. 通常情况下，与股票和债券相比，证券投资基金是一种（　　）的投资品种。
   A. 高风险、高收益　　　　　　　B. 风险相对适中、收益相对稳健
   C. 低风险、高收益　　　　　　　D. 低风险、低收益

5. ETF 一般采用（　　）的投资策略。
   A. 完全主动式　　　　　　　　　B. 完全被动式
   C. 被动式和主动式相结合　　　　D. 被动式和主动式相交替

6. （　　）是指基金份额不固定，基金份额可以在基金合同约定的时间和场所进行申购或者赎回的一种基金运作方式。

A. 封闭式基金　　　　　　　　　B. 开放式基金

C. 契约型基金　　　　　　　　　D. 公司型基金

7. 在本国募集资金并投资于本国证券市场的证券投资基金为（　　）。

A. 离岸基金　　　　　　　　　　B. 在岸基金

C. 国内股票基金　　　　　　　　D. 国外股票基金

8. 根据（　　）的不同，可以将基金分为契约型基金、公司型基金等。

A. 法律形式　　　　　　　　　　B. 运作方式

C. 投资对象　　　　　　　　　　D. 投资目标

9. 假定 T 日的基金份额净值为 1.250 元。申购金额 100 万元，对应费率 0.9%，则申购负担的前端申购费用和获得的基金份额下列计算不正确的是（　　）。

A. 净申购金额是 1009081.7 元　　B. 净申购金额是 991080.28 元

C. 申购费用是 8919.72 元　　　　D. 申购份额是 792864.22 份

10. 投资者申购基金成功后，注册登记机构一般在（　　）日为投资者办理增加权益的登记手续。

A. T+1　　　　　　　　　　　　B. T+2

C. T+3　　　　　　　　　　　　D. T+4

11. 投资者申购基金成功后，在（　　）日起有权赎回该部分的基金份额。

A. T+1　　　　　　　　　　　　B. T+2

C. T+3　　　　　　　　　　　　D. T+4

12. 投资者赎回基金份额成功后，注册登记机构一般在（　　）日为投资者办理扣除权益的登记手续。

A. T+1　　　　　　　　　　　　B. T+2

C. T+3　　　　　　　　　　　　D. T+4

13. （　　）负责监督检查基金和公司运作的合法、合规情况及公司内部风险控制情况，定期向董事会提交分析报告。

A. 投资部　　　　　　　　　　　B. 研究部

C. 监察稽核部　　　　　　　　　D. 风险管理部

14. 我国基金管理公司（　　）负责向投资决策委员会和其他投资部门提供研究报告。

A. 研究发展部　　　　　　　　　B. 投资决策委员会

C. 基金投资部　　　　　　　　　D. 风险控制委员会

15. （　　）决定基金的总体投资计划。

A. 研究发展部　　　　　　　　　B. 投资决策委员会

C. 基金投资部　　　　　　　　　D. 风险控制委员会

16. （　　）制定投资组合的具体方案。

A. 研究发展部　　　　　　　　　B. 投资决策委员会

C. 基金投资部　　　　　　　　　D. 风险控制委员会

17. （　　）包括基金在银行间市场进行债券买卖、回购交易等所对应的资金清算。

A. 场内资金清算　　　　　　　　B. 场外资金清算

C. 交易所交易资金清算　　　　　　　D. 全国银行间债券市场交易资金清算

18. 全国银行间债券市场资金清算的流程中，债券结算成功后，（　　）按照成交通知单约定的结算日期，制作资金清算指令，进行资金划付。
   A. 基金管理人　　　　　　　　　　B. 基金托管人
   C. 基金发起人　　　　　　　　　　D. 基金所有人

19. 全国银行间债券市场资金清算的流程中，基金托管人负责查询资金到账情况。资金未到账时，要查明原因，及时通知（　　）。
   A. 基金发起人　　　　　　　　　　B. 基金投资人
   C. 基金管理人　　　　　　　　　　D. 基金所有人

20. （　　）指基金在证券交易所和银行间债券市场之外所涉及的资金清算，包括申购、增发新股、支付基金相关费用以及开放式基金的申购与赎回等的资金清算。
   A. 场内资金清算　　　　　　　　　B. 场外资金清算
   C. 交易所资金清算　　　　　　　　D. 全国银行间债券市场交易资金清算

21. 信息管理平台的系统数据应当逐日备份并异地妥善存放，系统运行数据中涉及基金投资人信息和交易记录的备份应当在不可修改的介质上保存（　　）年。
   A. 5　　　　　　　　　　　　　　B. 10
   C. 15　　　　　　　　　　　　　　D. 20

22. （　　）是证券投资基金市场营销的中心。
   A. 确定目标客户　　　　　　　　　B. 设计市场营销组合
   C. 市场营销实施　　　　　　　　　D. 营销过程管理

23. （　　）是将所销售产品的价格定位于与目标市场对该产品所认识的价值相匹配的价值之上，这是基金营销取得成功的关键。
   A. 产品　　　　　　　　　　　　　B. 定价
   C. 促销　　　　　　　　　　　　　D. 分销

24. 建立基金品牌的最重要的因素是（　　）。
   A. 营销　　　　　　　　　　　　　B. 服务
   C. 业绩　　　　　　　　　　　　　D. 渠道

25. （　　）定期评估基金行业的估值原则和程序，并对活跃市场上没有市价的投资品种、不存在活跃市场的投资品种提出具体估值意见。
   A. 基金估值工作小组　　　　　　　B. 托管银行
   C. 基金管理公司　　　　　　　　　D. 基金注册登记机构

26. （　　）是计算投资者申购基金份额、赎回资金金额的基础，也是评价基金投资业绩的基础指标之一。
   A. 基金负债总值　　　　　　　　　B. 基金资产总值
   C. 基金资产净值　　　　　　　　　D. 基金份额净值

27. 目前，我国的开放式基金的估值频率是（　　）。
   A. 每个交易日　　　　　　　　　　B. 每两个交易日
   C. 每周　　　　　　　　　　　　　D. 无明确规定

28. 封闭式基金（　　）披露一次基金份额净值，但每个交易日也都进行估值。
    A. 每个交易日
    B. 每两个交易日
    C. 每周
    D. 每月

29. 如果期末未分配利润的未实现部分为负数，则期末可供分配利润的金额为（　　）。
    A. 期末未分配利润已实现部分
    B. 期末未分配利润未实现部分
    C. 期末未分配利润
    D. 零

30. 如果期末未分配利润的未实现部分为正数，则期末可供分配利润的金额为（　　）。
    A. 期末未分配利润已实现部分
    B. 期末未分配利润未实现部分
    C. 期末未分配利润
    D. 零

31. 我国开放式基金利润分配比例一般以（　　）为基准计算。
    A. 应付利润
    B. 净利润
    C. 期末未分配利润
    D. 期末可供分配利润

32. 分红再投资转换为基金份额是指将应分配的（　　）按除息后的份额净值折算为等值的新的基金份额进行基金分配。
    A. 应付利润
    B. 净利润
    C. 期末未分配利润
    D. 期末可供分配利润

33. （　　）是基金管理人就报告期内管理职责履行情况等事项向投资者进行的汇报。
    A. 管理人报告
    B. 基金季度报告
    C. 基金澄清公告
    D. 基金临时报告

34. 按照（　　）的不同，货币市场基金收益公告可分为三类，即封闭期的收益公告、开放日的收益公告和节假日的收益公告。
    A. 披露内容
    B. 披露形式
    C. 披露时间
    D. 披露方法

35. 当影子定价与摊余成本法确定的基金资产净值偏离度的绝对值达到或者超过 0.5% 时，基金管理人将在事件发生之日起（　　）日内就此事项进行临时报告。
    A. 1
    B. 2
    C. 3
    D. 5

36. QDII 基金的净值在估值日后（　　）个工作日内披露。
    A. 1
    B. 2
    C. 3
    D. 5

37. 封闭式基金的登记业务由（　　）办理。
    A. 中国证券业协会
    B. 中国证监会
    C. 中国结算公司
    D. 中国银监会

38. 目前大多数开放式基金采用的模式是由（　　）办理开放式基金的登记结算业务。
    A. 基金管理公司
    B. 中国证监会
    C. 中国结算公司
    D. 中国银监会

39. （　　）是基金运作的首要业务环节。
    A. 基金募集申请的核准
    B. 基金销售活动的监管

    C. 基金信息披露的监管　　　　　　　　D. 基金投资与交易行为的监管

40. 我国对基金募集申请实行的是(　　)。
    A. 注册制　　　　　　　　　　　　　　B. 核准制
    C. 批准制　　　　　　　　　　　　　　D. 投票制

41. 分析家推荐，指推荐购买某种股票的分析家越多，这种股票价格越有可能下跌；入选成份股，指股票入选成份股，引起股票价格上涨等。这类现象属于(　　)。
    A. 日历异常　　　　　　　　　　　　　B. 事件异常
    C. 公司异常　　　　　　　　　　　　　D. 会计异常

42. (　　)是由公司本身或投资者对公司的认同程度引起的异常现象。
    A. 日历异常　　　　　　　　　　　　　B. 事件异常
    C. 公司异常　　　　　　　　　　　　　D. 会计异常

43. 实际盈余大于预期盈余的股票在宣布盈余后价格仍会上涨，这类现象属于(　　)。
    A. 日历异常　　　　　　　　　　　　　B. 事件异常
    C. 公司异常　　　　　　　　　　　　　D. 会计异常

44. (　　)兴起于20世纪80年代，并在90年代得到较为迅速的发展，它是在对现代投资理论的挑战和质疑的背景下形成的。
    A. 行为金融理论　　　　　　　　　　　B. 资本资产定价模型
    C. 套利定价模型　　　　　　　　　　　D. 有效市场假设理论

45. (　　)的时间最短，一般根据季度周期或行业波动特征进行调整。
    A. 全球资产配置　　　　　　　　　　　B. 股票资产配置
    C. 行业资产配置　　　　　　　　　　　D. 债券资产配置

46. (　　)属于消极型的长期再平衡策略。
    A. 恒定混合策略　　　　　　　　　　　B. 投资组合保险策略
    C. 动态资产配置策略　　　　　　　　　D. 买入并持有策略

47. 从实际操作经验看，资产管理者多以(　　)为基础，结合投资范围确定具体的资产配置策略。
    A. 范围　　　　　　　　　　　　　　　B. 时间跨度和风格类别
    C. 配置策略　　　　　　　　　　　　　D. 资产性质

48. (　　)是指按确定的恰当的资产配置比例构造了某个投资组合后，在诸如3～5年的适当持有期间内不改变资产配置状态，保持这种组合。
    A. 买入并持有策略　　　　　　　　　　B. 恒定混合策略
    C. 投资组合保险策略　　　　　　　　　D. 动态资产配置策略

49. (　　)是以一段时期内的股票价格移动平均值为参考基础，考察股票价格与该平均价之间的差额，并在股票价格超过平均价的某一百分比时买入该股票，在股票价格低于平均价的一定百分比时卖出该股票。
    A. 简单过滤器规则　　　　　　　　　　B. 移动平均法
    C. 上涨线和下跌线　　　　　　　　　　D. 相对强弱理论

50. 基本分析是在否定(　　)的前提下，以公司基本面状况为基础进行的分析。

A. 有效市场   B. 弱势有效市场
C. 强势有效市场   D. 半强势有效市场

51. 对于集中投资于某一种风格股票的基金经理人而言（   ）。
    A. 消极的股票风格管理有意义   B. 消极的和积极的股票管理均有意义
    C. 积极的股票风格管理有意义   D. 消极的和积极的股票管理均无意义

52. 除去各股票完全正相关的情况，组合资产的标准差将（   ）各股票标准差的加权平均。
    A. 大于   B. 小于
    C. 等于   D. 不确定

53. （   ）是指在债券出现暂时的市场定价偏差时，将一种债券替换成另一种完全可替代的债券，以期获取超额收益。
    A. 债券互换   B. 替代互换
    C. 市场间利差互换   D. 税差激发互换

54. 投资者进行（   ）操作的动机是由于投资者认为不同市场间债券的利差偏离了正常水平并以某种趋势继续运行。
    A. 债券互换   B. 替代互换
    C. 市场间利差互换   D. 税差激发互换

55. （   ）的目的就在于通过债券互换来减少年度的应付税款，从而提高债券投资者的税后收益率。
    A. 债券互换   B. 替代互换
    C. 市场间利差互换   D. 税差激发互换

56. 当投资者持有债券的利息及本金以外币偿还，或者以外币计算但换算成本币偿还的时候投资者就面临着（   ）。
    A. 利率风险   B. 流动性风险
    C. 经营风险   D. 汇率风险

57. 基金绩效衡量是对基金经理（   ）的衡量。
    A. 投资能力   B. 管理能力
    C. 风险偏好   D. 稳健性

58. 对个别基金绩效的衡量属于（   ）。
    A. 绝对衡量   B. 内部衡量
    C. 微观衡量   D. 实务衡量

59. 正确的计算择时能力的公式是（   ）。
    A. 择时损益＝股票实际配置比例－正常配置比例＋（现金实际配置比例－正常配置比例）×现金收益率
    B. 择时损益＝股票实际配置比例×股票指数收益率＋（现金实际配置比例－正常配置比例）×现金收益率
    C. 择时损益＝（股票实际配置比例－正常配置比例）×股票指数收益率＋现金实际配置比例－正常配置比例

D. 择时损益＝(股票实际配置比例－正常配置比例)×股票指数收益率＋(现金实际
配置比例－正常配置比例)×现金收益率

60. 成功概率法是根据对市场走势的预测而正确改变(　　　)对基金择时能力进行衡量的
方法。

A. 现金比例的百分比　　　　　　　　B. 各种证券持有量

C. 预期收益率　　　　　　　　　　　D. 组合风险

二、多项选择题（共 40 题，每题 1 分，多选或少选不给分）

1. 基金与银行储蓄存款的差异，下列说法正确的是(　　　)。

A. 基金是一种受益凭证，基金财产独立于基金管理人；基金管理人只是受托管理投
资者资金，并不承担投资损失的风险

B. 银行储蓄存款表现为银行的负债，是一种信用凭证；银行对存款者不负有法定的
保本付息责任

C. 基金收益具有一定的波动性，投资风险较大；银行存款利率相对固定，投资者损
失本金的可能性很小，投资相对比较安全

D. 基金管理人必须定期向投资者公布基金的投资运作情况；银行吸收存款之后，不
需要向存款人披露资金的运用情况

2. 从基金管理人的角度看，基金的运作活动可以分为(　　　)。

A. 基金的监督管理　　　　　　　　　B. 基金的市场营销

C. 基金的投资管理　　　　　　　　　D. 基金的后台管理

3. 公募基金的主要特征有(　　　)。

A. 只能采取非公开方式，面向特定投资者募集发售

B. 可以面向社会公众公开发售基金份额和宣传推广，基金募集对象不固定

C. 投资金额要求低，适宜中小投资者参与

D. 必须遵守基金法律和法规的约束，并接受监管部门的严格监管

4. 私募基金的主要特征有(　　　)。

A. 不能进行公开的发售和宣传推广，投资金额要求高，投资者的资格和人数常常受
到严格的限制

B. 在运作上具有较大的灵活性，所受到的限制和约束也较少

C. 既可以投资于衍生金融产品进行买空卖空交易，也可以进行汇率、商品期货投机
交易等

D. 投资风险较低，主要以稳健性的投资者为目标客户

5. 封闭式基金的交易价格优先、时间优先的原则包括(　　　)。

A. 较低价格买进申报优先于较高价格买进申报

B. 较高价格买进申报优先于较低价格买进申报

C. 较低价格的卖出申报优先于较高价格的卖出申报

D. 买卖方向相同、申报价格相同的，后申报者优先于先申报者

6. 关于开放式基金申购和认购的区别，下列说法正确的是(　　　)。

A. 申购指在基金设立募集期内，投资者申请购买基金份额的行为；认购指在基金合

同生效后，投资者申请购买基金份额的行为

    B. 一般情况下，认购期购买基金的费率要比申购期优惠

    C. 申购期购买的基金份额一般要经过封闭期才能赎回，认购的基金份额要在申购成功后的第二个工作日才能赎回

    D. 投资者在份额发售期内已经正式受理的认购申请不得撤销；对于在当日基金业务办理时间内提交的申购申请，投资者可以在当日 15：00 前提交撤销申请，予以撤销；15：00 后则无法撤销申请

7. 基金管理公司内部控制的主要内容包括（　　）。

    A. 申购赎回控制   B. 信息披露控制

    C. 信息技术系统控制   D. 会计系统控制

8. 投资决策委员会一般由基金管理公司的（　　）及其他相关人员组成。

    A. 总经理、分管投资的副总经理   B. 投资总监

    C. 研究部经理   D. 投资部经理

9. 根据我国法律、法规的要求，基金资产托管业务或者托管人承担的职责主要包括（　　）。

    A. 资产保管   B. 资金清算

    C. 资产核算   D. 投资运作监督

10. 基金托管人内部控制的目标包括（　　）。

    A. 保证业务运作严格遵守国家有关法律、法规和行业监管规则，自觉形成守法经营、规范运作的经营思想和经营风格

    B. 防范和化解经营风险，保证托管资产的安全完整

    C. 维护基金份额持有人的权益

    D. 保障基金投资获得高额的收益

11. 基金投资者教育的主要目的是使投资者充分了解（　　）。

    A. 基金   B. 市场

    C. 历史   D. 管理公司

12. 前台业务系统对基金交易账户以及基金投资人信息管理功能主要包括（　　）。

    A. 开户   B. 基金投资人风险承受能力调查和评价

    C. 基金投资人信息查询   D. 基金投资人信息修改

13. 基金的会计核算对象包括（　　）。

    A. 资产类   B. 负债类

    C. 资产损益共同类   D. 资产负债共同类

14. 下列说法正确的是（　　）。

    A. 对于基金投资者来说，申购者希望以低于实际价值的价格进行申购；赎回者希望以高于实际价值的价格进行赎回

    B. 对于基金投资者来说，申购者希望以高于实际价值的价格进行申购；赎回者希望以低于实际价值的价格进行赎回

    C. 基金的现有持有人希望流入比实际价值更多的资金，流出比实际价值更少的资金

D. 基金的现有持有人希望流入比实际价值更少的资金，流出比实际价值更多的资金

15. 下列关于本期利润的说法正确的是( )。

A. 不包括计入当期损益的公允价值变动损益

B. 该指标既包括了基金已经实现的损益，也包括了未实现的估值增值或减值

C. 是基金在一定时期内全部损益的总和

D. 是一个能够全面反映基金在一定时期内经营成果的指标

16. 下列关于基金利润的说法正确的是( )。

A. 基金利润是指基金在一定会计期间的经营成果

B. 利润包括收入加上费用后的总额、直接计入当期利润的利得和损失等

C. 基金收入是基金资产在运作过程中所产生的各种收入

D. 基金资产估值引起的资产价值变动作为公允价值变动损益计入当期损益

17. 基金信息披露的作用主要表现在( )。

A. 有利于投资者的价值判断

B. 有利于防止利益冲突与利益输送

C. 有利于提高证券市场的效率

D. 能够保证每个基金投资者的收益最大化

18. 基金信息在披露内容上，要求遵循的原则是( )。

A. 规范性原则
B. 准确性原则
C. 完整性原则
D. 及时性原则

19. 我国基金监管的目标包括( )。

A. 保护投资者利益
B. 保证市场的公平、效率和透明
C. 降低系统风险
D. 推动基金业的规范发展

20. 基金监管从内容上主要涉及( )。

A. 对基金持有人的监管
B. 对基金服务机构的监管
C. 对基金运作的监管
D. 对基金高级管理人员的监管

21. 根据资本资产定价模型在资源配置方面的应用，以下正确的是( )。

A. 牛市到来时，应选择那些低 β 系数的证券或组合

B. 牛市到来时，应选择那些高 β 系数的证券或组合

C. 熊市到来之际，应选择那些低 β 系数的证券或组合

D. 熊市到来之际，应选择那些高 β 系数的证券或组合

22. 适合入选收入型组合的证券有( )。

A. 附息债券
B. 低派息、低风险普通股
C. 优先股
D. 避税债券

23. 关于资产配置与个人生命周期的关系说法正确的有( )。

A. 在最初的工作累积期，考虑到流动性需求和为个人长远发展目标进行积累的需要，可适当选择风险适中的产品以降低长期投资的风险

B. 进入工作稳固期以后，收入相对而言高于需求，投资应偏向风险高、收益高的产品

C. 当进入退休期以后，支出高于收入，对长远资金来源的需求也开始降低，可选择风险较低但收益稳定的产品

D. 随着投资者年龄的日益增加，投资应该逐渐向节税产品倾斜

24. 采用历史数据分析方法，一般将投资者分为(　　)型。

A. 风险厌恶　　　　　　　　　　B. 风险中性

C. 风险偏好　　　　　　　　　　D. 流动性偏好

25. 常见的市场异常策略包括(　　)。

A. 小公司效应

B. 低市盈率效应

C. 被忽略的公司效应以及其他的日历效应

D. 遵循公司内部人交易

26. 关于消极型股票投资策略的说法正确的有(　　)。

A. 消极型股票投资策略以有效市场假说为理论基础，可以分为简单型和指数型两类策略

B. 简单型消极投资策略一般是在确定了恰当的股票投资组合之后，在3~5年的持有期内不再发生积极的股票买入或卖出行为，而进出场时机也不是投资者关注的重点

C. 指数型消极投资策略的核心思想是相信市场是有效的，任何积极的股票投资策略都不能取得超过市场的投资收益

D. 基金管理人在实际进行资产管理时，会构造股票投资组合来复制某个选定的股票价格指数的波动

27. 以投资期分析为基础，债券互换可分为(　　)。

A. 替代互换　　　　　　　　　　B. 市场间利差互换

C. 互补互换　　　　　　　　　　D. 税差激发互换

28. 不同债券品种在(　　)等方面的差别，决定了债券互换的可行性和潜在获利可能。

A. 利息　　　　　　　　　　　　B. 违约风险

C. 流动性　　　　　　　　　　　D. 税收特性

29. 关于风险调整衡量方法的区别与联系的说法正确的是(　　)。

A. 夏普指数与特雷诺指数尽管衡量的都是单位风险的收益率，但二者对风险的计量不同

B. 夏普指数与特雷诺指数在对基金绩效的排序结论上有可能不一致

C. 特雷诺指数与詹森指数只对绩效的深度加以了考虑，而夏普指数则同时考虑了绩效的深度与广度

D. 詹森指数要求用样本期内所有变量的样本数据进行回归计算

30. 关于风险调整衡量方法的区别与联系，下列说法正确的是(　　)。

A. 一般而言，当基金完全分散投资或高度分散，用夏普指数和特雷诺指数所进行的业绩排序是一致的

B. 一个分散程度差的组合的特雷诺指数可能很好，但夏普指数可能很差

C. 基金组合的绩效可以从深度与广度两个方面进行

D. 夏普指数可以同时对组合的深度与广度加以考察，那些分散度不高的组合，其夏普指数会较高

31. 契约型基金与公司型基金的区别表现在（　　）。

A. 法律主体资格不同：公司型基金不具有法人资格；契约型基金具有法人资格

B. 投资者的地位不同：契约型基金依据基金合同成立。基金投资者尽管也可以通过持有人大会表达意见，但与公司型基金的股东大会相比，契约型基金持有人大会赋予基金持有者的权利相对较小

C. 基金营运依据不同：契约型基金依据基金合同营运基金；公司型基金依据基金公司章程营运基金

D. 公司型基金的优点是法律关系明确清晰，监督约束机制较为完善；但契约型基金在设立上更为简单易行

32. 关于封闭式基金与开放式基金的不同特征，下列说法正确的是（　　）。

A. 封闭式基金一般是无期限的；而开放式基金有一个固定的存续期

B. 封闭式基金的基金份额是固定的，在封闭期限内未经法定程序认可不能增减；开放式基金规模不固定，投资者可随时提出申购或赎回申请，基金份额会随之增加或减少

C. 投资者买卖封闭式基金份额，只能委托证券公司在证券交易所按市价买卖，交易在投资者之间完成；投资者买卖开放式基金份额，可以按照基金管理人确定的时间和地点向基金管理人或其销售代理人提出申购、赎回申请，交易在投资者与基金管理人之间完成

D. 封闭式基金的交易价格主要受二级市场供求关系的影响；开放式基金的买卖价格以基金份额净值为基础，不受市场供求关系的影响

33. 债券基金在投资组合中的作用，下列说法正确的是（　　）。

A. 债券基金主要以债券为投资对象，因此对追求稳定收入的投资者具有较强的吸引力

B. 与其他类型的基金相比，债券基金的风险较高，但预期收益也较高

C. 债券基金的波动性通常要小于股票基金，因此常常被投资者认为是收益、风险适中的投资工具

D. 当债券基金与股票基金进行适当的组合投资时，常常能较好地分散投资风险，因此债券基金常常也被视为组合投资中不可或缺的重要组成部分

34. 债券基金与单一债券的区别，下列说法正确的是（　　）。

A. 投资者购买固定利率性质的债券，在购买后会定期得到固定的利息收入，并可在债券到期时收回本金。债券基金作为不同债券的组合，尽管也会定期将收益分配给投资者，但债券基金分配的收益有升有降，不如债券的利息固定

B. 与一般债券会有一个确定的到期日不同，债券基金由一组具有不同到期日的债券组成，因此并没有一个确定的到期日

C. 单一债券的收益率可以根据购买价格、现金流以及到期收回的本金计算其投资

收益率；但债券基金由一组不同的债券组成，收益率较难计算和预测

    D. 单一债券随着到期日的临近，所承担的利率风险会下降。债券基金没有固定到期日，所承担的利率风险将取决于所持有的债券的平均到期日。债券基金的平均到期日常常会相对固定，债券基金所承受的利率风险通常也会保持在一定的水平

35. 关于基金份额的发售，下列说法不正确的是(　　　)。

    A. 基金管理人应当自收到核准文件之日起 3 个月内进行基金份额的发售

    B. 基金的募集期限自基金份额发售日开始计算，募集期限不得超过 1 个月

    C. 基金管理人应当在基金份额发售的 3 日前公布招募说明书、基金合同及其他有关文件

    D. 基金募集期间募集的资金应当存入专门账户，在基金募集行为结束前任何人不得动用

36. 关于基金合同生效，下列说法正确的是(　　　)。

    A. 基金募集期限届满，封闭式基金需满足募集的基金份额总额达到核准规模的 80% 以上、基金份额持有人不少于 100 人的要求

    B. 基金募集期限届满，开放式基金需满足募集份额总额不少于 2 亿份、基金募集金额不少于 2 亿元人民币、基金份额持有人不少于 200 人的要求

    C. 基金管理人应当自募集期限届满之日起 10 日内聘请法定验资机构验资，并自收到验资报告起 10 日内，向中国证监会提交备案申请和验资报告，办理基金的备案手续

    D. 中国证监会自收到基金管理人验资报告和基金备案材料之日起 5 个工作日内予以书面确认

37. 基金管理公司申请境内机构投资者资格应当具备的条件有(　　　)。

    A. 申请人的财务稳健，资信良好；净资产不少于 5 亿元人民币；经营证券投资基金管理业务达 2 年以上；在最近一个季度末资产管理规模不少于 200 亿元人民币或等值外汇资产

    B. 具有 5 年以上境外证券市场投资管理经验和相关专业资质的中级以上管理人员不少于 1 名，具有 3 年以上境外证券市场投资管理相关经验的人员不少于 2 名

    C. 具有健全的治理结构和完善的内部控制制度，经营行为规范

    D. 最近 3 年没有受到监管机构的重大处罚，没有重大事项正在接受司法部门、监管机构的立案调查

38. 基金管理公司在业务上具有的特点包括(　　　)。

    A. 基金管理公司管理的是投资者的资产，一般不进行负债经营，因此基金管理公司的经营风险相对具有较高负债的银行、保险公司等其他金融机构要低得多

    B. 基金管理公司的收入主要来自以资产规模为基础的管理费，因此资产管理规模的扩大对基金管理公司具有重要的意义

    C. 基金募集与销售是基金管理公司的核心竞争力，因此基金管理公司在经营上更多地体现出一种知识密集型产业的特色

D. 开放式基金通常要求必须披露上一工作日的份额净值，而净值的高低直接关系到投资者的利益，因此基金管理公司的业务对时间与准确性的要求很高，任何失误与迟误都会造成很大问题

39. 基金托管人在基金运作中具有非常重要的作用，主要体现在(　　)。
    A. 基金资产由独立于基金管理人的基金托管人保管，可以防止基金财产挪作他用，有利于保障基金资产的安全
    B. 基金管理公司的收入主要来自以资产规模为基础的管理费，因此资产管理规模的扩大对基金管理公司具有重要的意义
    C. 对基金管理人的投资运作（包括投资对象、投资范围、投资比例、禁止投资行为等）进行监督，可以促使基金管理人按照有关法律、法规和基金合同的要求运作基金财产，有利于保护基金份额持有人的权益
    D. 基金托管人对基金资产所进行的会计复核和净值计算，有利于防范、减少基金会计核算中的差错，保证基金份额净值和会计核算的真实性和准确性

40. 基金托管人会计核算和估值的风险控制措施有(　　)。
    A. 对所托管的基金应当以管理人为会计核算主体，独立建账、独立核算
    B. 建立凭证管理制度
    C. 建立账务组织和账务处理体系，正确设置会计账簿，有效控制会计记账程序
    D. 采取合理的估值方法和科学的估值程序，公允反映基金所投资的有价证券在估值时点的价值

　　三、判断题（共 60 题，每题 0.5 分，不答或答错不给分）

1. 为基金提供服务的基金托管人、基金管理人按规定收取一定比例的托管费、管理费，并参与基金收益的分配。(　　)
   A. 正确　　　　　　　　　　　　B. 错误

2. 公司型基金是指基金份额在基金合同期限内固定不变，基金份额可以在依法设立的证券交易所交易，但基金份额持有人不得申请赎回的一种基金运作方式。(　　)
   A. 正确　　　　　　　　　　　　B. 错误

3. 银行吸收存款之后，不需要向存款人披露资金的运用情况；基金管理人无须向投资者公布基金的投资运作情况。(　　)
   A. 正确　　　　　　　　　　　　B. 错误

4. 封闭式基金可能出现溢价交易现象，也可能出现折价交易现象。(　　)
   A. 正确　　　　　　　　　　　　B. 错误

5. 指数基金是选取特定的指数作为跟踪对象，力图取得超越基准组合表现的基金。(　　)
   A. 正确　　　　　　　　　　　　B. 错误

6. ETF 通过场外市场与场内市场获得的基金份额分别被注册登记在场外系统与场内系统，但基金份额可以通过跨系统转托管（即跨系统转登记）实现在场外市场与场内市场的转换。(　　)
   A. 正确　　　　　　　　　　　　B. 错误

7. 增长型基金是指以追求资本增值为基本目标，同时注重当期收入的基金，主要以具有良好增长潜力的股票为投资对象。（　　）

A. 正确　　　　　　　　　　　　B. 错误

8. 收入型基金是指以追求稳定的经常性收入为基本目标的基金，主要以大盘蓝筹股、公司债、政府债券等稳定收益证券为投资对象。（　　）

A. 正确　　　　　　　　　　　　B. 错误

9. 投资者买卖封闭式基金必须开立深、沪证券账户或深、沪基金账户及资金账户。（　　）

A. 正确　　　　　　　　　　　　B. 错误

10. 每个有效证件只允许开设 1 个基金账户，已开设证券账户的不能再重复开设基金账户。（　　）

A. 正确　　　　　　　　　　　　B. 错误

11. 封闭式基金的交易时间是每周一至周五（法定公众节假日除外）9：30～11：30、13：30～15：00。（　　）

A. 正确　　　　　　　　　　　　B. 错误

12. 封闭式基金的报价单位为每 10 份基金价格。（　　）

A. 正确　　　　　　　　　　　　B. 错误

13. 投资指令应经研究发展部门审核，确认其合法、合规与完整后方可执行。（　　）

A. 正确　　　　　　　　　　　　B. 错误

14. 为了提高基金投资的质量，防范和降低投资的管理风险，切实保障基金投资者的利益，国内外的基金管理公司和基金组织都建立了一套完整的风险控制机制和风险管理制度，并在基金合同和招募说明书中予以明确规定。（　　）

A. 正确　　　　　　　　　　　　B. 错误

15. 基金管理公司开展特定客户资产管理业务的条件包括已经配备了适当的专业人员从事特定资产管理业务。（　　）

A. 正确　　　　　　　　　　　　B. 错误

16. 基金管理公司只能为单一客户办理特定客户资产管理业务，不可以为特定的多个客户办理特定客户资产管理业务。（　　）

A. 正确　　　　　　　　　　　　B. 错误

17. 基金账务的复核指基金发起人以《证券投资基金法》、《证券投资基金会计核算办法》等法律、法规为依据，对管理人的账务处理过程与结果进行核对的过程。（　　）

A. 正确　　　　　　　　　　　　B. 错误

18. 基金托管人在每个交易日结束后与管理人核对基金的银行存款账户和清算备付金账户余额，并根据当日证券交易清算情况计算生成基金头寸。（　　）

A. 正确　　　　　　　　　　　　B. 错误

19. 对基金管理人按照《证券投资基金法》和基金合同等的要求，计提管理人报酬及其他费用，并对基金收益分配等进行复核。（　　）

A. 正确　　　　　　　　　　　　B. 错误

20. 基金管理人应积极配合和协助基金托管人的监督和核查，包括但不限于在规定时间内答复基金托管人并改正，就基金托管人的疑义进行解释或举证。（　　）
    A. 正确　　　　　　　　　　　　　　B. 错误

21. 证券投资基金的市场营销是基金销售机构从市场和客户需要出发所进行的基金产品设计、销售、售后服务等一系列活动的总称。（　　）
    A. 正确　　　　　　　　　　　　　　B. 错误

22. 证券投资基金属于金融服务行业，其市场营销和有形产品营销相同。（　　）
    A. 正确　　　　　　　　　　　　　　B. 错误

23. 基金市场营销具有持续性的特征。（　　）
    A. 正确　　　　　　　　　　　　　　B. 错误

24. 在营销环境的诸多因素中，基金管理人需要关注机构本身的情况。（　　）
    A. 正确　　　　　　　　　　　　　　B. 错误

25. 基金费用的核算包括计提基金管理费、托管费、预提费用、摊销费用、交易费用等。这些费用一般也按日计提，并于当日确认为费用。（　　）
    A. 正确　　　　　　　　　　　　　　B. 错误

26. 基金管理公司和托管银行在进行基金估值、计算基金份额净值及相关复核工作时，可参考行业内成立的基金估值工作小组的意见，但是并不能免除各自的估值责任。（　　）
    A. 正确　　　　　　　　　　　　　　B. 错误

27. 基金份额净值是按照每个开放日闭市后，基金资产净值除以当日基金份额的募集总额数量计算。（　　）
    A. 正确　　　　　　　　　　　　　　B. 错误

28. 对存在活跃市场的投资品种，如估值日有市价的，应采用市价确定公允价值。（　　）
    A. 正确　　　　　　　　　　　　　　B. 错误

29. 基金经营活动所产生的利润是基金利润分配的基础，基金利润分配是基金投资者取得投资收益的基本方式。（　　）
    A. 正确　　　　　　　　　　　　　　B. 错误

30. 基金税收涉及基金作为一个营业主体的税收、基金管理人和基金托管人作为基金营业主体的税收以及投资者买卖基金涉及的税收三方面。（　　）
    A. 正确　　　　　　　　　　　　　　B. 错误

31. 基金收入来源主要包括基金的费用、投资收益以及其他收入。（　　）
    A. 正确　　　　　　　　　　　　　　B. 错误

32. 投资收益是指基金经营活动中因买卖股票、债券、资产支持证券、基金等实现的差价收益，因股票、基金投资等获得的股利收益，以及衍生工具投资产生的相关损益，如卖出或放弃权证、权证行权等实现的损益。（　　）
    A. 正确　　　　　　　　　　　　　　B. 错误

33. 不同基金类别的管理费和托管费水平存在差异，即使是同一类别的基金，计提管理

费的方式也可能不同。（　　）

    A. 正确　　　　　　　　　　　　　B. 错误

34. 真实、准确、完整、及时的基金信息披露是树立整个基金行业公信力的基石。（　　）

    A. 正确　　　　　　　　　　　　　B. 错误

35. 以客观事实为基础，以没有扭曲和不加粉饰的方式反映真实状态，是基金信息披露最根本、最重要的原则。（　　）

    A. 正确　　　　　　　　　　　　　B. 错误

36. 信息披露义务人可以有选择地披露可能影响投资人决策的各种不利风险因素。（　　）

    A. 正确　　　　　　　　　　　　　B. 错误

37. 根据国际证监会组织制定的《证券监管目标与原则》，证券监管的目标主要是保护投资者，保证市场的公平、效率和透明，降低系统风险。（　　）

    A. 正确　　　　　　　　　　　　　B. 错误

38. 保证市场的公平、效率和透明是我国基金监管的首要目标。（　　）

    A. 正确　　　　　　　　　　　　　B. 错误

39. 对基金监管可以采用行政手段。（　　）

    A. 正确　　　　　　　　　　　　　B. 错误

40. 中国证监会将现场验收结果作为批准管理公司开业的必要条件。（　　）

    A. 正确　　　　　　　　　　　　　B. 错误

41. 证券组合管理主动管理方法坚持"买入并长期持有"的投资策略。（　　）

    A. 正确　　　　　　　　　　　　　B. 错误

42. 无差异曲线的位置越高，其上的投资组合带来的满意程度就越高。（　　）

    A. 正确　　　　　　　　　　　　　B. 错误

43. 采用主动管理方法的管理者认为，市场不总是有效的，加工和分析某些信息可以预测市场行情趋势和发现定价过高或过低的证券。（　　）

    A. 正确　　　　　　　　　　　　　B. 错误

44. 证券组合管理的目标是使组合的风险和收益特征能够给投资者带来最大满足。（　　）

    A. 正确　　　　　　　　　　　　　B. 错误

45. 在恒定混合策略下，投资组合完全暴露于市场风险之下，它具有交易成本和管理费用较小的优势。（　　）

    A. 正确　　　　　　　　　　　　　B. 错误

46. 投资组合保险策略适用于资本市场环境和投资者的偏好变化不大，或者改变资产配置状态的成本大于收益时的状态。（　　）

    A. 正确　　　　　　　　　　　　　B. 错误

47. 一般而言，采取买入并持有策略的投资者通常忽略市场的短期波动，而着眼于长期投资。（　　）

A. 正确　　　　　　　　　　　　B. 错误

48. 买入并持有策略适用于风险承受能力较稳定的投资者，在风险资产市场下跌时，他们的风险承受能力不像一般投资者那样下降，而是保持不变。（　　）
A. 正确　　　　　　　　　　　　B. 错误

49. 根据计算方式和选择参数的不同，计算平均价的方式可以是算术平均，也可以是对某一区间的价格赋予更大权重从而计算出综合的移动平均价。（　　）
A. 正确　　　　　　　　　　　　B. 错误

50. 用技术分析预测股票的价格走势时，价量关系是一个重要的参考指标。（　　）
A. 正确　　　　　　　　　　　　B. 错误

51. 市净率是股票价格与每股净利润的比值，市盈率则是股票价格与每股净资产的比值。（　　）
A. 正确　　　　　　　　　　　　B. 错误

52. 低市盈率效应是指由低市盈率股票组成的投资组合的表现要优于由高市盈率股票组成的投资组合的表现。（　　）
A. 正确　　　　　　　　　　　　B. 错误

53. 一般来说，债券流动性越大，投资者要求的收益率越高；反之，则要求的收益率越低。（　　）
A. 正确　　　　　　　　　　　　B. 错误

54. 根据完全预期理论水平的收益率曲线意味着预期短期利率会在未来上升。（　　）
A. 正确　　　　　　　　　　　　B. 错误

55. 流动性偏好理论认为市场是由短期投资者所控制的，一般来说远期利率超过未来短期利率的预期，即远期利率包括了预期的未来利率与流动溢价。（　　）
A. 正确　　　　　　　　　　　　B. 错误

56. 流动性偏好理论的基础是，投资者在收益率相同的情况下更愿意持有短期债券，以保持资金较好的流动性，那么长期债券的收益率必然要在预期的利率基础上增加对流动性的补偿，而且期限越短，补偿也就越高。（　　）
A. 正确　　　　　　　　　　　　B. 错误

57. 不同类别资产实际权重与正常比例之和乘以相应资产类别的市场指数收益率的和，就可以作为资产配置选择能力的一个衡量指标。（　　）
A. 正确　　　　　　　　　　　　B. 错误

58. 从基金股票投资收益率中减去股票指数收益率，再减去行业或部门选择贡献，就可以得到基金股票选择的贡献。（　　）
A. 正确　　　　　　　　　　　　B. 错误

59. 具有择时能力的基金经理在牛市时降低现金头寸或提高基金组合的β值。（　　）
A. 正确　　　　　　　　　　　　B. 错误

60. 基金评价有狭义与广义之分，狭义的基金评价只涉及基金产品本身表现的评价，而广义的基金评价则会包括对基金公司的评价。（　　）
A. 正确　　　　　　　　　　　　B. 错误

参考答案

一、单项选择题

1. D	2. D	3. A	4. B	5. B
6. B	7. B	8. A	9. A	10. A
11. B	12. A	13. C	14. A	15. B
16. C	17. D	18. B	19. C	20. B
21. C	22. A	23. B	24. C	25. C
26. D	27. A	28. C	29. C	30. A
31. D	32. B	33. A	34. C	35. B
36. B	37. C	38. A	39. A	40. B
41. B	42. C	43. D	44. A	45. C
46. D	47. B	48. A	49. B	50. D
51. A	52. B	53. B	54. C	55. D
56. D	57. A	58. C	59. D	60. A

二、多项选择题

1. ACD	2. BCD	3. BCD	4. ABC	5. BC
6. BD	7. BCD	8. ABCD	9. ABC	10. BCD
11. ABCD	12. ABCD	13. ABD	14. AC	15. BCD
16. ACD	17. ABC	18. BCD	19. ABCD	20. BCD
21. BC	22. ACD	23. CD	24. ABC	25. ABCD
26. ABCD	27. ABD	28. ABCD	29. ABCD	30. ABC
31. BCD	32. BCD	33. ACD	34. ABCD	35. AB
36. BC	37. CD	38. ABD	39. ACD	40. BCD

三、判断题

1. B	2. B	3. B	4. A	5. B
6. B	7. B	8. A	9. A	10. A
11. B	12. B	13. B	14. A	15. A
16. B	17. B	18. A	19. A	20. A
21. A	22. B	23. A	24. A	25. A
26. A	27. A	28. A	29. A	30. A
31. B	32. A	33. A	34. A	35. A
36. B	37. A	38. B	39. A	40. A
41. B	42. A	43. A	44. A	45. B
46. B	47. A	48. B	49. B	50. B
51. B	52. A	53. B	54. A	55. B
56. B	57. B	58. A	59. A	60. A

模拟题及参考答案（二）

模拟题

一、单项选择题（共 60 题，每题 0.5 分，不答或答错不给分）

1. 在我国，基金托管人只能由依法设立并取得基金托管资格的（ ）担任。
   A. 基金管理公司　　　　　　　　B. 商业银行
   C. 信托公司　　　　　　　　　　D. 基金销售机构

2. 基金销售机构是受（ ）委托从事基金代理销售的机构。
   A. 基金管理公司　　　　　　　　B. 商业银行
   C. 信托公司　　　　　　　　　　D. 基金销售机构

3. 1924 年 3 月 21 日诞生于美国的（ ）成为世界上第一个开放式基金。
   A. 马萨诸塞投资信托基金　　　　B. 海外及殖民地政府信托基金
   C. 外国和殖民地政府基金　　　　D. 苏格兰投资信托基金

4. 目前，在我国承担基金份额注册登记工作的主要是基金管理公司自身和（ ）。
   A. 基金管理公司　　　　　　　　B. 证监会
   C. 中国结算公司　　　　　　　　D. 基金销售机构

5. 按照基金规模是否固定，证券投资基金可以划分为（ ）。
   A. 私募基金和公募基金　　　　　B. 上市基金和不上市基金
   C. 开放式基金和封闭式基金　　　D. 契约型基金和公司型基金

6. 依据（ ）的不同，可以将基金分为股票基金、债券基金、货币市场基金、混合基金等
   A. 法律形式　　　　　　　　　　B. 运作方式
   C. 投资对象　　　　　　　　　　D. 投资目标

7. 在下列指标中，最能全面反映基金经营成果的是（ ）。
   A. 净值增长率　　　　　　　　　B. β 值
   C. 已实现收益　　　　　　　　　D. 基金分红

8. 在各类基金中历史最为悠久，各国（地区）广泛采用的一种基金类型是（ ）。
   A. 债券基金　　　　　　　　　　B. 货币市场基金
   C. 混合基金　　　　　　　　　　D. 股票基金

9. 基金管理人可以在法律法规允许的范围内，对登记办理时间进行调整，并最迟于开始实施前（ ）个工作日内在至少一种中国证监会指定的信息披露媒体公告。
   A. 2　　　　　　　　　　　　　　B. 3
   C. 5　　　　　　　　　　　　　　D. 10

10. 单个开放日基金净赎回申请超过基金总份额的（   ）时，为巨额赎回。

    A. 3％

    B. 5％

    C. 10％

    D. 15％

11. 基金连续（   ）个开放日以上发生巨额赎回，如基金管理人认为有必要，可暂停接受赎回申请。

    A. 2

    B. 3

    C. 5

    D. 10

12. ETF 建仓期不超过（   ）个月。

    A. 2

    B. 3

    C. 5

    D. 6

13. （   ）提出风险控制建议。

    A. 研究发展部

    B. 投资决策委员会

    C. 基金投资部

    D. 风险控制委员会

14. 基金经理给（中央）交易室的交易指令最终要由（   ）负责完成。

    A. 研究员

    B. 代理人

    C. 承销人

    D. 交易员

15. 对于成长型的股票，最常用的辅助估值工具是（   ）。

    A. 市盈率（PE）

    B. 市净率（PB）

    C. 现金流折现（DCF）

    D. 每股盈余成长率

16. 基金管理公司为单一客户办理特定客户资产管理业务的，客户委托的初始资产不得低于（   ）万元人民币。

    A. 1000

    B. 2000

    C. 3000

    D. 5000

17. （   ）是保障基金资产安全、维护基金份额持有人利益的重要手段。

    A. 基金资金清算

    B. 基金会计复核

    C. 监督基金管理人的投资运作

    D. 基金托管人内部控制

18. 为控制基金参与银行间债券市场的信用风险，基金托管人应对（   ）参与银行间同业拆借市场交易进行监督。

    A. 基金发起人

    B. 基金投资人

    C. 基金管理人

    D. 基金所有人

19. 根据法律法规有关基金禁止从事的关联交易的规定，（   ）应相互提供与本机构有控股关系的股东或与本机构有其他重大利害关系的公司的名单。

    A. 基金发起人和基金投资人

    B. 基金投资人和基金管理人

    C. 基金托管人和基金所有人

    D. 基金管理人和基金托管人

20. 对所托管基金投资比例接近超标或者对媒体和舆论反映集中的问题等，基金托管人一般（   ）管理人。

    A. 电话提示

    B. 书面警示

    C. 书面报告

    D. 定期报告

21. 与一般有形产品的营销相比，基金对营销人员的专业水平有更高的要求。这体现了基金市场营销（　　）方面的特征。
    A. 规范性　　　　　　　　　　B. 服务性
    C. 专业性　　　　　　　　　　D. 持续性

22. 目前，我国开放式基金的销售体系不包括（　　）。
    A. 专业人员代销　　　　　　　B. 银行代销
    C. 证券公司代销　　　　　　　D. 基金管理公司直销

23. 产品线的（　　），即一家基金管理公司所拥有的基金产品的总数。
    A. 高度　　　　　　　　　　　B. 长度
    C. 宽度　　　　　　　　　　　D. 深度

24. 产品线的（　　），即一家基金管理公司所拥有的基金产品的大类有多少。
    A. 高度　　　　　　　　　　　B. 长度
    C. 宽度　　　　　　　　　　　D. 深度

25. 2008年9月12日，（　　）发布了《关于进一步规范证券投资基金估值业务的指导意见》，对基金估值业务，特别是长期停牌股票等没有市价的投资品种的估值等问题做了进一步规范。
    A. 中国证监会　　　　　　　　B. 中国证券业协会
    C. 证券交易所　　　　　　　　D. 国务院

26. 我国基金资产估值的责任人是（　　）。
    A. 基金托管人　　　　　　　　B. 基金管理人
    C. 基金发行人　　　　　　　　D. 基金所有人

27. （　　）对基金管理人的估值结果负有复核责任。
    A. 基金托管人　　　　　　　　B. 基金管理公司
    C. 基金发行人　　　　　　　　D. 基金所有人

28. 为准确、及时地进行基金估值和份额净值计价，（　　）应制定基金估值和份额净值计价的业务管理制度，明确基金估值的原则和程序。
    A. 基金托管人　　　　　　　　B. 基金管理公司
    C. 基金发行人　　　　　　　　D. 基金所有人

29. 对于每日按照面值进行报价的货币市场基金，可以在基金合同中将收益分配的方式约定为（　　），并应当每日进行收益分配。
    A. 配股　　　　　　　　　　　B. 转股
    C. 现金　　　　　　　　　　　D. 红利再投资

30. 基金进行利润分配会导致基金份额净值的（　　）。
    A. 不变　　　　　　　　　　　B. 影响不确定
    C. 上升　　　　　　　　　　　D. 下降

31. 根据《证券投资基金运作管理办法》有关规定，封闭式基金年度利润分配比例不得低于基金年度已实现利润的（　　）。
    A. 50%　　　　　　　　　　　B. 60%

C. 80%   D. 90%

32. 假设投资者在 2005 年 4 月 8 日（周五）申购了份额，那么基金将从（　　）开始计算其权益。
    A. 4 月 8 日   B. 4 月 9 日
    C. 4 月 10 日   D. 4 月 11 日

33. 交易日的 ETF 基金份额净值除了按规定于次日在指定报刊和管理人网站披露外，也将通过证券交易所的行情发布系统于（　　）揭示。
    A. 当日   B. 次日
    C. 次一交易日   D. 第三日

34. （　　）要求基金信息必须按照法定的内容和格式进行披露，保证披露信息的可比性。
    A. 规范性原则   B. 完整性原则
    C. 易解性原则   D. 易得性原则

35. （　　）要求信息披露的表述应当简明扼要、通俗易懂，避免使用冗长费解的技术性用语。
    A. 规范性原则   B. 完整性原则
    C. 易解性原则   D. 易得性原则

36. （　　）要求公开披露的信息容易被一般公众投资者所获取。
    A. 规范性原则   B. 完整性原则
    C. 易解性原则   D. 易得性原则

37. （　　）对拟任基金管理人提出的申请依法审查，对符合条件的准予其从事基金募集、管理业务活动。
    A. 中国证券业协会   B. 中国证监会
    C. 中国结算公司   D. 中国银监会

38. 中国证监会自受理基金募集申请之日起（　　）个月内做出核准或者不予核准的决定。
    A. 1   B. 2
    C. 5   D. 6

39. 关于基金销售活动的监管，下列说法不正确的是（　　）。
    A. 基金管理人委托其他机构办理基金销售业务的，被委托的机构应当取得基金销售业务资格
    B. 未经基金管理人或者代销机构聘任，任何人员不得从事基金销售活动
    C. 从事宣传推介基金活动的人员还应当取得基金从业资格
    D. 代销机构可以委托其他机构代为办理基金的销售

40. 对于基金宣传推介材料的监管，法规规定，销售机构应在分发或公布基金宣传推介材料之日起（　　）个工作日内向其主要办公场所所在地证监局报送相关材料。
    A. 1   B. 2
    C. 5   D. 6

41. （   ）认为，人们在进行投资决策时会存在两种心理认知偏差。
    A. 套利定价模型　　　　　　　　B. 资本资产定价模型
    C. BSV 模型　　　　　　　　　　D. DHS 模型

42. （   ）认为，投资者由于受信息处理能力的限制、信息不完全的限制、时间不足的限制以及心理偏差的限制，将不可能立即对全部公开信息做出反应。
    A. 行为金融理论　　　　　　　　B. 资本资产定价模型
    C. 套利定价模型　　　　　　　　D. 有效市场假设理论

43. β系数作为衡量系统风险的指标，其与收益水平的关系是（   ）。
    A. 正相关　　　　　　　　　　　B. 负相关
    C. 线性　　　　　　　　　　　　D. 凸性

44. 不同投资者的无差异曲线簇可获得各自的最佳证券组合，一个只关心风险的投资者将选取（   ）作为最佳组合。
    A. 最大方差组合　　　　　　　　B. 最小方差组合
    C. 最高收益率组合　　　　　　　D. 适合自己风险承受能力的组合

45. （   ）是指保持投资组合中各类资产的比例固定。
    A. 买入并持有策略　　　　　　　B. 恒定混合策略
    C. 投资组合保险策略　　　　　　D. 动态资产配置策略

46. 资产配置是指根据投资需求将投资资金在不同资产类别之间进行分配，通常是将资产在（   ）之间进行分配。
    A. 高风险、低收益证券与低风险、高收益证券
    B. 低风险、低收益证券与低风险、高收益证券
    C. 低风险、低收益证券与高风险、高收益证券
    D. 低风险、高收益证券与高风险、低收益证券

47. （   ）是资产组合管理决策制定步骤中最重要的环节。
    A. 签约　　　　　　　　　　　　B. 投资规划
    C. 投资实施　　　　　　　　　　D. 优化管理

48. 据有关研究显示，资产配置对投资组合业绩的贡献率达到（   ）以上。
    A. 60%　　　　　　　　　　　　B. 70%
    C. 80%　　　　　　　　　　　　D. 90%

49. 在无效的市场条件下，基金管理人通过（   ）获取超出市场平均水平的收益率，或者在获得同等收益的情况下承担较低的风险水平。
    A. 买入价值低估的股票、卖出价值高估的股票
    B. 买入价值低估的股票和价值高估的股票
    C. 卖出价值低估的股票和价值高估的股票
    D. 卖出价值低估的股票、买入价值高估的股票

50. 从实践经验来看，人们通常用公司股票的（   ）所表示的公司规模作为流动性的近似衡量标准。
    A. 面值　　　　　　　　　　　　B. 市场价值

C. 净值 D. 价格

51. 按( )划分的股票投资风格通常包括：小型资本股票、大型资本股票和混合型资本股票三种类型。
A. 股票价格行为 B. 公司成长性
C. 公司规模 D. 股票发行规模

52. 按( )所表现出来的行业特征，可以将股票分为增长类、周期类、稳定类和能源类等类型。
A. 股票价格行为 B. 公司成长性
C. 公司规模 D. 股票发行规模

53. 有偏预期理论认为远期利率应该是预期的未来利率( )。
A. 与购买力风险补偿的差额 B. 与购买力风险补偿的累加
C. 与流动性风险补偿的累加 D. 与流动性风险补偿的差额

54. ( )的目标是使债券投资组合达到与某个特定指数相同的收益，它以市场充分有效的假设为基础，属于消极型债券投资策略之一。
A. 指数化投资策略 B. 免疫投资策略
C. 市场异常策略 D. 保本投资策略

55. ( )是指将指数的特征排列组合后分为若干个部分，在构成该指数的所有债券中选出能代表每一个部分的债券，以不同特征债券在指数中的比例为权重建立组合。
A. 分层抽样法 B. 优化法
C. 方差最小化法 D. 方差最大化法

56. 在限定修正期限与曲度的同时使到期收益最大化属于( )。
A. 分层抽样法 B. 优化法
C. 方差最小化法 D. 方差最大化法

57. 用公式 $R=(1+R_1)(1+R_2)\cdots(1+R_n)-1$ 计算的收益率为( )。
A. 几何平均收益率 B. 时间加权收益率
C. 简单净值收益率 D. 算术平均收益率

58. ( )要求用样本期内所有变量的样本数据进行回归计算。
A. 詹森指数 B. 夏普指数
C. 标准普尔指数 D. 特雷诺指数

59. 对表现好坏的基金衡量会涉及到( )的选择问题。
A. 风险水平 B. 比较基准
C. 操作策略 D. 业绩计算时期

60. 对基金绩效做出有效的衡量，不需要考虑( )。
A. 基金的风险水平 B. 比较基准
C. 基金的投资目标 D. 基金经理的能力

二、多项选择题（共40题，每题1分，多选或少选不给分）

1. 下列属于基金的运作的环节是( )。
A. 基金的募集 B. 基金资产的托管

C. 基金的估值与会计核算　　　　D. 基金的信息披露

2. 基金的运作活动从基金管理人的角度看，可以分为（　　）。

   A. 基金的市场营销　　　　　　　B. 基金的信息披露

   C. 基金的投资管理　　　　　　　D. 基金的后台管理

3. 保本基金的主要特点包括（　　）。

   A. 采用投资组合保险策略

   B. 基金基本上无风险

   C. 基金资产大部分投资于债券

   D. 投资目标是在锁定下跌风险的同时力争获得潜在的高回报

4. 关于交易型开放式指数基金（ETF）的特点，下列说法正确的是（　　）。

   A. ETF 结合了封闭式基金与开放式基金的运作特点

   B. ETF 只能在交易所二级市场买卖，不能像开放式基金那样申购、赎回

   C. 它的申购是用一篮子股票换取 ETF 份额，赎回时则是换回一篮子股票而不是现金

   D. 这种交易制度使该类基金存在一级和二级市场之间的套利机制，可有效防止类似封闭式基金的大幅折价

5. 目前，开放式基金所遵循的申购、赎回主要原则为（　　）。

   A. 价格优先原则　　　　　　　　B. 时间优先原则

   C. "未知价"交易原则　　　　　　D. "金额申购、份额赎回"原则

6. 对于开放式基金短期交易的投资人，基金管理人可以在基金合同、招募说明书中约定按以下费用标准收取赎回费（　　）。

   A. 对于持续持有期少于 7 日的投资人，收取不低于赎回金额 1.5% 的赎回费

   B. 对于持续持有期少于 7 日的投资人，收取不低于赎回金额 3% 的赎回费

   C. 对于持续持有期少于 30 日的投资人，收取不低于赎回金额 0.75% 的赎回费

   D. 对于持续持有期少于 30 日的投资人，收取不低于赎回金额 1.5% 的赎回费

7. 投资决策委员会负责决定公司所管理基金的（　　）等。

   A. 投资计划、投资策略　　　　　B. 投资原则

   C. 投资目标　　　　　　　　　　D. 资产分配及投资组合的总体计划

8. 基金管理公司交易部的主要职能有（　　）。

   A. 向投资决策委员会提供市场动态信息

   B. 记录并保存每日投资交易情况

   C. 保持与各证券交易商的联系并控制相应的交易额度

   D. 向基金投资决策部门提供研究报告及投资计划建议

9. 基金托管人内部控制的原则包括（　　）。

   A. 公平性原则　　　　　　　　　B. 完整性原则

   C. 及时性原则　　　　　　　　　D. 审慎性原则

10. 内部控制的基本要素包括（　　）。

   A. 环境控制　　　　　　　　　　B. 风险评估

C. 控制活动　　　　　　　D. 信息沟通

11. 信息管理平台应用系统的支持系统包括(　　)。
    A. 数据库　　　　　　　B. 服务器
    C. 网络通信　　　　　　D. 安全保障

12. 基金产品定价主要包括(　　)。
    A. 认购费率　　　　　　B. 申购费率
    C. 赎回费率　　　　　　D. 管理费率和托管费率

13. 当(　　)，可以暂停估值。
    A. 基金投资所涉及的证券交易所遇法定节假日或因其他原因暂停营业时
    B. 因不可抗力或其他情形致使基金管理人、基金托管人无法准确评估基金资产价值时
    C. 占基金相当比例的投资品种的估值出现重大转变，而基金管理人为保障投资人的利益已决定延迟估值时
    D. 出现基金管理人认为属于紧急事故的任何情况，导致基金管理人不能出售或评估基金资产时

14. 下列(　　)属于基金销售过程中发生的由基金投资者自己承担的费用。
    A. 申购费　　　　　　　B. 赎回费
    C. 基金转换费　　　　　D. 基金管理费

15. 基金收入来源主要包括(　　)。
    A. 利息收入　　　　　　B. 投资收益
    C. 其他收入　　　　　　D. 公允价值变动损益

16. 投资收益具体包括(　　)。
    A. 股票投资收益　　　　B. 债券投资收益
    C. 资产支持证券投资收益　D. 股利收益

17. 基金信息在披露形式上，要求遵循的原则是(　　)。
    A. 规范性原则　　　　　B. 公平披露原则
    C. 易解性原则　　　　　D. 易得性原则

18. 基金信息披露的内容主要包括(　　)。
    A. 募集信息披露　　　　B. 投资回报信息披露
    C. 运作信息披露　　　　D. 临时信息披露

19. 基金监管是指监管部门运用(　　)手段，对基金市场参与者行为进行的监督与管理。
    A. 自律的　　　　　　　B. 法律的
    C. 经济的　　　　　　　D. 行政的

20. 基金监管的原则包括(　　)。
    A. 依法监管原则　　　　B. 监管与自律并重原则
    C. 监管的连续性和有效性原则　D. 审慎监管原则

21. 无差异曲线满足(　　)特征。

A. 无差异曲线向左上方倾斜

B. 无差异曲线向右上方倾斜

C. 无差异曲线的位置越高，其上的投资组合带来的满意程度就越高

D. 无差异曲线之间互不相交

22. 下列对弱势有效市场描述正确的有（ ）。

A. 股票价格已经充分反映了全部历史价格信息

B. 股票价格已经充分反映了全部历史交易信息

C. 期望从过去价格数据中获益将是徒劳的

D. 投资分析中的技术分析方法将不再有效

23. 下列关于买入并持有策略的说法错误的有（ ）。

A. 买入并持有策略是消极型的长期再平衡方式，适用于有长期计划水平并满足于战略性资产配置的投资者

B. 买入并持有策略具有交易成本和管理费用较小的优势

C. 买入并持有策略适用于资本市场环境和投资者的偏好变化较大，或者改变资产配置状态的成本大于收益时的状态

D. 买入并持有策略的投资组合价值与股票市场价值保持反方向、反比例的变动，并最终取决于最初的战略性资产配置所决定的资产构成

24. 影响各类资产的风险收益状况以及相关关系的资本市场环境因素包括（ ）。

A. 国际经济形势、国内经济状况与发展动向

B. 通货膨胀、利率变化

C. 投资者的财富净值和风险偏好

D. 经济周期波动和监管

25. 从国外证券市场的实践来看，指数投资基金收益水平总体上超过了非指数基金收益水平的原因在于（ ）。

A. 市场的高效性   B. 上市公司质量较高

C. 成本较低   D. 投资者较理性

26. 关于指数型投资策略的说法正确的有（ ）。

A. 复制的投资组合的波动不可能与选定的股票价格指数的波动完全一致

B. 如果基金管理人希望复制的投资组合的股票数小于目标股票价格指数的成分股数目，其可以使用市值法或分层法来构造具体的投资组合

C. 市值法是指选择指数成分股中市值最大的部分股票，按照其在股价指数所占比例购买，将剩余资金平均分配在剩下的成分股中

D. 分层法是将指数的成分股按照某个因素（如行业、风险水平 β 值）分类，然后按照各类股票在股价指数中的比例构造投资组合

27. 替代互换也存在风险，其风险主要来自于（ ）。

A. 纠正市场定价偏差的过渡期比预期的更长

B. 纠正市场定价偏差的过渡期比预期的更短

C. 价格走向与预期相反

D. 全部利率反向变化

28. 进行市场间利差互换时投资者会面临风险，包括（ ）。

A. 过渡期会延长

B. 过渡期会缩短

C. 新买入债券的价格及到期收益率走势和预期的趋势不同

D. 新买入债券的价格及到期收益率走势和预期的趋势相同

29. 择时能力的衡量方法有（ ）。

A. 现金比例变化法　　　　　　B. 成功概率法

C. 二次项法　　　　　　　　　D. β方法

30. 关于择时能力衡量方法，下列说法正确的有（ ）。

A. 在市场繁荣期，成功的择时能力表现为基金的现金比例或持有的债券比例应该较大；在市场萧条期，基金的现金比例或持有的债券比例应较小

B. 使用成功概率法对择时能力进行评价的一个重要步骤是需要将市场划分为牛市和熊市两个不同的阶段

C. 一个成功的市场选择者，能够在市场处于涨势时提高其组合的β值，而在市场处于下跌时降低其组合的β值

D. T−M模型和H−M模型只是对管理组合的SML的非线性处理有所不同

31. 关于基金销售费用规范描述正确的有（ ）。

A. 基金的认购费和申购费可以在基金份额发售或者申购时收取，也可以在赎回时从赎回金额中扣除，但费率不得超过认购和申购金额的5%

B. 赎回费率不得超过基金份额赎回金额的5%

C. 赎回费在扣除手续费后，余额不得低于赎回费总额的25%，并应当归入基金财产

D. 赎回费在扣除手续费后，余额不得低于赎回费总额的15%，并应当归入基金财产

32. 关于证券投资咨询机构申请基金代销业务资格应当具备的条件，下列说法错误的有（ ）。

A. 最近5年内没有因违法违规行为受到行政处罚和刑事处罚

B. 注册资本不低于3000万元人民币，且必须为实缴货币资本

C. 高级管理人员已取得基金从业资格，熟悉基金代销业务，并具备从事3年以上基金业务或者5年以上证券、金融业务的工作经历

D. 持续从事证券投资咨询业务3个以上完整会计年度

33. 关于基金运作费，以下说法正确的是（ ）。

A. 包括审计费、律师费、上市年费、信息披露费、分红手续费、持有人大会费用、开户费、银行汇划手续费等

B. 基金运作费如果不影响基金份额净值小数点后第5位的，应采用预提或待摊的方法计入基金损益

C. 基金运作费如果不影响基金份额净值小数点后第5位的，应于发生时直接计入

基金损益

　　D. 基金运作费如果影响基金份额净值小数点后第 5 位的，应于发生时直接计入基金损益

34. 下列关于我国基金费用的说法不正确的是（　　）。

　　A. 目前，我国的基金管理费、基金托管费及基金销售服务费均是按当日基金资产净值的一定比例逐日计提，按周支付

　　B. 目前，我国的基金管理费、基金托管费及基金销售服务费均是按当日基金资产净值的一定比例逐日计提，按月支付

　　C. 目前，我国的基金管理费、基金托管费及基金销售服务费均是按前一日基金资产净值的一定比例逐日计提，按周支付

　　D. 目前，我国的基金管理费、基金托管费及基金销售服务费均是按前一日基金资产净值的一定比例逐日计提，按月支付

35. 下面关于所得税的说法正确的是（　　）。

　　A. 个人投资者从基金分配中获得的股票的股利收入、企业债券的利息收入、储蓄存储利息收入，由上市公司发行债券的企业和银行在向基金支付上述收入时，代扣代缴 20％的个人所得税

　　B. 个人投资者从基金分配中获得的股票的股利收入、企业债券的利息收入、储蓄存储利息收入，由上市公司发行债券的企业和银行在向基金支付上述收入时，代扣代缴 50％的个人所得税

　　C. 个人投资者从基金分配中取得的收入，暂不征收个人所得税

　　D. 个人投资者从基金分配中取得的收入，征收个人所得税

36. 下列说法正确的是（　　）。

　　A. 个人投资者从封闭式基金分配中获得的企业债券差价收入，按现行税法规定，暂不对个人投资者征收个人所得税

　　B. 个人投资者从封闭式基金分配中获得的企业债券差价收入，按现行税法规定，应对个人投资者征收个人所得税

　　C. 个人投资者申购和赎回基金份额取得的差价收入，在对个人买卖股票的差价收入未恢复征收个人所得税以前征收个人所得税

　　D. 个人投资者申购和赎回基金份额取得的差价收入，在对个人买卖股票的差价收入未恢复征收个人所得税以前，暂不征收个人所得税

37. 关于 ETF 的信息披露，下列说法正确的是（　　）。

　　A. 在基金合同和招募说明书中，需明确基金份额的各种认购、申购、赎回方式，以及投资者认购、申购、赎回基金份额涉及的对价种类等

　　B. 基金上市交易之后，需按交易所的要求，在每日开市前披露当日的申购、赎回清单，并在交易时间内即时揭示基金份额参考净值

　　C. 基金管理人关于 ETF 基金份额参考净值的计算方式，一般需经中国证监会认可后公告，修改 ETF 基金份额参考净值计算方式，也需经中国证监会认可后公告

　　D. 对 ETF 的定期报告，按法规对上市交易指数基金的一般要求进行披露，无特别

的披露事项

38. 基金信息披露应用 XBRL 的意义，下列说法正确的是（　　　）。
   A. 对于编制信息披露文件的基金管理公司及进行财务信息复核的托管银行，采用 XBRL 将有助于其梳理内部信息系统和相关业务流程，实现流程再造，促进业务效率和内部控制水平的全面提高
   B. 对于分析评价机构等基金信息服务中介，将可望以更低成本和以更便捷的方式获得高质量的公开信息
   C. 对于投资者，将更容易获得有用的信息，便于其进行投资决策
   D. 对于监管部门，借助于 XBRL 技术，可以进一步提高研究的深度和广度，提升监管效率和科学决策水平

39. 基金管理公司在股权出让或受让方面，有关法规要求包括（　　　）。
   A. 持有基金管理公司股权未满 2 年的股东，不得将所持股权出让
   B. 股东持有的基金管理公司股权被出质期间，中国证监会不受理其设立基金管理公司或受让基金管理公司股权的申请
   C. 股东持有的基金管理公司股权被人民法院采取财产保全或者执行措施期间，中国证监会不受理其设立基金管理公司或受让基金管理公司股权的申请
   D. 出让基金管理公司股权未满 3 年的机构，中国证监会不受理其设立基金管理公司或受让基金管理公司股权的申请

40. 当基金管理公司、基金托管银行、基金托管部门或者其高级管理人员有以下（　　　）情形时，中国证监会依法对相关高级管理人员出具警示函、进行监管谈话。
   A. 业务活动可能严重损害基金财产或者基金份额持有人的利益
   B. 基金管理公司的治理结构、内部控制制度不健全、执行不力。导致出现或者可能出现重大隐患，可能影响其正常履行基金管理人、基金托管人职责
   C. 高级管理人员直系亲属拟移居境外或者已在境外定居
   D. 违反诚信、审慎、勤勉、忠实义务

三、判断题（共 60 题，每题 0.5 分，不答或答错不给分）

1. 基金的市场营销主要涉及基金份额的募集与客户服务，基金的投资管理体现了基金管理人的服务价值，而包括基金份额的注册登记、基金资产的估值、会计核算、信息披露等后台管理服务则对保障基金的安全运作起着重要的作用。（　　　）
   A. 正确　　　　　　　　　　　B. 错误

2. 相对而言，由于封闭式基金份额固定，没有赎回压力，基金经理人完全可以根据预先设定的投资计划进行长期投资和全额投资，并将基金资产投资于流动性较差的证券上，这在一定程度上有利于基金长期业绩的提高。（　　　）
   A. 正确　　　　　　　　　　　B. 错误

3. 基金份额持有人即基金投资者，是基金的出资人、基金资产的所有者和基金投资回报的受益人。（　　　）
   A. 正确　　　　　　　　　　　B. 错误

4. 与开放式基金相比，封闭式基金为基金管理人提供了更好的激励约束机制。（　　　）

A. 正确　　　　　　　　　　　B. 错误

5. 增长型基金的风险小、收益较低；收入型基金的风险大、收益高；平衡型基金的风险、收益则介于增长型基金与收入型基金之间。（　　）

A. 正确　　　　　　　　　　　B. 错误

6. 如果某基金的 β 值大于1，说明该基金是一只活跃或激进型基金。（　　）

A. 正确　　　　　　　　　　　B. 错误

7. LOF 所具有的转托管机制与可以在交易所进行申购赎回的制度安排，使 LOF 不会出现封闭式基金的大幅折价交易现象。（　　）

A. 正确　　　　　　　　　　　B. 错误

8. 被动型基金一般选取特定的指数作为跟踪的对象，因此通常又被称为指数型基金。（　　）

A. 正确　　　　　　　　　　　B. 错误

9. 基金的申报价格最小变动单位为 0.01 元人民币，买入与卖出封闭式基金份额申报数量应当为 100 份或其整数倍，单笔最大数量应低于 100 万份。（　　）

A. 正确　　　　　　　　　　　B. 错误

10. 沪、深证券交易所对封闭式基金交易实行 T 日交割、交收。（　　）

A. 正确　　　　　　　　　　　B. 错误

11. 目前，封闭式基金交易不收取印花税。（　　）

A. 正确　　　　　　　　　　　B. 错误

12. 当基金二级市场价格高于基金份额净值时，为溢价交易，对应的是溢价率；当二级市场价格低于基金份额净值时，为折价交易，对应的是折价率。（　　）

A. 正确　　　　　　　　　　　B. 错误

13. 单一多个客户特定资产管理计划的委托人人数不得超过 500 人，客户委托的初始资产合计不得低于 5000 万元人民币，中国证监会另有规定的除外。（　　）

A. 正确　　　　　　　　　　　B. 错误

14. 开展特定客户资产管理业务的委托财产应当用于下列投资：股票、债券、证券投资基金、央行票据、短期融资券、资产支持证券、金融衍生产品及中国证监会规定的其他投资品种。（　　）

A. 正确　　　　　　　　　　　B. 错误

15. 可以通过报刊、电视、广播、互联网（基金管理公司网站除外）和其他公共媒体公开推介具体的特定客户资产管理业务方案。（　　）

A. 正确　　　　　　　　　　　B. 错误

16. 多个客户资产管理计划的资产管理人每季度至少应向资产委托人报告一次经资产托管人复核的计划份额净值。（　　）

A. 正确　　　　　　　　　　　B. 错误

17. 对基金运作中严重违反法律法规或合同规定的，例如资金透支、涉嫌违规交易等行为，基金托管人电话提示有关管理人，并向监管机构报告。（　　）

A. 正确　　　　　　　　　　　B. 错误

18. 控制活动是指托管人通过制定完善的管理制度和采取有效的控制措施，及时防范和化解风险。（　　）

    A. 正确　　　　　　　　　　　　　B. 错误

19. 基金托管人有单独处分基金财产的权利。（　　）

    A. 正确　　　　　　　　　　　　　B. 错误

20. 基金托管人可以自行运用、处分、分配基金的任何资产。（　　）

    A. 正确　　　　　　　　　　　　　B. 错误

21. 价格是营销组合的四大要素之一。（　　）

    A. 正确　　　　　　　　　　　　　B. 错误

22. 渠道的主要任务是使客户在需要的时间和地点以便捷的方式获得产品。（　　）

    A. 正确　　　　　　　　　　　　　B. 错误

23. 营销计划是指将有助于公司实现战略总目标的营销战略形成具体方案。（　　）

    A. 正确　　　　　　　　　　　　　B. 错误

24. 公司的组织结构在执行市场营销战略中的作用不大。（　　）

    A. 正确　　　　　　　　　　　　　B. 错误

25. 我国基金资产估值的责任人是基金管理人，但基金托管人对基金管理人的估值结果负有复核责任。（　　）

    A. 正确　　　　　　　　　　　　　B. 错误

26. 交易所上市债券以结算价格估值。（　　）

    A. 正确　　　　　　　　　　　　　B. 错误

27. 首次发行未上市的股票、债券和权证，采用估值技术确定公允价值，在估值技术难以可靠计量公允价值的情况下按成本计量。（　　）

    A. 正确　　　　　　　　　　　　　B. 错误

28. 基金管理公司应制订估值及份额净值计价错误的识别及应急方案。当估值或份额净值计价错误实际发生时，基金管理公司应立即纠正，及时采取合理措施防止损失进一步扩大。（　　）

    A. 正确　　　　　　　　　　　　　B. 错误

29. 其他收入项目一般根据发生前的估计金额确认。（　　）

    A. 正确　　　　　　　　　　　　　B. 错误

30. 公允价值变动损益指基金持有的采用公允价值模式计量的交易性金融资产、交易性金融负债等公允价值变动形成的应计入当期损益的利得或损失，并于估值日对基金资产按公允价值估值时予以确认。（　　）

    A. 正确　　　　　　　　　　　　　B. 错误

31. 基金的费用是指基金在日常投资经营活动中发生的、会导致所有者权益增加的、与向基金持有人分配利润无关的经济利益的总流入。具体包括管理人报酬、托管费、销售服务费、交易费用、利息支出和其他费用等。（　　）

    A. 正确　　　　　　　　　　　　　B. 错误

32. 本期利润不包括未实现的估值增值或减值。（　　）

A. 正确   B. 错误

33. 信息披露义务人可以向大型机构投资者先行披露有关投资信息。（ ）

  A. 正确   B. 错误

34. 基金信息披露义务人将不存在的事实在基金信息披露文件中予以记载属于严重的违法犯罪行为。（ ）

  A. 正确   B. 错误

35. 致使投资人对其投资行为发生错误判断并产生重大影响的陈述是基金信息披露中严格禁止的行为。（ ）

  A. 正确   B. 错误

36. 基金销售时，基金管理人可以对基金产品的未来收益率进行预测，以帮助投资人的正确选择。（ ）

  A. 正确   B. 错误

37. 不定期检查侧重对基金运作、公司财务状况以及基金托管人和管理公司的监察稽核工作。（ ）

  A. 正确   B. 错误

38. 基金份额发售前3天，基金管理公司应在指定的报刊上登载招募说明书。（ ）

  A. 正确   B. 错误

39. 各地方证监局主要负责对经营所在地在本辖区内的基金管理公司进行日常监管，同时负责对辖区内异地基金管理公司的分支机构及基金代销机构进行日常监管。（ ）

  A. 正确   B. 错误

40. 证券组合管理投资目标的确定应包括风险和收益两项内容。（ ）

  A. 正确   B. 错误

41. 投资于某证券或投资组合的期望收益率等于无风险利率加上该投资所承担的市场风险的补偿。（ ）

  A. 正确   B. 错误

42. 资本资产定价模型不能用来评价证券的定价是否合理。（ ）

  A. 正确   B. 错误

43. 证券组合的收益率和风险也可用期望收益率和协方差来计量。（ ）

  A. 正确   B. 错误

44. 当投资组合价值因风险资产收益率的提高而上升时，风险资产的投资比例随之降低；反之则提高。（ ）

  A. 正确   B. 错误

45. 投资组合保险的一种简化形式是固定比例投资组合保险。（ ）

  A. 正确   B. 错误

46. 与恒定混合策略相反，投资组合保险策略在股票市场上涨时提高股票投资比例，而在股票市场下跌时降低股票投资比例，从而既保证资产组合的总价值不低于某个最低价值，同时又不放弃资产升值潜力。（ ）

A. 正确　　　　　　　　　　　　B. 错误

47. 对资产配置的理解，必须建立在对机构投资者资产和收益问题的本质、对普通股票和固定收入证券的投资特征等多方面问题的深刻理解基础之上。（　　）

　　A. 正确　　　　　　　　　　　　B. 错误

48. 所谓小公司效应是指以市场资本总额衡量的小型资本股票，它们的投资组合收益通常优于股票市场的整体表现。（　　）

　　A. 正确　　　　　　　　　　　　B. 错误

49. 技术分析是以宏观经济、行业和公司的基本经济数据为研究基础，通过对公司业绩的判断确定其投资价值。（　　）

　　A. 正确　　　　　　　　　　　　B. 错误

50. 随着上市公司运作的逐步规范和投资理念的理性回归，基本分析越来越受到投资者的关注，股利贴现模型和低市盈率等指标都得到了更为广泛的应用。（　　）

　　A. 正确　　　　　　　　　　　　B. 错误

51. 在实际操作中，一般用股票价格指数来代表市场投资组合。（　　）

　　A. 正确　　　　　　　　　　　　B. 错误

52. 有偏预期理论认为债券期限结构反映了未来利率走势与风险补贴，但并不承认风险补贴也一定随期限增长而增加，而是取决于不同期限范围内资金的供求平衡。（　　）

　　A. 正确　　　　　　　　　　　　B. 错误

53. 根据市场分割理论，长期借贷活动决定短期债券的利率，而短期交易决定了长期债券利率。（　　）

　　A. 正确　　　　　　　　　　　　B. 错误

54. 最重要的一种久期是1938年弗雷德里克·麦考莱首先提出的麦考莱久期，其次是修正的麦考莱久期。（　　）

　　A. 正确　　　　　　　　　　　　B. 错误

55. 在实践中，可以根据某种债券的买卖差价来判断其流动性风险的大小。一般来说，买卖差价越大，流动性风险就越小。（　　）

　　A. 正确　　　　　　　　　　　　B. 错误

56. 绩效衡量（Performance Measurement）侧重于回答业绩"好坏"的问题。（　　）

　　A. 正确　　　　　　　　　　　　B. 错误

57. 基金评价的基础在于假设基金经理比普通投资大众具有信息优势。（　　）

　　A. 正确　　　　　　　　　　　　B. 错误

58. 基金的投资表现实际上只反映了投资技巧的影响。（　　）

　　A. 正确　　　　　　　　　　　　B. 错误

59. 现代投资理论表明，投资收益是由资本利得驱动的。（　　）

　　A. 正确　　　　　　　　　　　　B. 错误

60. 简单（净值）收益率的计算考虑分红再投资时间价值的影响。（　　）

　　A. 正确　　　　　　　　　　　　B. 错误

参考答案

一、单项选择题

1. B	2. A	3. A	4. C	5. C
6. C	7. A	8. D	9. B	10. C
11. A	12. B	13. D	14. D	15. D
16. D	17. C	18. C	19. D	20. A
21. C	22. A	23. B	24. C	25. A
26. B	27. A	28. B	29. D	30. D
31. D	32. D	33. C	34. A	35. C
36. D	37. B	38. D	39. D	40. C
41. C	42. A	43. A	44. B	45. B
46. C	47. B	48. D	49. A	50. B
51. C	52. A	53. C	54. A	55. A
56. B	57. B	58. A	59. B	60. D

二、多项选择题

1. ABCD	2. ACD	3. CD	4. ACD	5. CD
6. AC	7. ABCD	8. BC	9. ABCD	10. BD
11. ABCD	12. ABCD	13. ABC	14. ABC	15. ABCD
16. ABCD	17. ACD	18. ACD	19. BCD	20. ABCD
21. BCD	22. ABCD	23. CD	24. ABD	25. AC
26. ABCD	27. ACD	28. AC	29. ABC	30. BCD
31. ABC	32. ABC	33. AC	34. ABC	35. AC
36. BD	37. ABD	38. ABCD	39. BCD	40. ABD

三、判断题

1. A	2. A	3. A	4. B	5. B
6. A	7. A	8. A	9. B	10. B
11. A	12. A	13. B	14. A	15. B
16. B	17. B	18. A	19. B	20. B
21. B	22. A	23. A	24. B	25. A
26. B	27. A	28. A	29. B	30. A
31. B	32. B	33. B	34. A	35. A
36. B	37. B	38. B	39. A	40. A
41. A	42. B	43. B	44. B	45. A
46. A	47. B	48. A	49. B	50. A
51. A	52. A	53. B	54. A	55. B
56. B	57. A	58. B	59. B	60. B

图书在版编目(CIP)数据

证券投资基金/杨长汉主编 . —8 版 . —北京:经济
管理出版社,2011
ISBN 978—7—5096—1569—0

Ⅰ.①证… Ⅱ.①杨… Ⅲ.①证券投资—基金—
资格考试—自学参考资料 Ⅳ.①F830.91

中国版本图书馆 CIP 数据核字(2011)第 164549 号

出版发行:**经济管理出版社**

北京市海淀区北蜂窝 8 号中雅大厦 11 层

电话:(010)51915602 邮编:100038

印刷:北京交通印务实业公司 经销:新华书店

组稿编辑:陆雅丽 责任编辑:陆雅丽
责任印制:杨国强 责任校对:超 凡

787mm×1092mm/16 16.75 印张 367 千字
2011 年 8 月第 1 版 2011 年 8 月第 1 次印刷

定价:35.00 元

书号:ISBN 978—7—5096—1569—0

· 版权所有 翻印必究 ·

凡购本社图书,如有印装错误,由本社读者服务部
负责调换。联系地址:北京阜外月坛北小街 2 号
电话:(010)68022974 邮编:100836